U0498186

2023年四川省哲学社会科学基金后期资助项目（SCJJ23HQ27）资助出版

新格局下区域经济高质量发展的测算及路径研究

吕一清◎著

 西南财经大学出版社
Southwestern University of Finance & Economics Press

中国·成都

图书在版编目(CIP)数据

新格局下区域经济高质量发展的测算及路径研究/
吕一清著.--成都:西南财经大学出版社,2024.11.
ISBN 978-7-5504-6469-8

Ⅰ.F127.71

中国国家版本馆 CIP 数据核字第 20241ML879 号

新格局下区域经济高质量发展的测算及路径研究
XINGEJU XIA QUYU JINGJI GAOZHILIANG FAZHAN DE CESUAN JI LUJING YANJIU
吕一清 著

策划编辑:程 兰
责任编辑:孙 婧
助理编辑:程 兰 余 扬
责任校对:陈子豪
封面设计:何东琳设计工作室
责任印制:朱曼丽

出版发行	西南财经大学出版社(四川省成都市光华村街 55 号)
网 址	http://cbs.swufe.edu.cn
电子邮件	bookcj@swufe.edu.cn
邮政编码	610074
电 话	028-87353785
照 排	四川胜翔数码印务设计有限公司
印 刷	四川煤田地质制图印务有限责任公司
成品尺寸	170 mm×240 mm
印 张	15.25
字 数	268 千字
版 次	2025 年 4 月第 1 版
印 次	2025 年 4 月第 1 次印刷
书 号	ISBN 978-7-5504-6469-8
定 价	88.00 元

前　言

在新时代背景下，区域经济高质量发展已成为推动我国经济持续增长的关键动力。习近平总书记多次指出，高质量发展是全面建设社会主义现代化国家的首要任务。如何实现区域经济高质量发展，不仅是一个经济问题，更是一个涉及社会、环境和文化等多方面的综合性问题。本书旨在深入探讨这一问题，通过对区域经济高质量发展的理论阐释、实证分析和路径研究，为相关领域的研究者和决策者提供理论参考和实践指导。

首先，本书对区域经济高质量发展的理论进行了深入阐释，揭示了其内涵和外延。区域经济高质量发展不仅要求经济增长的速度和规模，更强调增长的质量和效益。在此基础上，本书总结并梳理了区域经济高质量发展指标体系，这一体系不仅涵盖经济指标，还涉及社会、环境和文化等多方面的因素，并对全国30个省份（不包括藏、港、澳、台）的经济高质量发展水平进行了统计测算和分析，从而为后续的研究奠定了基础。其次，本书对核心因素进行了统计测算与分析。在明确了区域经济高质量发展的内涵和指标体系后，本书进一步对影响区域经济高质量发展的核心因素进行了统计测算和分析，特别关注了区域科技人才开发效率以及区域时空差异的特征。通过对这些核心因素的深入分析，本书揭示了它们在区域经济高质量发展中的作用机制和影响路径。再次，本书对四川省经济高质量发展进行了实证研究。四川省作为中国西部的重要省份，其经济高质量发展具有重要的示范和引领作用。本书以四川省为研究对象，构建了地级市和县域层面的指标体系，对四川省经济高质量发展的区域特征进行了详细的统计测算和分析。通过对四川省各地级市和县域的经济数据的深入挖掘，本书发现了其在经济高质量发展中的独特优势和存在的问题。最后，本书对提升路径进行了深入研究。基于四川省经济高质量发展中存在的短板，本书从工业大数据、科技金融和数字经济三个角度，对四川省区域层面高质量发展的提升路径进行了深入研究。通过实地调研、机制分析和实证研究，本书揭示了工业大数据、科技金融和数字经济三大提升路径在区域经济高质量发展中的作用机制。

在对区域经济高质量发展的理论、实证和路径进行深入研究的基础上，本书提出了相应的对策和建议，旨在为区域经济高质量发展提供有价值的借鉴和指导，从而推动区域经济持续健康发展。我希望通过本书的研究，能够为相关领域的研究者和决策者提供有益的参考，从而促进区域经济高质量发展。本书的研究不仅具有理论价值，更具有实践意义。我期待本书的研究成果能够为推动区域经济高质量发展提供有力的支持，同时也为其他地区的发展提供有益的经验和启示。

本书是 2023 年四川省哲学社会科学基金后期资助项目（SCJJ23HQ27）的阶段性研究成果。西南财经大学出版社对本书的编辑、出版作出了重要贡献，对此，我表示衷心感谢。本书难免存在疏漏，敬请读者批评指正。

吕一清

2024 年 7 月

目　录

1 绪 论

1.1 研究背景

党的二十大报告提出："高质量发展是全面建设社会主义现代化国家的首要任务。"这是在科学研判我国发展新的历史条件和阶段，全面认识和把握我国社会主义现代化建设历程和社会主义经济建设规律的基础上，统筹国内国际两个大局、审时度势作出的具有全局性、长远性、战略性意义的重大判断。我国幅员辽阔、地域类型多样，各地区在人口状况、产业基础、科技创新、自然资源禀赋等方面有着显著差异，区域发展不平衡、不充分问题较为突出。促进区域协调发展是解决区域发展不平衡、不充分问题的关键抓手，是实现高质量发展的重要支撑和必然要求。党的二十大报告围绕"促进区域协调发展"作出战略安排，提出"构建优势互补、高质量发展的区域经济布局和国土空间体系""以城市群、都市圈为依托构建大中小城市协调发展格局"等总体部署。这些系统举措立足新的历史方位为促进区域协调发展提供了根本遵循。如何精准把握我国各地区高质量发展的特征与差异、优势与不足？如何优化我国区域生产力的空间布局，推动形成优势互补高质量发展的区域增长极？回答这些问题之前，我们需要对区域经济高质量发展进行全方位、多维度的测算和评估。

党的十八大以来，习近平总书记从党和国家战略全局出发，对四川省相关工作作出系列重要指示，提出推动治蜀兴川再上新台阶的明确要求，系统阐明了四川发展"怎么看、怎么办、怎么干"等一系列重大问题，为各行各业开创高质量发展新局面指明了方向。四川省作为西部重要省份，奔向经济强省的西部"领头羊"，近年来其区域经济发展取得了显著成效，但对照高质量发展的要求，四川省经济发展仍存在优化和提升的空间，尤其是区域经济发展仍然存在严重的发展不充分和不平衡问题。例如，由于各地区经济社会发展的历史基础和现实条件不同，成都平原、川南、川东北、攀西经济区和川西北生态示范区之间发展差距没有明显改观，市州发展分化加剧，县区之间发展差距仍然较大。2023 年 9 月，四川省召开全省 39 个欠发达县域托底性帮扶工作推进会，会议强调，补齐欠发达地区短板、促进高水平区域协调发展，必须摆在全局工作的突出位置。当前，四川省经济发展的空间结构正在发生深刻变化，中心城市和城市群正成为承载发展要素的主要空间形式。如何精准把握四川省各个地区高质量发展的特征与差异、优势与不足？如何优化四川省区域生产力的空间布局，提高四川省区域发展整体效率、缩小地区发展差距？回答这些问题之前也需要对四川省区域经济高质量发展状况进行全方位多维度的测算和评估。

区域经济高质量发展不仅是四川省全面高质量发展的基础，更是我国高质量发展的重要内容和经济"压舱石"。首先，通过构建科学、全面、客观的指标体系，对区域经济高质量发展进行测算和评估，有利于更加深刻地把握高质量发展的内涵和要求，以及区域经济高质量发展的现状和趋势。其次，区域经济高质量发展的测算和评估可以揭示不同地区、不同城市之间的差距和发展特点，为制定差异化、精准化的政策提供依据。探究区域经济高质量发展的影响因素和优化路径有助于明确区域发展战略的方向和重点，助力四川省区域经济高质量发展全面推进。基于此，本书拟对区域经济高质量发展的逻辑脉络、特征内涵和实践路径进行深入探讨，并以习近平新时代中国特色社会主义思想为指导，从习近平总书记关于高质量发展的系列重要论述、四川省委关于经济高质量发展的各项部署以及文件要求入手，通过多维数据源构建一套科学合理的区域经济高质量发展评价指标体系（REHDI），对区域经济高质量发展进行测算与评估，并据此分析我国省份层面、四川省各地市（州）以及县域的区域经济高质量发展现状、态势、短板和区域差异，为优化路径的制定提供决策参考。再次，本书还重点研究了县域经济在推动四川省经济高质量发展中的关键作用，以及四川省工业大数据如何助力制造业向现代智能制造体系转型升级、成都市科技金融优化路径如何起到提升四川省整体经济发展的作用和以乡村振兴战略驱动的数字经济如何提升县域经济高质量发展。最后，基于统计测算的"典型事实"和研究结果提出推动我国和四川省经济高质量发展的对策建议。

1.2 研究意义

当前，中国经济正面临区域发展不平衡、不充分的问题，迫切需要采用更加系统、全面和深入的措施来推进区域经济高质量发展。这不仅是适应区域经济发展规律的现实要求，还是促进区域协调发展的主要发力点，事关高质量发展的谋篇布局和同步推进中国式现代化。本书对我国省域经济高质量发展指数和区域科技人才开发效率进行了测算与评估，还测算与评估了四川省地市（州）区域经济高质量发展指数和县域经济发展指数，对推进经济高质量发展具有重要理论意义和实践价值。

第一，有利于多维度、多视角、多层次把握区域经济高质量发展的内涵。高质量发展要体现新发展理念，创新、协调、绿色、开放、共享的新发展理念超越了传统西方经济增长理论的线性思维方式。本书基于对高质量发展基本内涵的阐释，以经济增长、经济适应度和主观经济增长感知来理解与界定区域经济高质量发展的理论内涵，阐述经济高质量发展与传统经济增长质量间的差异，充分利用多维数据源，从经济运行效率、资本配置效率、动力变革、协调发展、生态文明、人民生活六个层面，对现有经济高质量发展评估指标体系进行了富有科学性和实用性的创新，从而丰富了经济高质量发展的内涵。

第二，有利于丰富区域经济高质量发展领域的研究成果。国内的专家学者对经济高质量发展的研究成果颇丰，涉及经济高质量发展的内涵、评价指标与方法等多个方面的内容。区域经济高质量发展是经济高质量发展在特定地理空间上的体现，本书通过研究区域经济高质量发展的内涵与特征，测算及评估区域经济高质量发展指数，深入地理解经济高质量发展的内涵、特征、路径和机制，进一步丰富了经济高质量发展的理论体系。

第三，有利于为区域经济高质量发展提供更多路径选择。区域经济高质量发展是一项系统性、战略性、复杂性、长期性工程，绝非单一路径可以实现。本书通过对区域经济高质量发展的研究，可以了解不同区域在经济发展过程中的优势、劣势以及区域内的资源禀赋，进而研究区域高质量发展的优化路径，从而制定具有针对性的政策和措施，推动不同地区之间的协调发展，促进区域协调发展上实现新突破。

第四，有利于明确区域发展战略的方向和重点。本书通过多维数据源建构的高质量指标体系的评估，可以精准把握我国省域和四川省各个地区经济高质量发展的特征与差异、优势与不足，充分利用各地区自身资源禀赋，强化对口合作与帮扶，从而指导各地区制定更为合理、更具前瞻性的政策。

1.3 研究框架与研究内容

1.3.1 研究框架

本书的总体研究框架如图 1.1 所示。

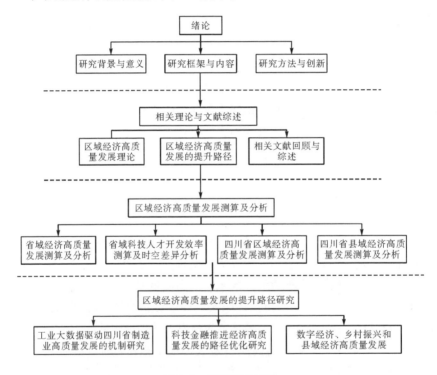

图 1.1 总体研究框架

1.3.2 研究内容

（1）区域经济高质量发展理论与文献综述。首先，本书对区域经济高质量发展的理论进行系统回顾，包括构建经济高质量发展指标体系理论、区域经济发展与增长理论、区域科技人才开发理论;其次,本书对区域经济高质量发展的文献进行阐述,包括高质量发展的理论内涵、指标体系及测算、区域经济高质量发展的测算及评估、县域经济发展理论和指标体系研究、区域科技人才开发效率的研究。

(2)区域经济高质量发展统计测算及分析。首先,本书对区域经济高质量发展的理论内涵和评价指标体系研究进行理论阐述;其次,本书以经济增长理论和新发展理念为理论指导,结合前人的研究成果,构建包括经济运行效率、资本配置效率、动力变革、协调发展、生态文明、人民生活6个层面35个具体指标的综合评价指标体系测算我国省域经济高质量发展水平,引用时序加权平均算子对时间赋予权重,并利用 Matlab 运算模拟退火算法计算最优权重组合进而计算动态指数;最后,本书总结主要结论并提出相应政策建议。

(3)区域科技人才开发效率测算及时空差异分析。首先,本书采用考虑非期望产出的 SBM 模型和 DEA-Malmquist 指数对科技人才开发效率进行静态和动态视角测算及评估,分别从投入指标、产出指标和影响因素三个维度构建指标评价体系;其次,本书采用全局和局部空间自相关分析方法对各省份科技人才空间集聚效应进行测算和分析;最后,本书运用空间计量模型分析影响科技人才开发效率的主要因素,针对地方科技人才资源短缺和浪费的问题,提出有针对性的解决方案。

(4)四川省区域经济高质量发展测算及分析。本书从产业体系构建、需求结构、国际化营商环境、创新驱动发展、全域开放格局、城市建设、民生福祉7个维度选取18个指标构建四川省地级市区域经济高质量发展指标体系,并选择熵值法对建立的指标体系进行综合计算求出经济高质量发展综合指数,得出四川省各个地级市和川西、川东、川南、川北四大区域的经济高质量发展指数。基于综合计算结果,进行城市、区域经济高质量发展的时间序列分析、分区域评价、分维度评价以及城市类别分析。

(5)四川省县域经济高质量发展测算及分析。首先,本书对县域经济发展理论和县域经济发展指标体系研究进行综述;其次,本书利用四川省县域经济 2013—2019 年数据,从经济发展水平、发展活力、发展潜力3个方面共23个指标来评估四川省183个县(市、区)的经济发展状况,结合熵权法和 TOPSIS 评价方法对四川省各县(市、区)经济发展进行测算;再次,本书从四川省县域经济发展的环境分析、经济综合发展水平分析、各子系统水平分析和指标得分对比分析总结四川省县域经济发展指数的主要特征；最后，结合现存问题，给出政策建议。

（6）工业大数据驱动四川省制造业高质量发展的机制研究。首先，对四川省工业及制造业企业的生产效率和智能化程度进行统计性分析和效率测算，从区域、行业及企业层面把握工业大数据的应用特征及面临的突出问题；其次，从理论层面探究工业大数据如何从关联机制和驱动机制驱动制造业转型升级；再次，结合四川省工业大数据与制造业融合的实际情况，提出驱动制造业高质量发展的经济理论假说，并对其进行实证检验；最后，通过实际调研对典型企业进行案例研究，对工业大数据驱动制造业高质量发展的制约因素进行归纳整理并研究其不同因素的影响程度，通过总结四川省制造业转型中存在的问题及工业大数据应用中的阻力来预判四川省智能制造转型升级的趋势，对可能存在的问题提出解决的办法。

（7）科技金融推进经济高质量发展的路径优化研究。首先，对科技创新与金融服务关系的研究进行综述；其次，对成都市科技金融发展的现状及特征进行归纳总结；再次，指出成都市科技金融发展的主要路径及其存在的问题和不足；最后，提出优化成都市科技金融发展路径的具体措施，包括设立科技金融工作领导小组、打造"互联网+"科技金融联动服务云平台、积极引导社会资本参与推动基金发展、构建科技企业信用信息数据库与信用担保体系。

（8）数字经济、乡村振兴和县域经济高质量发展。本章以数字经济和乡村振兴战略为背景，从县域经济和区块链技术融合入手探究县域经济高质量发展的路径。通过梳理我国乡村振兴战略政策文件和乡村发展现状，提升开发"县域经济+区块链技术"乡村振兴系统和打造"12952"县域经济发展模式，探索推进乡村振兴的实践路径，并从产业振兴、人才振兴、生态振兴、文化振兴、组织振兴五大方面，探索该模式的可行性与可持续性。

1.4 研究方法与创新点

1.4.1 研究方法

本书将机器学习、文本分析、数理分析、实验经济学检验相结合，选取主客观评价指标，利用现场访谈、问卷调查、网络数据和国家统计局数据等多种数据源，通过多维数据完善理论指标体系，增强了研究成果的科学性。

（1）对比分析法。通过对比主客观质量评价指标、宏观统计和微观一手数据、区域间的资源禀赋差异，选取最优指标构建区域经济高质量发展评价指标体系与区域科技人才开发效率指标体系。此外，基于测算结果，对比分析了各地高质量发展的优势和劣势。

（2）实地调研法。采用追踪调查方法，通过现场访谈、问卷调查等手段，笔者曾多次赴北京、上海、广东和成都等地开展实地调研，为不断完善高质量发展评价指标体系收集现实素材，并对成都市科技金融体系进行梳理，甄别成都市科技金融发展中存在的不足，探究优化成都市科技金融发展的路径，提升成都市将金融产业发展和金融资源集聚的优势充分转化为金融服务实体经济和产业发展的能力，助力四川省推进经济高质量发展。

（3）数量经济分析。利用数量经济分析方法，如 DEA-Malmquist 指数法测算绿色全要素生产率、深度学习法合成二级评价指标、熵值法确定指标权重、采用考虑非期望产出的 SBM 模型和 DEA-Malmquist 指数对科技人才开发效率进行静态和动态视角测算及评估等，提高了客观评价的科学性。

（4）实验经济学检验。利用实验经济学检验方法，设计问卷开展实证研究，选取特定城市和城市群收集数据，以验证主观评价指标的科学性。

1.4.2 研究创新点

（1）在学术思想上，以习近平新时代中国特色社会主义思想为指导，以经济高质量发展的科学内涵为基础，以兼顾共性、尊重差异为基本原则构建了区域经济高质量发展评价指标体系，采用政治经济学、发展经济学、产品空间理论和经济增长感知理论对高质量发展的内涵进行更加丰富的阐释。本书不仅对经济增长质量进行了深入探讨，而且在一定程度上拓展了当前区域经济高质量发展的研究范畴。本书对于我国在新时代背景下缓解主要社会矛盾、推动经济高质量发展具有重要的理论价值。同时，本书也有助于更好地实现全体人民共同富裕的目标，并为全面建成社会主义现代化强国提供理论支持。

（2）在研究方法上，深入挖掘区域经济高质量发展的内在机制和规律，通过构建理论模型和实证分析等方式，为相关研究提供理论基础和实证支持。在完善传统统计指标编制方法基础上，采用文本分析和知识图谱技术对海量文献进行分析，使用机器深度学习对数据质量进行评估，构建一套主客观结合、宏微观印证的区域经济高质量发展的评价指标体系。采用多维数据源测算区域经济高质量发展水平，评估区域经济高质量发展现状和差异特征，充分把握了中国区域经济高质量发展和四川省区域经济高质量发展的实际情况，进而探讨了区域经济高质量发展的实现路径，并提出相应政策建议。

（3）数据源维度的突破。测算中国 REHDI 不仅使用了传统宏观统计数据，而且使用了微观企业数据、百度地图数据和实地调研访谈的问卷数据。在前人研究的基础上，本书从多个维度获取多源数据，具体包括收集宏观统计数据、政策文件的文本数据、不同区域上市公司数据和核心企业数据、与百度地图研究团队合作获取地图上的行业分布空间数据等。

1.5 本章小结

促进区域协调发展，实现区域经济高质量发展，是实现全体人民共同富裕、全面建成社会主义现代化强国的必然要求与应有之义。本章首先对本书的研究背景和研究意义进行了概述，其次归纳出了本书的研究框架与研究内容，最后对本书的研究方法和创新点进行了阐释。

2 区域经济高质量发展
理论基础与文献综述

本章对区域经济高质量发展的理论基础和研究脉络进行了梳理，重点突出中国特色社会主义区域经济高质量发展理论，尤其是新发展理念。

2.1 区域经济高质量发展的理论回顾

2.1.1 经济高质量发展指标体系的相关理论

经济高质量发展的理论主要包括新发展理念、现代经济增长理论、科学技术创新理论、经济可持续发展理论和产业结构演进理论等，本节将从以下五个方面进行论述。

（1）新发展理念

习近平总书记在党的十八届五中全会上提出"创新、协调、绿色、开放、共享"的新发展理念，强调创新发展注重的是解决发展动力问题，协调发展主要解决发展不均衡、不充分的问题，绿色发展着重解决的是人与自然和谐共生问题，开放发展回答的是解决发展内外联动问题，共享发展强调的是解决社会公平正义问题。新发展理念是一个系统性的理论体系，具有丰富且深刻的内涵，具体阐述了关于发展的目的、动力、手段、方式等一系列理论和实践问题，有力地回答了中国共产党关于发展的政治立场、价值导向、发展模式、发展路径等一系列重大政治问题，引领我们准确把握新发展阶段。新发展理念符合我国现阶段的发展状况，对解决现阶段我国经济发展进程中出现的问题具有重要的理论指导意义，为衡量经济发展质量提供了十分全面的测度指标标准。同时，新发展理念符合我国经济发展的阶段性特征，为我国经济发展质量的评价和衡量指明了新的方向①。新发展理念要根据新发展阶段的新要求，坚持问题导向，更加精准地贯彻新发展理念，从而推动高质量发展。在进入新发展阶段后，要持续加强对新发展理念的理解，实施更加精准务实的举措，才能真正实现高质量发展。《中共中央关于制定国民经济和社会发展第十四个五年规划和二〇三五年远景目标的建议》强调要把安全发展贯穿国家发展各领域和全过程。要保证国家安全才能保证经济高质量发展。面向新发展阶段、构筑新发展格局、推动高质量发展，必须不断深化对新发展理念的理解，牢记于心，付诸行动，将新发展理念全面、完整、准确地贯穿发展全过程和各领域，奋力实现更高质量、更优效率、更注公平、更可持续、更为安全的发展。

（2）现代经济增长理论

现代经济增长理论源于新古典经济理论体系，其演进脉络中形成了三个主流分析框架：哈罗德-多马增长模型（Harrod-Domar Model）、索洛-斯旺模型（Solow-Swan Model）以及内生增长理论（Endogenous Growth Theory）。这些理论范式在经济增长动力机制的阐释上呈现出显著的代际演进特征。哈罗德-多马模型通过构建储蓄率与资本产出比之间的动态关系，揭示了经济稳态增长的必要条件，即当国民收入增长率引致的资本增量与同期储蓄总量相均衡时，才能实现经济体系的动态稳定。该模型强调资本积累对经济增长的引擎作用，将储蓄率与资本产出效率确立为核心驱动因素。然而，索洛（1956）通过引入规模报酬不变的生产函数和要素替代弹性，论证了资本边际收益递减规律下传统要素投入的局限性，指出外生技术进步才是维持长期经济增长的根本动力。索洛与斯旺（1956）共同构建的新古典增长框架通过纳入外生技术进步参数，成功解释了"卡尔多程式化事实"中的全要素生产率增长现象，由此奠定了现代增长理论的基础分析范式。针对新古典模型的技术进步外生化缺陷，罗默（1986）与卢卡斯（1988）开创性地构建了内生增长理论体系。该理论突破性地将技术进步内生化，通过构建知识溢出模型和人力资本积累模型，系统论证了研发投资、知识积累与人力资本形成对经济增长的内生驱动机制。其中，罗默四要素理论（1990）通过构建包含物质资本、非技术劳动、人力资本（以教

① 罗斌元，陈艳霞，桑源. 经济高质量发展量化测度研究综述 [J]. 河南理工大学学报（社会科学版），2021，22（4）：37-43.

育年限测度）及创新知识（以专利存量测度）的生产函数，揭示了知识资本具有的规模报酬递增特性及其对经济增长的乘数效应。这一理论突破为解释持续经济增长提供了微观基础，但未能充分纳入制度环境的约束条件。诺思（1991）开创的新制度经济学通过将制度变量内生化，构建了"制度-交易成本-经济绩效"的分析框架，强调有效率的产权制度和市场机制对技术创新的激励作用。该理论补充了内生增长理论的制度分析维度，指出制度创新通过降低交易成本、优化资源配置效率，能够显著提升全要素生产率。

从理论演进轨迹可见，经济增长动力机制的研究呈现明显的动态深化特征：在短期分析框架中，要素投入扩张对经济增长具有显著促进作用；但在长期均衡路径上，资本深化带来的边际收益递减效应使得技术进步成为决定潜在增长率的核心变量。这一理论共识对我国经济新常态下的发展路径选择具有重要启示：当要素驱动模式边际效益递减时，必须通过制度创新优化创新生态系统，强化人力资本积累，完善知识"生产-扩散-应用"的全链条机制，从而培育内生增长动力，实现经济发展质量的系统性提升。当前全球技术-经济范式的深刻变革，要求经济增长理论在数字经济、绿色转型等新维度上继续拓展其解释边界。

（3）科学技术创新理论

熊彼特于1912年提出"创新理论"并持续对其进行补充和完善。熊彼特首次对"创新"进行了深入的阐释，他认为"创新"是指新的生产函数的建立，即企业对生产要素进行新的组合。熊彼特认为创新内生于生产过程，他认为经济增长是由资本、人力资源等要素堆积投入导致的经济总量的聚集，但在经济系统内部，创新对经济增长更为重要，是决定性因素。该理论强调要通过生产要素和生产方式的广泛匹配与有机重组促使生产技术的变革，这种方式对经济的影响不再局限于量的增加，而是从经济内部产生的质的变化，能够创造新的价值，促进经济结构调整。熊彼特认为创新的主体是企业家，随着经济的发展，要从深层次去促进总体发达程度的提升就要从微观层面深化创新意识，促进人力资本积累，从制度、技术、理论等多方面进行创新，加快经济转型升级。熊彼特对经济学的发展和创新理论作出了巨大贡献但其理论也存在很多局限。西方学者在熊彼特创新理论的基础上开展进一步研究并形成了许多学派，如新熊彼特学派、新古典学派、制度创新学派和国家创新系统学派等。技术创新新古典学派的代表是索洛，他认为只有存在技术进步，经济才会保持持续增长，并且当技术创新供需失衡时，政府应采取宏观调控手段对技术创新活动进行干预，以确保技术进步对经济社会发展具有正向促进的作用。新熊彼特学派延续熊彼特创新理论中技术创新对经济增长的核心作用，把企业家作为推动创新的主体，将技术创新看作一个相互作用的复杂过程，侧重研究企业的组织行为、市场结构等因素对技术创新的影响，提出了许多著名的技术创新模型。制度创新学派的代表人物是兰斯·戴维斯和道格拉斯·诺斯，他们认为"制度创新"是指经济的管理方式或组织形式的革新，制度创新对技术创新具有决定性作用，良好的制度创新对技术创新有促进作用。国家创新系统学派的代表人物是克里斯托夫·弗里曼和理查德·纳尔逊，他们认为技术创新是由国家创新系统推动的并且是国家发展和变革的关键，而不是企业家单独的行为。

（4）经济可持续发展理论

自"可持续发展"一词进入人们的视野中，学者们便开始积极地从不同角度对其本质内涵和特征展开阐述，但其思想核心是相同的，即在保证经济发展水平能满足当代人民真实需要的前提下，确保不预支后代发展所需的物质基础。首先，可持续发展是在经济增长与环境保护之间寻求一个平衡，要求在创造经济总量的同时将资源开发力度控制在环境可承受的范围中，杜绝通过要素过度投入的方式去开发地区经济潜力，从而促进整个生态系统在时间维度上的延续性和可利用性。其次，坚持可持续发展理念也并不意味着要以牺牲经济利益为代价，不能因环境保护的目标而忽略经济发展的需求，而是应在改善环境的基础上，提高要素生产率，保障经济发展质量，避免经济停滞或后退。最后，可持续发展要求实现各个地区、国家的共同发展，生态系统的共享性决定了可持续发展的全球性，要求各个地区将节能环保视为一致目标，促进全人类与生态系统的协调发展。可持续发展理论强调了促进经济与环境之间协调发展的重要性，意在转变传统的不符合绿色发展理念的粗放型生产方式和居民生活观念，从而实现人与自然的协调发展，最终实现提高经济发展质量、保障全人类生活水平稳步提高的目标。当使用经济的可持续发展概念时，我们发现传统的国内生产总值（GDP）作为宏观经济增长指标只强调数量增长而忽略了环境资源因素。在 GDP 的核算中，并未将对环境破坏、资源消耗所造成的负面影响及其对生态功能、环境状况的损害成本考虑在内。

（5）产业结构演进理论

威廉·配第（1961）指出不同行业劳动者的收入水平具有显著差异，克拉克（1984）在该研究的基础上将各行业划分为三次产业，提出了配第-克拉克定理。研究表明，鉴于不同就业人员在各式各样的产业或行业中工作所获得的收入迥异，从业者更偏向于在收益率更高的产业就业，且经济发展程度越高，第二产业和第三产业越发达，覆盖面越广，该产业对劳动人数的需求量越大，越能促使劳动力向第二、第三产业挪动，达成完善产业结构的目标。在工业阶段理论中，钱纳里（1986）则是将工业经济由落后阶段发展为繁荣状态的历程分解为六个时段。在整个发展过程中，第一产业总产出占比逐渐下降，第二产业所占百分比呈倒"U"形变化，第三产业的百分比则呈现出持续上升的趋势，并指出经济发展水平的进步依赖于产业结构的转变，产业结构优化能推动经济向更高水平迈进。二元经济结构理论将产业部门划分为劳动力过载的传统农业部门和岗位过剩现代工业部门，认为随着工业部门在日渐成熟，其创造的劳动力需求能缓解农业部门的劳动力过饱和问题，将其较低的边际劳动生产率转化为本部门更高的利润率，从而逐渐优化二元结构，实现县域经济高质量发展。罗斯托（1960）的主导产业理论和经济成长阶段论阐明了一个国家在经济发展过程中，各产业的增长率不可能是完全一样的，由于各产业增长率的差别，经济增长可以看作是一些在整个国民经济中较关键的产业高速增长所带动的，这些就变成了国民经济的主导产业。罗斯托（1963）所提出的主导产业扩散效应理论则认为，无论在任何时期，经济增长能保持的原因在于少数的主导部门迅速扩大，而且这种扩大产生了对其他产业部门具有重要意义的作用，产生了主导产业扩散效应。依据技术标准，罗斯托（1971）把经济成长划分为六个阶段，分别是传统社会、为起飞创造前提、起飞、起飞成熟、高额群众消费、追求生活质量。由上述产业结构理论可知，经济发展往往伴随着产业结构升级，与经济发达程度相符的产业结构是经济增长的必要条件，产业结构优化程度则是推动经济向更发达水平蜕变的内在动力，也是影响高质量发展的关键因素之一。

2.1.2　区域经济发展与增长理论

（1）国外区域经济发展理论

国外区域经济发展理论包括历史经验学派区域发展理论、现代化学派理论、乡村学派区域发展理论和主流经济学派区域发展理论。历史经验学派区域发展理论主要包括部门理论（sector theory）、输出基础理论（export-base theory）、倒"U"形假说（inverted "U" hypothesis）等。Hoover 等（1949）对部门理论进行了系统阐述，揭示了区域不同产业部门的转换规律。其基本观点是，任何区域的发展都必须经历两个相辅相成的成长过程。一方面，由于运输成本下降，区域经济必须经历由自给自足的封闭型经济向开放型商品经济转换的历史过程。另一方面，由于区域工业化战略的实施，区域经济必然要相应地完成由第一产业向第二产业再到第三产业的升级过渡。North（1955）使用输出基础的概念对区域经济的长期变化趋势进行预测。他认为经济体系可以划分为两个部门，一个是包括区域外部需求导向产业活动的输出基础部门，另一个是包括区域内部需求导向产业活动的自给性部门。自给性部门不具备自发增长的能力，因此一个区域发展的关键，在于能否建立起输出基础产业。Williamson（1965）依据实证研究结果，提出倒"U"形假说。他认为区域不平等格局呈现出倒"U"形的变动趋势，即较为富裕的国家各区域之间呈现出区域趋同，而较为贫穷的国家各区域之间的收入差距不断扩大。

现代化学派以城市化和工业化为核心，主要包括"增长极理论"（growth pole theory）及"核心-外围理论"（core-periphery theory）。Perroux（1955）以抽象的经济空间为出发点，认为增长具有异质性，增长在增长极上出现并逐步扩展到经济的其他部分中去。他认为，增长并非同时出现的，首先出现的是增长的中心，即增长极。企业家的创新活动和产业间的关联关系使得这种增长逐渐向外扩散，最终对整个经济产生影响。Boudeville（1966）与 Perroux（1955）的抽象经济空间概念不同，强调经济空间的地理区域特征，把增长极概念同城镇联系起来。他们认为，如果在增长极的地理区域配置推进型产业，那么推进型产业的不断扩张，区域经济就可以实现增长。Friedmann（1966）基于增长极理论，系统阐述了核心-外围理论的基本思想。他认为发展来源于少数几个创新变革的中心，即"核心区"；而其余所有地区的发展取决于核心区域，即"外围区"。相较于增长极理论，Friedmann 把所有空间作为整体的组成部分纳入一个综合考量的框架，同时兼顾政治文化等因素在经济发展中的作用，突破了孤立对待不同区域经济发展的局限性。

乡村学派以乡村地区的发展为主要内容，包括选择性空间封闭（selective spatial closure）理论、地域式发展理论（territory development theory）等。Stöhr 等（1977）提出了选择性空间封闭理论，他们以地域"自主性"为出发点，反对把差异化的地区结合起来构成一体化经济。他们主张把"权力下放"，即把权力分散到各个区域，使区域内部能够因地制宜、按需规划、统筹人力物力、促进自身发展并对外部区域可能产生的不利因素加以控制。Friedmann 等（1979）认为区域发展规划有两种基本方法：功能式（function）与地域式（territory）。功能式方法强调经济效率，城市中心及活力型产业在区域发展中具有重要作用，其发展的态势能够扩散到经济系统的其他部分中去。地域式方法强调地区整体效率，因而区域自身的发展和地区之间的平等更受重视，同时地区也拥有更多的自主权，可以决定其发展道路。

随着著名经济学家不断介入区域问题的研究，产生了众多区域经济学的著名理论，代表性理论为产业集群理论（industrial clusters theory）和新经济地理学（new economic geography）。Porter（1990，1998）以竞争优势为出发点，对产业集群现象进行了理论分析。他认为产业间的共通性或互补性使得它们之间相互联结，集群一旦形成，"自我强化"的循环机制就会推动其不断壮大，这种紧密协作能够有效地提升整个产业的竞争力。Krugman（1991）借助规模经济、不完全竞争等分析方法，将空间问题纳入主流经济学的范畴。他阐明了报酬递增规律与产业的空间集聚的关系、市场和地理的相互联系，并进一步详细论述了产业集聚的形成过程。他指出，报酬递增能够带来两个方面的影响，即规模经济和正外部性。前者使产业在特定区域集中，形成产业的空间集聚；后者使不同企业和相关产业集中，造成地区专业化。

（2）国内区域经济发展理论

《中共中央关于制定国民经济和社会发展第十四个五年规划和二〇三五年远景目标的建议》中明确指出要"坚持实施区域重大战略、区域协调发展战略、主体功能区战略，健全区域协调发展体制机制，完善新型城镇化战略，构建高质量发展的国土空间布局和支撑体系"。这是对中国区域发展战略的重要归纳总结，涵盖梯度化、差异化、协调化、功能化、城镇化等重要区域发展的理论思想。

区域发展梯度化。邓小平同志于 1988 年提出了"两个大局"重要论述，即沿海地区要加快对外开放，从而带动内地更好地发展；当沿海发展到一定的时候，再拿出更多力量来帮助内地发展。中国地域辽阔，东中西部自然环境、资源储备、区位优势等具有较大差异，因此在区域发展问题上不可能采取"齐头并进"的措施，而只能施行梯度化发展战略。当前，我国已提出西部大开发战略、东北振兴战略、中部地区崛起战略、东部率先发展战略，东中西部地区实现梯度化发展，这是对邓小平同志"两个大局"重要论述的全面继承与发展。

区域发展差异化。党中央强调要坚持实施区域重大战略，即对某些特殊地区施行差异化的重大发展战略。当前，三大城市群、两大经济带和共建"一带一路"倡议是我国区域发展中的重点。基于此，我国将持续推进京津冀协同发展、长三角一体化发展、粤港澳大湾区建设，打造创新平台和新增长极；推进长江经济带发展、黄河流域生态保护和高质量发展；持续推进共建"一带一路"倡议，构建人类命运共同体。

区域发展协调化。推动区域协调发展、注重统筹区域合作是我国当前区域发展工作中的重要一环。首先，发展要协调中央与地方关系，充分调动地方积极性，中央布局与地方落实相协调、中央政策与地方需求相协调；其次，发展要协调不同区域发展战略，缩小区域发展差距，健全区域统筹、合作互助、利益补偿等机制，促进发达地区和欠发达地区、东中西部和东北地区共同发展；最后，发展要协调经济建设与生态建设的关系，注重长江经济带、黄河流域等区域的生态保护和经济高质量发展。

区域发展功能化。2011年国务院印发《全国主体功能区规划》通知，将国土空间按开发内容划分为城市化地区、农产品主产区和重点生态功能区，强调要立足资源禀赋、考虑环境约束、发挥各地比较优势、注重区域主体功能、兼顾区域发展战略。中国实施主体功能区战略已取得了重要进展，逐步建成城市化地区经济和人口高效集聚、农产品主产区农业生产能力不断增强、生态功能区生态环境不断改善的新局面，逐步形成主体功能明显、优势互补、高质量发展的国土空间开发保护新格局。

区域发展城镇化。2014年，中共中央发布《国家新型城镇化规划（2014—2020年）》并开展综合试点工作。新型城镇化以人为核心，强调四化同步、统筹城乡、优化布局、集约高效、生态文明、绿色低碳等原则。新型城镇化是推动区域协调发展的有力支撑。加快城镇化进程，培育形成新的增长极，有利于促进经济增长和市场空间由东向西、由南向北梯次拓展，推动人口经济布局更加合理、区域发展更加协调。我国强调要发挥中心城市和城市群带动作用，建设现代化都市圈，打造新的高水平高质量经济增长极。推进成渝地区双城经济圈建设也是我国新型城镇化战略中的重要一环。

2.1.3 区域科技人才开发的相关理论

现今学界对科技人才的定义尚无统一的观点。杜谦等（2004）总结了广泛认同的观点：一是从学历角度进行定义，认为科技人才需持有大学以上科技专业学历证书；二是认为科技人才是学术研究水平在社会中凤毛麟角的科技精英；三是将科技人才的范围缩小为科技研究开发人员。为了统计数据的客观性，本书采用第三种观点将科技人才定义为科技研究开发人员。

科技人才开发基于三大理论，即区域创新理论、卢卡斯人力资本理论和舒适物理论。创新分为技术创新和社会创新。首先，技术创新是指原来未被人类价值化的自然物找到了产生经济价值的方式。社会创新是指以实现社会利益最大化为导向，在社会中建立一种体制或机构。科技人才所进行的主要是第一类技术创新，而地区就应该调整相应的管理方法和管理策略进行社会创新，为前者提供良好的创新环境，以实现社会资源配置最优。创新活动具有一定的外部性，对经济增长具有空间溢出效应，因此，需要市场机制和政府管制共同发挥作用。区域科技创新具有中观性，它是国家创新纵向链条中扮演承上启下角色的中间枢纽，对国家创新职能和政策具有局部的服从性，但又有地区由于各自特色存在的相对独立性。方旋等（2000）学者提出地区在引进和培养、开发科学技术人才、对创新活动进行管理的时候，要根据地区的具体特点来发挥地区优势或进行相应的改进，切不能"一刀切"、盲目效仿、重复建设。其次，关于卢卡斯人力资本理论，王洪鹰等（2010）学者重新阐述了舒尔茨对人力资本的定义，即人力资本与人力资源是有区别的，人力资本是指劳动者本身所具备的知识和能力，这一知识和能力可用于生产或提供服务。人力资本通过不断地投资、积累、补充可以实现增值。在 20 世纪 80 年代，卢卡斯对新古典经济学理论进行了一定的改进和创新，他以三个模型为依托，构建了一个包含人力资本要素的生产函数，该模型能够解释人力资本对技术进步的显著影响，使生产规模报酬递增，进而提高经济增长水平。换句话说，人力资本越多，技术进步越快，各个部门产出越大，经济增长越迅速。地区要重视对人力资本的投资和开发，以满足地区发展的人才需求。最后，城市的舒适物是吸引人才重要竞争性资源。在高新技术创新中掌握着越先进技术的精英，对完善的舒适物系统的偏好就越大。佛罗里达（2010）的"3T"理论认为高新技术行业不仅需要强大的技术支撑，还需要满足高端人才对生活质量的要求，为其提供宽容的创新环境。哈佛经济学教授克莱泽（2012）认为地区吸引和留住人才的前提条件之一是打造适合人才聚集的工作区域和生活区域。我国学者王宁（2014）将舒适物分为自然环境、建造环境、基础设施、商业、文化、社会几种类型。因此，地区政府有必要从创造良好的舒适物、营造浓厚的人才交流和学术研究的氛围着手，以吸引高端人才的聚集、提高地区人才队伍的质量。

2.2 区域经济高质量发展及路径提升的文献综述

2.2.1 高质量发展的理论内涵、指标体系及测算

（1）高质量发展的理论内涵

关于高质量发展的理论探讨，学术界主要形成了三大研究范式：

第一类研究范式以新发展理念和社会主要矛盾转型为分析框架的研究路径。何立峰从制度演进视角指出，高质量发展本质上是对"创新、协调、绿色、开放、共享"的新发展理念的具象化呈现，其核心价值在于构建满足人民美好生活需要的供给体系[①]。史丹和李鹏进一步构建了矛盾识别框架，认为高质量发展的内涵边界可通过诊断经济社会发展中的结构性失衡与供给质量短板来界定，并将解决新时代社会主要矛盾作为衡量发展质量的元标准[②]。

第二类研究范式聚焦经济系统质量跃迁的维度建构。张军扩通过构建转型动力学模型，揭示高质量发展包含从规模速度型向质量效益型转变的动态过程，强调需辩证把握"转型路径"与"稳态特征"的差异[③]。任保

---

① 何立峰. 深入贯彻新发展理念推动中国经济迈向高质量发展 [J]. 宏观经济管理，2018（4）：4-5，14.

② 史丹，李鹏. 我国经济高质量发展测度与国际比较 [J]. 东南学术，2019（5）：169-180.

③ 张军扩，侯永志，刘培林，等. 高质量发展的目标要求和战略路径 [J]. 管理世界，2019（7）：1-7.

平提出经济高质量发展的核心要义在于全要素生产率提升导向下的三重优化，即发展方式的集约化转型、经济结构的系统性升级、增长动力的创新性重构①。李伟则构建了六维评价体系，指出其本质特征体现为供给体系效率改进、需求结构升级、资源配置帕累托改进、要素投入产出比优化、收入分配格局完善以及经济循环流畅度的全面提升②。

第三类研究范式致力于构建多层次理论框架。刘迎秋通过界定概念范畴的梯度差异，将狭义高质量发展限定于产品服务质量提升的微观维度，而将广义概念拓展至包含生产、分配、交换、消费全过程的质量变革③。汪同三进一步提出系统演进理论，认为高质量发展呈现递进式演化特征：微观层面的要素质量提升构成基础，中观层面的产业结构升级形成支撑，创新动力转换发挥引擎作用，最终实现宏观经济系统的整体效能跃迁④。

（2）高质量发展的评价指标体系研究

为测算我国经济发展质量，大量研究以传统宏观经济指标构建评价体系。其评价体系主要围绕经济增长稳定性、持续性、效率、结构、成果分配和环境保护等方面展开。这些指标更多地反映经济增长质量的客观评价而主观评价相对较少。此外，经济增长质量和高质量发展也存在着差别，前者是宏观经济范畴，后者具有更广泛的经济、社会和生态等维度的内涵⑤，且具有更高的战略定位。直接探究高质量发展指标体系的文献较少，一些学者基于高质量发展的内涵，从"三大变革"和"新发展理念"入手对其指标系统进行构建⑥。国外同类评价指标体系主要有欧盟可持续评价指标体系、荷兰绿色增长评价指标体系、德国国家福利指标体系和美国新经济指标体系。从典型的同类指标体系可以看出发达国家或经济体对人民福利、可持续发展和创新技术、新经济等指标更加关注和重视⑦。在生活质量评价和幸福感评价方面，有世界卫生组织的生活质量调查指数（quality of life）、世界价值观调查指数和不丹国王提出的国民幸福指数（gross

① 任保平. 新时代中国经济从高速增长转向高质量发展：理论阐释与实践取向 [J]. 学术月刊，2018, 50 (3)：65-74, 86.
② 李伟. 高质量发展的六大内涵 [J]. 中国林业产业，2018 (Z1)：50-51.
③ 刘迎秋. 四大对策应对高质量发展四大挑战 [N]. 中华工商时报，2018-01-23 (003).
④ 汪同三. 深入理解我国经济转向高质量发展 [J]. 共产党人，2018 (13)：12-14.
⑤ 师博，任保平. 中国省际经济高质量发展的测度与分析 [J]. 经济问题，2018 (4)：1-6.
⑥ 黄敏，任栋. 以人民为中心的高质量发展指标体系构建与测算 [J]. 统计与信息论坛，2019, 34 (10)：36-42.
⑦ 李金昌，余卫. 共同富裕统计监测评价探讨 [J]. 统计研究，2022, 39 (2)：3-17.

national happiness）等。此外，我国学者孙峰华、周长城等对生活质量评价展开了一系列研究①②。罗连发选取物质福利、社会生活与个人生活等"满足要求"维度指标评价我国国民对经济增长主观感知③。Cheng 等（2017）在 Easterlin（1995）的研究基础上探索我国国民幸福感与经济增长之间关系。

2.2.2　区域经济高质量发展的测度及评估

自党的十九大报告首次提出高质量发展以来，各省市级地方政府先后制定了高质量发展的指标体系。例如，天津市审议通过了高质量发展统计监测和考核评价体系，江苏省出台了全省和各区市的高质量发展监测指标体系与实施办法，湖北省印发了高质量发展评价与考核办法等。广东省、湖南省、河南省、北京市和上海市等地先后制定针对制造业、新兴产业和高端服务业的高质量发展指标评价体系。而学术界对区域经济高质量发展的研究相对滞后，仍处于理论阐述阶段。区域经济高质量发展的评价指标体系测算及评估的研究较少，主要有孟祥兰等基于加权因子分析法在供给侧改革背景下对湖北省高质量发展构建综合评价指标体系并进行测算和评估④。许永兵等以河北省为例，以创新驱动、结构优化、经济稳定、经济活力、民生改善和生态友好 6 个一级指标 24 个二级指标构建经济高质量发展评价体系，并对 2005—2016 年经济运行数据进行测算和评估⑤。张平针对上海市，对其推动高质量发展的成效进行了评估，并对上海市推动经济高质量发展的逻辑和政策进行了阐述，其认为上海市在构建高质量发展机制方面应该与全球一流水平对标⑥。徐翔等从经济理论上探讨了我国不同地区的发展阶段和资源禀赋差异，并基于如何因地制宜地转变发展模式、

---

① 孙峰华，魏晓，王兴中，等. 中国省会城市人口生活质量评价研究 [J]. 中国人口科学，2005（1）：69–75，98.

② 周长城，任娜. 经济发展与主观生活质量：以北京、上海、广州为例 [J]. 武汉大学学报（哲学社会科学版），2006（2）：259–264.

③ 罗连发. 居民对我国经济增长质量主观感知的评价 [J]. 华南农业大学学报（社会科学版），2015，14（3）：132–140.

④ 孟祥兰，邢茂源. 供给侧改革背景下湖北高质量发展综合评价研究：基于加权因子分析法的实证研究 [J]. 数理统计与管理，2019，38（4）：675–687.

⑤ 许永兵，罗鹏，张月. 高质量发展指标体系构建及测度：以河北省为例 [J]. 河北大学学报（哲学社会科学版），2019，44（3）：86–97.

⑥ 张平. 上海率先推动高质量发展：成效、评估、逻辑和政策 [J]. 科学发展，2019（4）：26–34.

改善经济结构、转换增长动力等问题提出相关建议①。马茹等从五大方面对中国区域经济高质量发展的指标系统进行构建和测度，并对不同区域经济高质量发展阶段进行了"梯队式"归纳②。而在四川省城市高质量发展研究方面，李梦宇等从动力转变、效率提升、质量改善、风险防控四个方面构建四川省城市高质量发展指标体系，认为成都在发展动力、发展效率、发展质量、风险防范和质量保障等五个方面存在短板，并对此提出相关对策建议③。段龙龙从保障经济中高速增长、提高社会公平和加大绿色转型技术引导三个方面入手，把国外衡量经济增长质量的包容性绿色增长框架融合进我国高质量发展内涵中，试验性地提出符合中国实际国情和四川改革实践经验的高质量发展指数评价体系④。

2.2.3 县域经济发展理论和指标体系研究

（1）县域经济发展理论研究

县是我国行政区划的名称。根据历史资料，春秋战国时期起中国就出现了郡、县，自楚国建立历史上第一个县、制定县制起，历代沿袭县制，日益完善县制的管理。中国现代县制成立于1928年，政府将区域行政级别划分为省、县二级制。新中国成立后，区域划分以县级为行政单位成为重要的管理制度，并正式写进《中华人民共和国宪法》。中国的县是特别的地方行政建制。县、县级市、自治县、市辖区以及特区等被列为"县级行政区"，而"县级行政区"是我国行政区划体系中的二级行政区划单位，由省、市两级地方政府领导，管辖范围包括县政府所在的城镇、集镇和农村。县具有重要地位和作用，一是拥有主事权、财政权以及资源配置权；二是在经济发展中具有联结城市与乡村的作用。县域经济指县域范围内生产力和生产关系的总和。

县域经济发展理论主要包含县域经济的内涵特征、重要意义、结构功

---

① 徐翔，王超超. 高质量发展研究综述及主要省市实施现状 [J]. 全国流通经济，2019（17）：112-114.

② 马茹，罗晖，王宏伟，等. 中国区域经济高质量发展评价指标体系及测度研究 [J]. 中国软科学，2019（7）：60-67.

③ 李梦宇，张紫薇，熊承雪. 成都实现经济高质量发展研究 [J]. 西部经济管理论坛，2020，31（4）：17-25，78.

④ 段龙龙. 四川高质量发展评价体系构建与评估：基于包容性绿色增长框架视角 [J]. 中国西部，2020（3）：12-22.

能、发展途径四方面。第一，就其内涵特征而言，县域经济是以县级行政区划为界限，以一级独立财政为标志，以县城为中心、乡镇为纽带、广大农村为腹地的区域经济，衔接城镇与农村经济体系、囊括工业与农业产业体系①。第二，就其重要意义而言，县域经济作为国民经济中的重要区域单元和基本经济单位，是实施乡村振兴战略的基本单元和主要阵地，发展县域经济是推动城乡融合的着力点和落脚点，是县域高质量发展的根基②③。第三，就其结构功能而言，县域经济的发展，能够以广大农村为腹地保障我国粮食生产和农产品供给，能够以县域为核心辐射带动非农产业发展、吸纳农业转移人口、承接城市产业转移，能够以城乡为联结点激发市场活力、有效转化内需、释放消费潜能④。第四，就其发展途径而言，县域经济的高质量发展，需要以全体人民为核心、政府为调控主体、市场为导向；需要协同人口流动与资源要素配置的关系、地区禀赋与产业竞争优势的关系、创新驱动与县域城镇化的关系、精准施策与全域均衡发展的关系、县域竞合与跨区高效高质发展的关系⑤⑥⑦；需要立足新发展阶段、贯彻新发展理念、构建新发展格局，多方协同、上下联动、稳步推进、持续发力。

县域经济发展的动力机制是指在县的行政区划范围内推动经济发展的各种动力因素以及这些动力因素的运行规律和作用原理。它是推动县域经济发展所必需的各种动力相互作用、相互联系而产生的机理，以及维持和改善这种机理的各种经济关系、社会关系、组织制度等所构成的综合系统的总和。研究县域经济发展的动力机制，有利于在总结县域经济发展的历史经验的基础上，明确推动县域经济发展的各动力因素，合理构建其动力

---

① 辜胜阻，李华，易善策. 依托县城发展农村城镇化与县域经济 [J]. 人口研究，2008，(3)：26-30.

② 杨华. 论以县域为基本单元的乡村振兴 [J]. 重庆社会科学，2019 (6)：18-32.

③ 贾大猛，张正河. 乡村振兴战略视角下的县域高质量发展 [J]. 国家治理，2020 (16)：13-15.

④ 范毅，王筱旭，张晓旭. 推动县域经济高质量发展的思路与建议 [J]. 宏观经济管理，2020 (9)：60-62，88.

⑤ 陈健生，任蕾. 从县域竞争走向县域竞合：县域经济高质量发展的战略选择 [J]. 改革，2022 (4)：88-98.

⑥ 张鹏，杜云晗，叶胥. 川渝两地县域经济创新发展的结构分析 [J]. 中国人口资源与环境，2021，31 (11)：134-143.

⑦ 贺雪峰. 大城市的"脚"还是乡村的"脑"？：中西部县域经济与县域城镇化的逻辑 [J]. 社会科学辑刊，2022 (5)：55-62.

机制，从而为实现城乡统筹奠定坚实的基础，加速县域经济的进一步发展。县域经济发展的动力机制包括区位条件、自然资源、劳动力、资金、政策、投资、科技等因素。

（2）县域经济发展指标体系研究

狭义视角的县域经济发展研究，主要从与经济增长密切相关的特定单一指标或者从单一层面着手，以经济增长为代表性因素局部考察县域经济发展的状况。部分学者以县域人均地区生产总值代表县域经济发展水平，研究中国县域经济的时空格局演进趋势[1]。有学者指出，夜间灯光数据剔除了人为干扰因素，更能反映经济发展的真实状况[2][3]。基于此，部分学者以夜间灯光数据代表县域经济发展水平，研究高铁建设、自然禀赋、政区类型等因素对县域经济发展的影响[4][5]。也有学者分别使用地区生产总值和夜间灯光数据作为县域经济增长的代理指标，以验证结果的稳健性[6]。以单一指标作为县域经济发展的表征，具有其合理性与优越性。但是，随着区域经济高质量发展进程的不断推进，单一指标无法全面反映县域经济发展状况，其评估结果也具有片面性与局限性。

广义视角的县域经济发展研究，主要以综合指标体系为经济发展的评价标准，除了县域经济增长，还包括经济社会中的其他方面，全面考察县域经济发展的状况。就经济发展的综合指标体系的内容选取而言，目前学界尚无统一标准。众多学者以经济高质量发展为目标要求，从多个维度、不同视角探讨了对指标体系的选取的合理性、系统性、全面性问题。马茹等综合考量"高质量供给、高质量需求、发展效率、经济运行和对外开

① 周扬，李宁，吴文祥，等. 1982—2010年中国县域经济发展时空格局演变 [J]. 地理科学进展，2014，33（1）：102-113.

② 徐康宁，陈丰龙，刘修岩. 中国经济增长的真实性：基于全球夜间灯光数据的检验 [J]. 经济研究，2015，50（9）：17-29，57.

③ 王贤彬，黄亮雄. 夜间灯光数据及其在经济学研究中的应用 [J]. 经济学动态，2018（10）：75-87.

④ 张俊. 高铁建设与县域经济发展：基于卫星灯光数据的研究 [J]. 经济学（季刊），2017，16（4）：1533-1562.

⑤ 张佰发，李晶晶，胡志强，等. 自然禀赋与政区类型对中国县域经济发展的影响 [J]. 地理研究，2021，40（9）：2508-2525.

⑥ 文雁兵，郭瑞，史晋川. 用贤则理：治理能力与经济增长：来自中国百强县和贫困县的经验证据 [J]. 经济研究，2020，55（3）：18-34.

放"五大维度①；李金昌等综合考量"经济活力、创新效率、绿色发展、人民生活、社会和谐"五个方面②；杨耀武等综合考量"经济成果分配、人力资本及其分布、经济效率与稳定性、自然资源与环境、社会状况"五个方面③；部分学者以新发展理念为指引，综合考量"创新、协调、绿色、开放、共享"五个维度④⑤；同时有学者分析了实现经济高质量发展的战略路径，并提出应当从"高效、包容、可持续发展"三个方面构建指标体系的设想⑥。具体而言，聚焦到县域经济发展，部分学者从经济实力、投资消费、居民生活三个方面构建县域经济综合评价体系⑦⑧。此外，也有学者在省级层面考察乡村振兴指标体系，以"产业兴旺、生态宜居、乡风文明、治理有效、生活富裕"的总目标为一级指标⑨⑩，这也为本书研究县域经济的发展提供了一定的思路。总之，综合指标体系综合考虑了产业结构的合理性、高度化，居民生活环境的质量，经济未来发展的潜力等因素，从而使县域经济发展水平的测度结果更具有全面性、系统性、合理性。

目前学界关于经济发展的综合指标体系的赋权方法的做法具有多样性

① 马茹，罗晖，王宏伟，等.中国区域经济高质量发展评价指标体系及测度研究 [J].中国软科学，2019 (7)：60-67.
② 李金昌，余卫.共同富裕统计监测评价探讨 [J].统计研究，2022，39 (2)：3-17.
③ 杨耀武，张平.中国经济高质量发展的逻辑、测度与治理 [J].经济研究，2021，56 (1)：26-42.
④ 李梦欣，任保平.新时代中国高质量发展指数的构建、测度及综合评价 [J].中国经济报告，2019 (5)：49-57.
⑤ 欧进锋，许抄军，刘雨骐.基于"五大发展理念"的经济高质量发展水平测度：广东省21个地级市的实证分析 [J].经济地理，2020，40 (6)：77-86.
⑥ 张军扩，侯永志，刘培林，等.高质量发展的目标要求和战略路径 [J].管理世界，2019 (7)：1-7.
⑦ 杜挺，谢贤健，梁海艳，等.基于熵权 TOPSIS 和 GIS 的重庆市县域经济综合评价及空间分析 [J].经济地理，2014，34 (6)：40-47.
⑧ 黄丽娟，马晓冬.江苏省县域经济与乡村转型发展的空间协同性分析 [J].经济地理，2018，38 (6)：151-159.
⑨ 毛锦凰，王林涛.乡村振兴评价指标体系的构建：基于省域层面的实证 [J].统计与决策，2020，36 (19)：181-184.
⑩ 贾晋，李雪峰，申云.乡村振兴战略的指标体系构建与实证分析 [J].财经科学，2018 (11)：70-82.

和差异性。较多学者采用熵权 TOPSIS 法进行赋权，比如欧进锋等[1]和杜挺等[2]。部分学者采用主成分分析法进行赋权[3][4]。少数学者进行主观赋权，如马茹等直接采用等权重法[5]。为了使指标体系更加客观可靠，部分学者采取主观和客观相结合的指标赋权方法。杨耀武等利用信息量权和独立性权给基础指标赋权，采用等权重法给方面指标赋权[6]；李梦欣等使用层次分析法进行主观赋权，使用 BP 神经网络进行客观赋权[7]；张震等采用层次分析法（AHP）进行主观赋权，熵权法（EVM）进行客观赋权[8]。

2.2.4　区域科技人才开发效率的研究

目前，学术界对科技人才方面的相关研究已经很广泛，主流的研究是基于 DEA-Tobit 两步法对科技人才开发效率进行静态研究。但对科技人才开发效率的影响因素方面的深入研究较少，尤其是以科技人才开发效率的空间关联模式为目标的研究则更为缺乏。

在科技人才开发效率测度研究上，国内的学者主要从地理环境角度进行考量。孙健等运用 DEA-Tobit 两步法对 30 个省份（除藏、港、澳、台）科技人才开发效率进行测度，按地理位置分类对东中西部、东北部的效率值进行分析[9]。戚湧（2014）基于 C-D 模型计算科技人才贡献率，并利用因子分析法、数据包络分析法对江苏省的开发效率进行测评。李梓

① 欧进锋，许抄军，刘雨骐.基于"五大发展理念"的经济高质量发展水平测度：广东省21个地级市的实证分析 [J].经济地理，2020，40（6）：77-86.
② 杜挺，谢贤健，梁海艳，等.基于熵权 TOPSIS 和 GIS 的重庆市县域经济综合评价及空间分析 [J].经济地理，2014，34（6）：40-47.
③ 詹新宇，崔培培.中国省际经济增长质量的测度与评价：基于"五大发展理念"的实证分析 [J].财政研究，2016（8）：40-53，39.
④ 胥亚男，李二玲，屈艳辉，等.中原经济区县域经济发展空间格局及演变 [J].经济地理，2015，35（4）：33-39.
⑤ 马茹，罗晖，王宏伟，等.中国区域经济高质量发展评价指标体系及测度研究 [J].中国软科学，2019（7）：60-67.
⑥ 杨耀武，张平.中国经济高质量发展的逻辑、测度与治理 [J].经济研究，2021，56（1）：26-42.
⑦ 李梦欣，任保平.新时代中国高质量发展指数的构建、测度及综合评价 [J].中国经济报告，2019（5）：49-57.
⑧ 张震，刘雪梦.新时代我国15个副省级城市经济高质量发展评价体系构建与测度 [J].经济问题探索，2019（6）：20-31，70.
⑨ 孙健，丁雪萌.区域科技人才开发效率评价研究：基于2005—2014年省际面板数据的经验分析 [J].广东社会科学，2018（2）：20-28，254.

（2016）着重研究了西部地区 11 个省份的科技人才开发效率和程度，提出虽然其总体效率有所提高，但仍然处于较低水平，需要进一步加强对外联系、采取各种渠道提升地区的经济实力。李培园等（2019）学者运用超效率 DEA 模型和 Malmquist-DEA 指数对长江经济带的科技人才开发效率的时空差异进行研究，发现该地区的效率差异正在不断缩小，技术进步是主要影响因素，但仍存在资源配置不合理等问题，应进一步促进科技成果产业化。

在科技人才开发有关方面的空间自相关性研究上，丁刚等（2012）通过运用 DEA 和 LISA 方法，从省域角度对 2009 年全国创新型科技人才队伍建设的投入产出效率进行了综合评价，并就其空间关联格局进行了识别和检测。殷群等基于空间自相关和空间计量模型得出江苏省创新产出的空间分布呈现"南高北低"的梯状层级结构以及影响创新产出相关因素[①]。芮雪琴等构建科技人才聚集空间结构系数来反映科技人才聚集的变化态势[②]，并据此应用 DEA-Tobit 两步法，分析中国科技人才聚集的区域演化对区域创新效率的影响。李娜等（2016）基于空间视角，运用因子分析与 ESDA 研究福建县域单位科技人才发展的网络机制。张同全（2008）认为人才聚集是人才流动所导致的社会现象，人才流动有利于人力资本增值，并且会引发一系列正向的聚集反应。

从研究内容来看，学界在将空间因素纳入对科技人才开发效率测度及影响因素的研究还比较少。从研究方法来看，DEA-BCC 和 DEA-CCR 模型由于其特殊的优势是科技人才开发效率测度研究中比较常见的方法，较少学者使用考虑非期望产出的 SBM 模型进行研究。同时，传统的分析方法大多以独立性假设为前提，而忽略了研究对象的空间属性，无视其空间特征的分析。

学者们对经济高质量发展的测度和评估比较深入，从对高质量发展的阐述，到指标选取和权重设定等问题都做了科学的研究。并且，已有不少研究结合了地域特征，提出了对当地经济发展具有操作性和针对性的建议。但是，前人研究仍存在一些不足：第一，在高质量发展的阐释上，现

---

① 殷群，李子文. 创新溢出如何影响我国省际环境全要素生产率：基于 DEA-ESDA 方法的实证分析 [J]. 科技进步与对策，2019，36（24）：45-54.

② 芮雪琴，李亚男，牛冲槐. 科技人才聚集的区域演化对区域创新效率的影响 [J]. 中国科技论坛，2015（12）：126-131.

有文献对高质量发展主要是从经济发展的客观视角进行解释的，缺乏将"以人为本"的人文主义测度与客观解释相结合的综合性探讨，重在解释经济过程而忽略经济结果。因而，高质量发展的理论内涵需要更加科学全面的阐释。第二，在指标体系构建上，多从宏观层面评价高质量发展而缺少微观指数的选取。虽然有对不同区域经济高质量发展进行测算与评估，但对区域经济高质量发展差异特征和关联性特征的研究较少。第三，在指标数据使用上，研究者多采用传统宏观统计指标数据，缺乏对微观企业数据、实地访谈数据和网络实时数据应用价值的挖掘。

2.3　本章小结

本章对区域经济高质量发展的理论进行了回顾，着重介绍了关于经济高质量发展指标体系的相关理论，区域经济发展与增长理论以及区域科技人才开发的相关理论；同时，梳理了区域经济高质量发展相关的文献，详细介绍了高质量发展的理论内涵、指标体系及测算，总结了区域和县域经济高质量发展的测算、评估和科技人才开发效率的相关研究。

3 中国省域经济高质量 发展统计测算及分析

党的十八大以来，以习近平同志为核心的党中央科学把握我国发展大势，提出并贯彻新发展理念，着力推进高质量发展，推动构建新发展格局，实施供给侧结构性改革，引领我国经济迈上更高质量、更有效率、更加公平、更可持续、更为安全的发展之路。十多年来，我国经济实力实现历史性跃升，战略性新兴产业发展壮大，发展的平衡性、协调性、包容性持续提高，生态环境呈现明显改善和趋势性好转，共建"一带一路"倡议走深走实，创新型国家建设取得重大进展。

当前，我国区域发展形势良好，但同时也出现了一些值得关注的新情况、新问题。一是区域经济发展分化态势明显。长三角、珠三角等地区已初步走上高质量发展轨道，一些北方省份经济增长放缓，全国经济重心进一步南移。2018 年，北方地区经济总量占全国的比重为 38.5%，比 2012 年下降 4.3 个百分点。各板块内部也出现明显分化，有的省份内部也有分化现象。二是发展动力极化现象日益突出。经济和人口向大城市及城市群集聚的趋势比较明显。北京、上海、广州、深圳等特大城市发展优势不断增强，杭州、南京、武汉、郑州、成都、西安等大城市发展势头较好，形成推动高质量发展的区域增长极。三是部分区域发展面临较大困难。东北地区、西北地区发展相对滞后。2012—2018 年，东北地区经济总量占全国的比重从 8.7% 下降到 6.2%，常住人口减少 137 万，且大部分是青年人和科技人才。一些城市特别是资源枯竭型城市、传统工矿区城市发展活力不足。总体来看，我国经济发展的空间结构正在发生深刻变化，中心城市和城市群正在成为承载发展要素的主要空间形式。我们必须适应新形势，谋划区域协调发展新思路。

习近平总书记在中央财经委员会第五次会议上指出，我国经济发展的空间结构正在发生深刻变化，中心城市和城市群正在成为承载发展要素的主要空间形式。因此，对区域经济高质量发展的测算和评估能够让我们更好地认识和指导区域经济高质量发展。如何界定、测算和评估区域经济高质量发展是一个既必要又重要的课题。如何精准把握我国各个地区经济高质量发展的特征与差异、优势与不足？如何优化我国区域生产力的空间布局，推动形成优势互补高质量发展的区域增长极？这些问题需要对区域经济高质量发展进行全方位多维度的测算和评估。因此，本章首先通过构建中国省域经济高质量发展指标并通过熵权－CRITIC 组合赋权法确定各指标权重，其次通过各省域数据对中国省域经济高质量发展水平进行测算，最后根据测算结果提出对策建议。

3.1　区域经济高质量发展的理论阐释

习近平总书记强调，"高质量发展，就是能够很好满足人民日益增长的美好生活需要的发展，是体现新发展理念的发展，是创新成为第一动力、协调成为内生特点、绿色成为普遍形态、开放成为必由之路、共享成为根本目的的发展。"学者们对"经济高质量发展"内涵的表述存在较大差异，但也存在较多共性：第一，经济高质量发展以满足人民日益增长的美好生活需要为目标；第二，经济高质量发展应贯彻落实创新、协调、绿色、开放、共享的新发展理念；第三，经济高质量发展的过程以及结果均应是高质量的；第四，经济高质量发展具有可持续性[①]。有鉴于此，本书结合现有研究中关于"经济高质量发展"阐述的共性对经济高质量发展的内涵进行总结。本书认为，经济高质量发展是指以满足人民日益增长的美好生活需要为目标，以发展过程及发展结果提质增效为要求，贯彻新发展理念的可持续发展。

自党的十九大报告首次提出高质量发展以来，学术界对区域经济高质量发展的研究相对滞后，仍处于其理论阐述阶段。区域经济高质量发展的评价指标体系测算及评估的研究较少，主要有孟祥兰等基于加权因子分析法在供给侧改革背景下对湖北省高质量发展构建综合评价指标体系并进行

---

① 高志刚，克俭. 中国沿边省区经济高质量发展水平比较研究 [J]. 经济纵横，2020 (2)：23-35，2.

测算和评估[①]。许永兵等以河北省为例以创新驱动、结构优化、经济稳定、经济活力、民生改善和生态友好的 6 个维度 24 个指标构建高质量发展评价体系，对 2005—2016 年河北省经济运行数据进行测算和评估[②]。马茹等从五大方面对中国区域经济高质量发展的指标系统进行构建和测度，并对不同区域经济高质量发展阶段进行了"梯队式"归纳[③]。

综上所述，区域经济高质量发展是一个全面的要求，它不仅关乎经济领域，还涉及社会各个方面的发展；它不仅是对经济发达地区的期望，还是所有地区都必须遵循的原则；它不是一个短期目标，而是一个需要持续坚持的长期任务。在解释区域经济高质量发展时，研究不仅要从经济发展的角度进行客观分析，还要结合"以人为本"的人文主义视角，进行综合性的探讨。在构建指标体系时，既要考虑宏观层面的评价，也要关注微观层面的指标选择。此外，在指标数据的使用上，研究应当充分利用微观企业数据、实地访谈数据和网络实时数据，挖掘它们的应用价值。

3.2 区域经济高质量发展指标体系及测算方法

3.2.1 区域经济高质量发展指标体系构建

国内外众多学者长期以来致力于探索经济社会发展评价办法，形成了全球竞争力指数、知识经济指数、硅谷指数、国家创新指数等经济社会发展评价指标体系。一些学者基于高质量发展的内涵，从"三大变革"和"新发展理念"入手对其指标系统进行了构建（黄敏 等，2019）。近年来，北京、上海、江苏、浙江、广东等地在建立高质量发展的评价指标体系方面也进行了有益探索，推动虚拟经济和实体经济紧密融合，将人民的获得感、幸福感作为检验发展质量的标准，形成了有益的经验启示。吕薇认为应建立三类指标，分别反映经济结构和效率、人民生活质量和幸福感以及

---

① 孟祥兰，邢茂源. 供给侧改革背景下湖北高质量发展综合评价研究：基于加权因子分析法的实证研究 [J]. 数理统计与管理，2019，38（4）：675-687.

② 许永兵，罗鹏，张月. 高质量发展指标体系构建及测度：以河北省为例 [J]. 河北大学学报（哲学社会科学版），2019，44（3）：86-97.

③ 马茹，罗晖，王宏伟，等. 中国区域经济高质量发展评价指标体系及测度研究 [J]. 中国软科学，2019（7）：60-67.

经济活力[1]。传统的发展考核评价体系侧重于考核经济发展的"量"和"速"，高质量发展考核评价体系则注重反映各地各行各业发展的质量、结构和效益，注重经济发展"质"和"效"，其考核标准聚焦经济社会发展的活力、创新力和竞争力，跳出以规模扩张和数量增长为主的评价标准和定式思维，构建更加科学合理、集成高效、多元兼容、务实管用的高质量发展评价指标体系。

党的十九大作出中国经济已由高速增长阶段转向高质量发展阶段的科学论断，提出"中国特色社会主义进入新时代，我国社会主要矛盾已经转化为人民日益增长的美好生活需要和不平衡不充分的发展之间的矛盾"，指明了新时代推动高质量发展的奋斗目标、发展战略和方法路径。2017年12月20日，中央经济工作会议强调指出，必须"加快推动形成高质量发展的指标体系、政策体系、标准体系、统计体系、绩效评价、政绩考核"，明确提出要构建高质量发展绩效评价指标体系，科学指出了有效解决衡量和评价高质量发展问题的科学方法。建构"高质量发展评价指标体系"来推进经济社会发展的"可视化"考核，可以有效地引导各地走上高质量发展之路，推动中国经济在实现高质量发展上不断取得新进展。

综上所述，本节以经济增长理论和新发展理念为理论指导，结合前人的研究成果，构建了包括经济运行效率、资本配置效率、动力变革、协调发展、生态文明、人民生活6个层面17个分支下的35个具体指标的综合评价指标体系（具体见图3.1）。

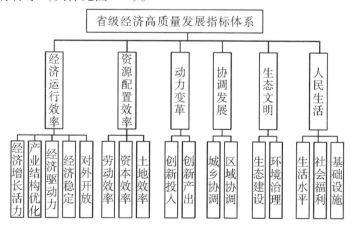

图3.1 经济高质量发展评价指标体系框架

---

① 吕薇. 打造高质量发展的制度和政策环境 [N]. 中国经济时报, 2018-03-09 (009).

（1）经济运行效率

国家经济作为高质量发展的基本面，测算经济运行效率是衡量高质量发展水平必不可少的一环。衡量经济运行效率，不仅要从经济增长数量出发，还需要考虑经济增长质量。本书主要从五个方面来刻画经济运行效率，分别是：经济增长活力、产业结构优化、经济驱动力、经济稳定和对外开放。

人均 GDP 作为一个总量指标，能够在排除人口基数影响的前提下更准确地反映不同地区的实际发展水平，人均 GDP 增速则可以清晰地反映上一年度经济发展效率，动态反映经济增长效率，两者分别从数量和速度的层面反映了经济增长活力。产业结构优化则参照干春晖等定义的产业结构合理化指数①和高级化指数②来进行测度。消费、投资是拉动经济发展的传统驱动力，因此本节选用最终消费率和资本形成率来反映消费和投资对经济发展的推动力。进出口总额规模是经济体参与国际贸易程度的直接表现，可以直观体现实体经济对对外贸易的依存度；外商直接投资对 GDP 的贡献度则可以体现地区发展过程中对外国资本的接受度，两者相结合可以反映"引进来"和"走出去"的协调程度和地区经济开放水平。经济稳定的重要表现为就业稳定和物价稳定，因此本节分别选用城镇登记失业率和居民消费价格指数来衡量就业与价格的稳定性，从而体现经济发展的稳定程度。

（2）资源配置效率

2020 年 7 月 30 日，中央政治局会议正式提出"要加快形成以国内大循环为主体、国内国际双循环相互促进的新发展格局"。而加快构建更高标准的全国统一大市场，打破各种壁垒，以促进生产要素和商品的高效流通，则是为国内大循环搭好平台、形成"双循环"新发展格局的关键任务。自然资源、劳动、资本等资源是创造经济总量的基础，要实现经济的持续高效发展，就需要合理配置资源，提高要素的投入产出率，因此本书选取劳动、资本、土地三种要素为代表，测度三种要素的生产率。其中，劳动和资本的生产率通过某一时期该区域单位劳动或资本投入的产值来测度，土地生产率则用该区域单位耕地粮食产量来衡量。要素投入产出率越

---

① 干春晖，郑若谷，余典范. 中国产业结构变迁对经济增长和波动的影响［J］. 经济研究，2011，46（5）：4-16，31.

② 产业结构高级化指数采用第三产业与第二产业产出之比来表示，以反映产业现代化程度。

高，该地区资源配置越合理，经济发展质量越高。

（3）动力变革

在经济全球化的时代，一个国家或地区的核心竞争力越来越体现在创新能力上。创新是引领发展的第一动力，更是推动高质量发展的核心要素，预示着一个国家或地区的发展前景。当前，世界科技革命和产业变革带来的动力变革、质量变革、效率变革，加速了创新由科技和经济领域向社会各个领域延伸的进程，成为驱动高质量发展的主要动力。我国传统的要素驱动和投资驱动方式已不能满足现代化建设的要求，急需转变我国的发展优势，通过创新驱动高质量发展。因此，本节从创新投入和产出视角设计指标测算动力变革水平。

在创新投入这个维度，宏观层面选用科研经费支出占地方财政支出的比重表示科研经费投入，直观反映了各地区的科研经费投入强度；微观层面，选用 R&D 人员数与从业人员数之比表示科研人员投入强度，衡量各地区的人力资本水平以及开展创新活动的人才基础是否良好。创新产出是直观反映经济发展质量的指标之一，人均专利申请量的变动是创新成果变化最直接的表现，反映了该地区 R&D 人员的创新能力，而技术市场成交额占比体现了创新成果转化为经济总量的效率，直观展现了我国技术市场的成熟程度。

（4）协调发展

党的十八大以来，习近平同志为核心的党中央高度重视区域协调发展工作，不断丰富完善区域协调发展的理念、战略和政策体系。习近平总书记指出，推动区域协调发展，就是要实现基本公共服务均等化，基础设施通达程度比较均衡，人民基本生活保障水平大体相当；加快构建高质量发展的动力系统，提高中心城市和城市群等经济发展优势区域的经济和人口承载能力，优化其他地区在保障粮食安全、生态安全、边疆安全等方面的功能，形成优势互补、高质量发展的区域经济布局；不平衡是普遍的，要在发展中促进相对平衡，这是区域协调发展的辩证法。随着中国经济体量的不断增加，传统的要素驱动型发展方式导致不平衡发展的现象逐渐加剧，因此，促进区域协调、推动合作共赢是全面实现高质量发展的重要手段。本节从城乡协调和区域协调两个层面选取指标测度地区经济协调水平。

城乡差异对经济发展水平的提高具有制约作用。因此，本节选取城镇化率和城乡居民消费比作为测度指标衡量城乡协调发展水平。城镇化率反映了地区城镇常住人口比重，其变动在一定程度上显示了农村人口向城镇迁移的情况；城乡居民人均消费比通过城乡居民消费行为之间的差异来体现城乡之间的不协调程度，消费差距越大，经济发展协调性越差。在区域协调维度上，不同地区要素条件各有优劣，导致区域之间发展质量均有所不同，分别以地区人均 GDP 和消费水平与全国平均水平相对比，用于衡量地区收入和消费的协调水平，指标测度值越大，表示该地区发展水平越高。

（5）生态文明

自然资源是创造经济总量的基本要素，生态环境是人民居住的地理空间，因此高质量发展也包括生态层面的发展质量。本节分别从宏观层面的生态建设和微观层面的环境治理两个方面出发选择指标测度生态发展质量。本节选取政府环境保护支出占比（地方财政环境保护支出/政府一般财政支出）和建成区绿化覆盖率两个指标衡量地方政府对生态建设的重视度，显示地区生态环境是否良好；选取工业污染治理强度（工业污染质量投资/地区生产总值）、生活垃圾无害化处理率和单位固体废物产值测度环境治理水平，以反映生态环境治理设施治理效率和自然资源利用率，治理强度越大，生活垃圾无害化处理率越高，单位固体废物产值越高，则环境治理效果越好，资源利用率越高。

（6）人民生活

满足人民生活需求是经济高质量发展的目标导向，为衡量居民生活质量，本节从生活水平、社会福利和基础设施三个层面构建了指标体系。

居民作为最基本的经济体，其经济活动可以从微观层面直观反映经济水平。居民人均可支配收入、居民人均消费水平是衡量居民生活水平最直观的指标。经济成果共享是缩小居民贫富差距的重要方式，提升与居民生活息息相关的社会福利水平即为手段之一。教育是丰富居民知识储备、提高居民基本素质的重要方式，地方财政支出中教育支出的强度能反映地方政府为改善人力资本提供的保障。财政医疗支出强度体现了地方政府对医疗保障体系的重视程度，能在一定程度上反映地区医疗卫生保障水平。社会保障、就业支出强度以及养老保险参保率测度了居民民生改善程度，体现了该地区人民基本生活质量和基本社会保障水平。最后，基础设施为人民生产生活提供了更好的保障，其完善程度是公共服务质量的直接表现。

本节选用基本医疗设施、文化设施、网络设施三个现代社会利用率最高的基础设施表示基础设施建设水平,能够较好地体现社会公共服务能力(见表 3.1)。

表 3.1 经济高质量发展综合指标体系

一级指标	二级指标	三级指标	三级指标补充说明	属性
经济运行效率	经济增长活力	人均 GDP	地区生产总值/人口数量	+
		GDP 增速	人均 GDP 增长指数(上一年=100)	+
	产业结构优化	产业结构合理化	泰尔指数的倒数	+
		产业结构高级化	第三产业产值/第二产业产值	+
	经济驱动力	消费驱动	最终消费率	+
		投资驱动	资本形成率	+
	对外开放	外贸开放度	进出口总额/地区生产总值	+
		外资开放度	外商直接投资总额/地区生产总值	+
	经济稳定	就业稳定	城镇登记失业率	−
		物价稳定	居民消费价格指数	−
资源配置效率	劳动效率	劳动生产率	GDP/全社会从业人员总数	+
	资本效率	资本生产率	GDP/全社会固定资产投资额	+
	土地效率	土地生产率	粮食总产量/耕地总面积	+
动力变革	创新投入	科研经费支出占比	科技经费支出占地方财政比重	+
		R&D 人员投入力度	R&D 人员数与全部从业人数数量之比	+
	创新产出	万人专利占有量	国内三种专利申请受理数/从业人员数	+
		技术市场成交额占比	技术市场成交额/地区生产总值	+

表3.1(续)

一级指标	二级指标	三级指标	三级指标补充说明	属性
协调发展	城乡协调	城镇化率	城镇人口/总人口	+
		城乡居民消费比	城镇居民消费/农村居民消费	−
	区域协调	地区收入协调水平	地区人均 GDP/全国人均 GDP	+
		地区消费协调水平	地区居民消费水平/全国平均消费水平	+
生态文明	生态建设	环境保护支出强度	地方财政环境保护支出/政府一般财政支出	+
		建成区绿化覆盖率	建成区绿化覆盖面积/建成区面积	+
	环境治理	工业污染治理投入	工业污染治理投资/地区生产总值	+
		生活垃圾无害化处理率	生活垃圾无害化处理量/生活垃圾产生量	+
		单位固体废物产值	GDP/一般工业固体产生量	+
人民生活	生活水平	人均可支配收入	居民人均可支配收入	+
		人均消费支出	居民人均消费支出	+
	社会福利	教育支出强度	教育支出/政府一般财政支出	+
		医疗卫生支出强度	地方财政医疗卫生支出/政府一般财政支出	+
		社会保障和就业支出强度	社会保障和就业支出/政府一般财政支出	+
		养老保险参保率	实际参保人数/应参保人数	+
	基础设施	基本医疗设施完善度	人均医疗卫生机构床位数	+
		文化设施完善度	人均公共图书馆藏量	+
		网络设施完善度	人均互联网宽带接入端口数	+

3.2.2 指标权重确定方法

指标权重的确定会直接影响发展指数的测算结果，是关系到经济高质量发展指数质量的重要环节。因此，要得到一个合理、有效的经济高质量发展指数就需要选择恰当的方法确定各指标在整个体系中的比重。目前常用的几种方法如下：主观赋权法、客观赋权法、组合赋权法。由于通过主观赋权法确定的权重质量往往与决策者的选择相挂钩，具有较强的主观性，因此本节主要使用熵权法、CRITIC 法和熵权-CRITIC 组合赋权法三种方法来分配权重。

（1）熵权法

熵权法是一种根据指标所蕴含的信息量来分配权重的方法。该方法主要依靠数据的离散性来衡量指标的重要性，数据的信息量与其变异系数正相关，越离散的数据对整个体系的影响越大。熵权法确定指标权重的过程如下：

①数据无量纲化。

鉴于不同数据的口径不同，为满足数据之间的可比较性要求，需要将数据进行标准化。

$$y_{ij} = \frac{x_{ij} - \min x_{ij}}{\max x_{ij} - \min x_{ij}} \quad i = 1, \cdots, n \ ; \ j = 1, \cdots, m \ ; \ x_{ij} \text{ 为正向指标}$$

$$(3-1)$$

$$y_{ij} = \frac{\max x_{ij} - x_{ij}}{\max x_{ij} - \min x_{ij}} \quad i = 1, \cdots, n \ ; \ j = 1, \cdots, m \ ; \ x_{ij} \text{ 为负向指标}$$

$$(3-2)$$

其中，i 为样本个数，j 为指标个数。

②计算第 j 个指标的第 i 个样本份额。

$$q_{ij} = \frac{y_{ij}}{\sum y_{ij}} \qquad (3-3)$$

③计算每项指标的熵值。

$$z_j = -k \sum p_{ij} \ln (p_{ij}) \qquad (3-4)$$

其中，$k = 1/\ln (n) > 0$，$z_j > 0$。

④计算每项指标的信息熵冗余度。

$$u_j = 1 - z_j \tag{3-5}$$

⑤对指标的变异程度进行归一化处理得到权重。

$$p_j = \frac{u_j}{u_{ij}} \tag{3-6}$$

（2）CRITIC 法

CRITIC 法全称是"criteria importance through intercriteria correlation"，该方法主要通过考虑不同准则之间的对比强度和冲突程度来确定准则的权重。这种赋权方法在多方面衡量数据中蕴含的信息量的基础上分配权重，客观性更强。赋权过程如下：

①数据无量纲化处理：处理方法参照式（3-1）、式（3-2）。

②测算指标离散程度。

$$S_j = \left[\frac{\sum (y_{ij} - \bar{y}_j)}{(n - 1)} \right]^{\frac{1}{2}} \tag{3-7}$$

S_j 为第 j 个指标的标准差。

③计算指标的相关系数。

$$r_{ij} = \frac{\sum (z_{ak} - z_a)(z_{bk} - z_b)}{\sqrt{\sum (z_{ak} - z_a)^2} \sqrt{\sum (z_{bk} - z_b)^2}} \tag{3-8}$$

$$R_j = \sum (1 - r_{ij}) \tag{3-9}$$

其中，z_{ak} 和 z_{bk} 为指标 a 和指标 b 的样本 k 的标准化结果，r_{ij} 表示指标的相关系数，R_j 表示第 j 个指标的冲突度。

④计算指标所包含的信息量。

$$Q_j = S_j \sum_{i=1}^{n} (1 - p_{ij}) = S_j \times R_j \tag{3-10}$$

⑤计算第 j 个指标的权重。

$$P_j = \frac{Q_j}{\sum_{i=1}^{n} Q_{ij}} \tag{3-11}$$

（3）熵权-CRITIC 组合赋权法

每种权重确定方法反映的信息量之间存在差异，单一地使用某一种赋权法可能会导致权重向某一指标出现倾斜。为降低权重方法选择给测度结果带来的误差，本节借鉴吴忠等（2019）的研究，采用熵权法和 CRITIC

法的组合赋权方式，进而提高指标权重确定的可靠性[①]。组合方式如下：

由 n 种主观赋权法得到的权重 $p_a = (p_{a1}, p_{a2}, \cdots, p_{an})$，T（$a=1, \cdots, n$）；$m$ 种客观赋权权重 $p_b = (p_{b1}, p_{b2}, \cdots, p_{bm})$，T（$b=1, \cdots, m$），其中 $\sum p_{aj}=1$、$\sum p_{bj}=1$。令 P $= \{P_1, P_2, \cdots, P_k\}$，T 为组合权重向量，其中 P_j 为第 j 个指标的组合权重。组合赋权比单个赋权之间的变异程度越小，因此构建以下模型对组合权重进行优化：

$$\text{MinF} = \sum_{a=1}^{n} \left[c \sum_{j=1}^{k} (P_j - p_{aj})^2 \right] + \sum_{b=1}^{m} \left[c \sum_{j=1}^{k} (P_j - p_{bj})^2 \right],$$

$$\text{s.t.} \begin{cases} \sum_{j=1}^{k} P_j = 1 \\ P_j \geqslant 0, \ j=1, \cdots, k \end{cases}. \tag{3-12}$$

最后，利用遗传算法（genetic algorithm，GA）得到最优组合权重。

3.3 省域经济高质量发展指数的测算及评估

3.3.1 数据来源及预处理

上一节确定了 35 个指标用于测算中国省域经济高质量发展水平。指标计算所需的原始数据主要从 2007—2020 年的《中国统计年鉴》《中国劳动统计年鉴》《中国科技统计年鉴》《中国环境统计年鉴》、统计公报以及 30 个省份（除藏、港、澳、台）的地方统计年鉴中获取。

部分数据在统计过程中无法获取，同时各年鉴统计工作进度之间存在差异等因素的影响，导致部分省份或年份的数据存在缺失。本书通过线性回归法和均值法对缺失值进行填补。本节考虑到评价体系中涉及指标维度较广，且各个指标的单位不一致，导致不同指标之间不能直接聚合，不具有可比性，因此此处采用式（3-1）、式（3-2）的方法对原始数据进行标准化。为确保数据在各年份之间的可比性，本节选择该指标在整个测度时间范围内的最值来进行处理。

根据上一节的熵权法和 CRITIC 法的基本原理和步骤分别计算了 2006—

---

① 吴忠，关娇，何江. 最低工资标准测算实证研究：基于 CRITIC-熵权法客观赋权的动态组合测算［J］. 当代经济科学，2019，41（3）：103-117.

2019 年 35 个指标的权重，并将所得权重带入上述优化模型，利用 GA 算法求解最优结果。采用组合赋权法确定权重时，参数 $n = 0$，$m = 2$，假设种群规模 $= 50$，最大进化次数 $= 1\,000$，交叉概率 crossover $= 0.8$，变异概率 mutation $= 0.2$，种群规模为 50。上述计算过程均用 Matlab 软件进行，计算结果如表 3.2 所示。

从表 3.2 可以看出，在各个指标维度中，经济运行效率以超过 27% 的比重成为影响高质量发展得分最重要的指标，其次则是人民生活指标。这说明这两个准则层的数据变异程度较大，具有显著差异。相反，资源配置效率对总指数的影响程度最低。动力变革所占权重呈现上升后下降的趋势，反映出地区间创新能力的差异在前期随着时间的变化而扩大，而后期差距缩小，这可能是由于创新驱动发展思想的深化引起的。

表 3.2　一级指标组合权重

年份	经济运行效率	资源配置效率	动力变革	协调发展	生态文明	人民生活
2006	0.285 1	0.087 2	0.114 8	0.111 1	0.146 1	0.255 9
2007	0.275 8	0.090 8	0.115 7	0.109 2	0.146 3	0.262 3
2008	0.277 3	0.086 9	0.124 8	0.113 2	0.150 8	0.246 0
2009	0.268 5	0.080 6	0.125 6	0.122 8	0.142 1	0.261 1
2010	0.282 4	0.087 2	0.124 7	0.112 4	0.137 1	0.256 3
2011	0.273 4	0.074 0	0.128 8	0.110 0	0.153 4	0.260 0
2012	0.273 9	0.083 2	0.129 2	0.112 2	0.143 7	0.257 8
2013	0.283 9	0.089 1	0.120 7	0.103 7	0.140 3	0.262 6
2014	0.282 5	0.085 3	0.109 0	0.116 3	0.150 4	0.256 4
2015	0.294 9	0.085 9	0.107 3	0.118 2	0.143 1	0.250 6
2016	0.277 5	0.081 2	0.115 4	0.113 3	0.150 0	0.262 7
2017	0.270 3	0.084 5	0.117 2	0.117 5	0.145 6	0.264 7
2018	0.280 8	0.090 6	0.100 6	0.114 7	0.147 1	0.266 7
2019	0.274 8	0.088 2	0.116 7	0.110 8	0.146 2	0.263 1

3.3.2　省域经济高质量发展总指数综合评价

结合上文的各指标权重，本节测算了中国 30 个省份（除藏、港、澳、台）2006—2019 年的综合发展指数，最终结果如表 3.3 所示。从表 3.3 可知，中国省域经济高质量发展水平整体偏低，依旧存在发展不足的问题，但总体上呈现出螺旋式上升的走向。其中北京、上海两个地区的经济发展程度尤为优异，总体水平较高，综合指数均在 40 分以上。在 2006—2019 年中，北京和上海连续十四年位于全国顶层，分居第一、第二位，与其他区域的发展指数之间存在断崖式缺口，且仅北京的发展总指数达到了 60 分以上，最高为 65.27 分。除此之外，浙江、江苏、广东、天津的发展指数也处于较高水平，得分大多分布在 35 分以上，与其他区域之间形成了鲜明的差异。福建、辽宁、山东、重庆等的发展程度虽无法与上述城市比拟，但依旧处于中上水平。而贵州、宁夏、吉林、黑龙江、广西等地区则明显落后于其他省份，其发展指数大多低于 30 分，甚至距离全国平均发展水平还有较大差距。此外，同一年份中的最大值和最小值之间的差距随着时间推移进一步加大，说明我国省份发展水平两极分化愈发严重，区域间的发展的倾斜性愈发显著。自 2009 年以来，区域发展水平的标准差也在持续加大。这表明，虽然我国各省份经济发展水平在整体上不断提高，但各经济体的变异程度较大，地区经济发展的不协调性更加严重。

表 3.3　中国 30 个省份高质量发展总指数

年份	北京	天津	河北	山西	内蒙古	辽宁	吉林	黑龙江	上海	江苏
2006	49.08	37.84	25.30	27.75	26.85	29.54	25.45	24.14	41.81	33.96
2007	45.94	34.21	22.68	25.78	25.06	28.00	23.68	22.23	40.42	31.68
2008	56.23	43.53	27.33	30.61	19.91	33.45	25.84	27.92	50.81	48.77
2009	49.38	36.90	26.71	27.95	28.55	29.76	27.01	26.85	42.03	35.92
2010	50.43	37.00	25.02	27.31	26.75	28.98	24.80	24.38	46.24	35.48
2011	50.79	36.80	25.43	27.78	27.39	29.20	26.58	25.70	44.67	36.42
2012	51.98	37.63	27.23	28.97	28.89	31.32	27.49	26.93	45.75	39.87
2013	55.70	39.36	29.49	31.90	31.09	33.32	28.74	28.99	47.53	40.43
2014	56.28	39.41	29.81	29.92	32.47	33.24	28.61	28.99	47.21	39.02
2015	56.86	40.12	30.77	30.38	32.44	33.95	29.01	30.14	48.09	40.59
2016	57.58	40.45	31.37	32.18	32.24	36.94	29.77	30.81	49.93	41.37
2017	61.92	42.23	33.97	34.12	33.56	39.38	30.68	32.88	53.34	44.49
2018	63.10	42.64	34.23	34.50	34.23	38.47	31.37	33.19	54.57	45.07
2019	65.27	45.32	35.46	35.05	33.77	38.54	32.37	32.07	55.31	46.54
年份	浙江	安徽	福建	江西	山东	河南	湖北	湖南	广东	广西
2006	34.95	23.06	31.25	24.65	29.06	24.98	25.83	25.61	35.98	24.01
2007	32.19	22.01	27.56	23.19	26.23	22.66	23.71	23.46	32.32	21.18

年份	北京	天津	河北	山西	内蒙古	辽宁	吉林	黑龙江	上海	江苏
2008	47.34	25.22	32.19	24.64	38.96	26.76	28.55	26.01	53.55	24.99
2009	35.09	25.98	31.61	27.48	29.96	26.32	27.69	27.53	36.05	27.18
2010	34.87	25.09	30.24	25.66	28.79	24.93	26.20	24.99	35.48	25.47
2011	35.04	26.89	30.05	26.67	30.20	26.11	26.17	24.87	36.25	25.84
2012	37.67	28.29	32.29	27.54	32.31	27.62	28.30	27.73	38.02	26.32
2013	41.14	30.68	34.11	29.61	34.90	29.85	30.40	29.31	39.65	28.93
2014	40.07	29.56	34.36	28.80	34.11	29.93	30.91	29.24	38.97	28.81
2015	41.42	30.72	35.06	29.61	34.53	30.30	31.66	30.04	38.97	29.37
2016	42.32	32.37	35.64	30.87	35.62	31.30	33.09	30.90	40.38	29.99
2017	45.39	35.38	37.41	33.47	37.64	33.63	35.91	33.42	43.80	31.79
2018	47.18	35.37	39.05	34.79	37.64	34.46	36.18	34.59	45.36	31.97
2019	48.17	36.85	40.20	36.26	38.55	34.84	37.37	35.66	46.48	31.93
年份	海南	重庆	四川	贵州	云南	陕西	甘肃	青海	宁夏	新疆
2006	27.15	23.45	23.20	24.03	22.13	27.16	25.59	29.06	28.92	23.84
2007	27.89	24.62	23.53	22.15	21.90	24.36	22.57	27.47	27.19	22.34
2008	27.23	25.79	28.03	19.52	22.89	35.30	27.37	21.14	34.13	28.93
2009	29.43	28.64	25.10	24.92	26.03	29.31	24.93	29.42	27.07	27.44
2010	26.50	27.04	24.60	22.91	24.87	27.76	22.68	26.70	25.57	26.16
2011	28.94	27.37	26.28	23.62	26.18	28.39	24.82	28.44	25.33	26.80
2012	29.77	30.02	27.83	24.60	27.55	30.56	25.92	29.33	26.07	27.56
2013	32.57	31.90	29.60	27.71	28.98	32.65	27.52	30.71	29.17	30.27
2014	32.12	31.95	29.13	27.71	28.39	32.13	27.21	31.37	30.91	30.79
2015	32.29	32.64	29.83	28.38	29.31	32.35	27.62	31.59	29.09	30.81
2016	33.80	33.27	32.05	29.56	30.97	32.21	28.99	32.83	30.30	32.10
2017	34.22	36.06	34.19	32.05	33.01	34.88	30.74	35.50	34.25	33.01
2018	35.91	36.90	35.48	33.41	34.37	35.40	31.74	35.30	33.07	34.67
2019	37.15	37.40	36.48	33.88	34.65	36.50	32.67	35.34	32.62	35.53

从全国总体发展变化来看，2006—2019年北京、天津、贵州、上海、甘肃、山东、广东、江苏、广西、河南、黑龙江、浙江、辽宁十三个省份发展排名较为稳定，与各省份发展相比并未出现较大波动，尤其是北京和上海两个省份的发展水平始终占据着全国第一、第二的位置，而贵州、广西、黑龙江、甘肃四个省份则始终排名较末。此外，江西、湖南、四川、湖北、重庆、安徽六个省份在整体上呈现上升态势，在提高全国经济质量水平进程中的作用也日益增强。特别是重庆和安徽两个省份，其在全国的

高质量发展排名中呈现出较强的线性增长趋势，安徽省的发展水平更是由
2006 年全国落后水平提升至 2019 年的中上水平。湖北和湖南两个省份具
有相似的发展趋势，可能与两省所处的地理位置、资源禀赋、发展理念等
相似有关。四川省的排名则在 2009 年出现了短暂下滑，但总体上表现出波
动提高的趋势。山西、内蒙古、吉林、宁夏四个省份的总体发展排名下降
较多，其中山西省下降尤为明显，由 2006 年的中上水平下降到了 2019 年
的 21 名，其次是吉林省，由中下水平降至全国最低之一。最后，青海、海
南、福建、云南、河北、陕西、新疆等省份的变化幅度较大，如青海省的
排名处于时而中上，时而落后的波动状态。

就高质量发展水平的动态变化来看，自 2006 年以来，各省份的高质量水
平在持续缓慢提高，其中安徽、重庆、四川、云南四个省份的发展势头相对强
劲，在 2006—2019 年增速分别达到了 60%、59%、57% 和 57%。其次是河北、
江西、湖北、贵州、新疆五个省份的发展势头向好，均实现了 40% 及以上的增
长。吉林、山西、内蒙古、天津、宁夏五个省份的高质量发展势头则相对较
弱，在 2006—2019 年总指数分别仅有 27%、26%、26%、20%、13%的增幅。

3.3.3　省域经济各要素高质量发展指数测评

通过分析中国各个省份的高质量发展总指数可知，除北京、上海、浙
江、天津、江苏和广东六个省份发展质量较高且较为稳定之外，其他省份
的高质量发展水平并不完全尽如人意。为进一步了解我国各省份经济发展
的优劣势，推动全国经济高质量发展，本节对 30 个省份（除藏、港、澳、
台）高质量发展的六个维度分别展开分析。

图 3.2 展示了 2006 年、2010 年、2014 年和 2019 年各省份经济运行指
数，从图中可以看出我国经济运行质量整体上呈现波动上涨的趋势，全国
平均经济运行效率有所提高。随着时间推移，经济运行指数的最大值逐渐
增大，最小值则趋于稳定，说明随着全国平均经济运行效率提高，越发达
的地区经济增速也越快，地区间的经济运行质量两极分化的趋势也愈发显
现。分析图 3.2 可知，除北京、上海、天津等省份的经济发展水平明显优
于其他省份外，其他省份则处于一个相对平均的范围。全国的经济发展指
数呈现波动上升的趋势，尤其是北京、黑龙江、上海、海南、云南、新疆
等省份发展质量的提升速度远远高于其他省份。而指数的离散系数总体上
表现出先缩小再扩大的趋势，说明各省份经济运行之间的个体差异呈现先

下降再上升的变化特征。

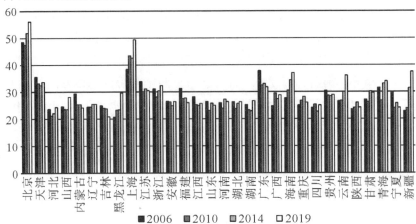

图 3.2　各省份经济运行指数

图 3.3 展示了 2006 年、2010 年、2014 年和 2019 年各省份资源配置效率指数，从图中可以看出全国各省份资源配置效率指数在 2006—2019 年总体上均保持较为稳定的态势，仅内蒙古、黑龙江、安徽、湖南和新疆等省份的资源配置效率指数波动较大。其中北京、上海、江苏、广东、天津等省份的资源配置效率高于其他省份。该指数的变异系数尽管较小但也在持续增大，由 0.12 增加到了 0.3，表明全国资源配置效率总体较为平均，随着部分省份进一步提高了资源配置效率，各省份之间逐渐出现较大差异。

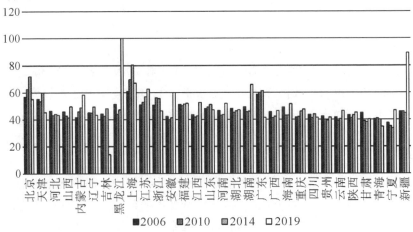

图 3.3　各省份资源配置效率指数

　　图 3.4 展示了 2006 年、2010 年、2014 年和 2019 年各省份动力变革指数，从图中可以看出我国以创新发展为衡量标准的动力变革指数在 2006—2019 年发生了较大的改变，处于持续提高的状态，但除部分省份表现较突出外，整体水平始终偏低，且两极分化严重，极差由 39.04 增至 63.38，增幅达 62%。其中北京、浙江、江苏、广东的总体创新水平较高，具有较大增幅且表现优异，而内蒙古、陕西、青海和新疆则表现较差，青海和新疆两个省份的创新指数甚至不升反降，严重制约了整体高质量发展水平的提高。该指数的离散系数一直处于较高水平，说明地区间创新水平存在较大差异，随着时间的推进，各省份的创新能力正在不断提高，省份间的差异得到改善，变异系数有所缩小。

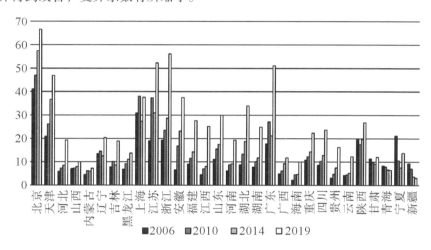

图 3.4　各省份动力变革指数

　　图 3.5 展示了 2006 年、2010 年、2014 年和 2019 年各省份协调发展指数，从图中可以看出各省份的协调发展指数总体上呈现波动上升的状态，发展态势向好。虽然北京、上海和天津的协调指数总体位于较高水平，但北京和上海指数不升反降，而天津则能保持相对稳定，其协调水平均未提升，甚至有所退步，不利于整体的高质量发展。此外，该指数离散程度不断缩小，离散系数由 0.64 缩小到了 0.27，说明我国区域内协调发展水平提高的同时，区域间的协调发展水平也有所增强。其中协调发展指数最大值逐渐减小可能是由较发达地区城乡收入、消费水平不均衡造成的。

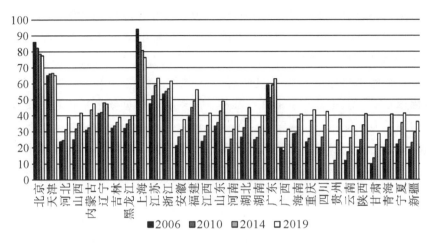

图 3.5　各省份协调发展指数

图 3.6 展示了 2006 年、2010 年、2014 年和 2019 年各省份生态文明指数，从图中可以看出全国总体生态文明指数发展较好，各省份均呈现显著的上升趋势，且较之前有大幅提升，全国平均生态文明指数由 30.3 增加到了 46.31，其中北京、天津、山西在各个时期均有突出表现，重视生态环境保护，河北、安徽、广东、黑龙江也有较大的提升。此外，生态文明指数的离散系数正逐渐减小，这也表明各省份的生态环境均得到了较大的改善，差距也在逐步缩小。

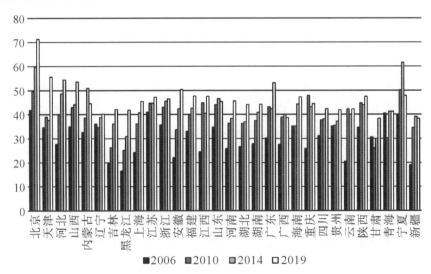

图 3.6　各省份生态文明指数

图 3.7 展示了 2006 年、2010 年、2014 年和 2019 年各省份人民生活指数，从图中可以看出我国人民生活质量总体水平较高，各省份的人民生活指数均在不断提高，且增幅较大，这证明了我国人民生活质量在持续改善，符合我国推动经济高质量发展的最终目标，其中北京、浙江、上海尤为突出。此外，该指数的离散系数处于平均水平且不断优化，在 2019 年达到了 0.15，说明我国各省份在与人民生活相关的社会福利、文化建设、基础设施建设等方面有较好的发展。

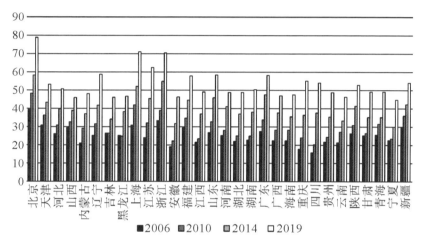

图 3.7　各省份人民生活指数

3.3.4　省域经济高质量发展动态测算及评价

为动态反映各省份 2006—2019 年的高质量发展水平以及各构成部分的发展状况，以便充分了解阻碍各省份经济高质量发展的因素，本书依照"重现在，轻过去"的理念引用时序加权平均算子对时间赋予权重，并用 Matlab 运算模拟退火算法计算最优权重组合。权重计算公式如下：

$$f(w) = \max\left(-\sum_{i=1}^{n} w_i \ln w_i\right) \qquad (3\text{-}13)$$

$$\begin{cases} \sum\limits_{i=1}^{n} w_i = 1 \\ q = \sum\limits_{i=1}^{n} \dfrac{n-i}{n-1} w_i \\ w_i \in [0, 1] \end{cases}$$

其中，$f(w)$ 是某一时间权重组合的熵值的函数，w 为时间权重的组合，q 代表时间所包含的信息量大小。在求解过程中，令 $q = 0.3$，初始温度为 100，Markov 链长为 1 000，温度衰减系数为 0.95，并设定权重初始值为 $w = (0.01，0.01，0.02，0.02，0.04，0.06，0.07，0.07，0.08，0.09，0.12，0.14，0.15)$。最终优化结果如表 3.4 所示。

表 3.4　2006—2019 年时间权重

年份	2006	2007	2008	2009	2010	2011	2012
权重	0.000 6	0.001 9	0.003 1	0.038 4	0.045 0	0.068 2	0.048 5
年份	2013	2014	2015	2016	2017	2018	2019
权重	0.069 5	0.089 8	0.094 9	0.126 6	0.129 7	0.138 9	0.144 9

利用上述时间权重结果分别计算 2006—2019 年各省份经济高质量发展和各组成部分的动态指数结果并排名，并将 30 个省份按照总指数排名分为四组，分别是最高组（6 个）、较高组（8 个）、一般组（8 个）、较低组（8 个），测算结果如图 3.8 所示。

由图 3.8 可以看出，北京、上海发展势头最为强劲，各方面全面发展，均位于全国前列，但上海的生态文化层面得分稍显逊色，上海可在维持现有发展水平的同时加大对生态文明建设的重视，进一步提高本市高质量发展水平。江苏、浙江以及广东各方面发展较为均衡，具有较好的发展前景，浙江的人民生活水平更是位居全国第二。在协调发展层面江苏、浙江均相对突出，得分达到了 59.43 和 57.83。天津的经济高质量发展水平虽位居全国前列，但与北京、上海、广东、江苏、浙江相比，其发展相对不均衡，生态环境发展和人民生活质量仅处于全国中等水平，这是阻碍天津经济质量进一步提高的重要因素。

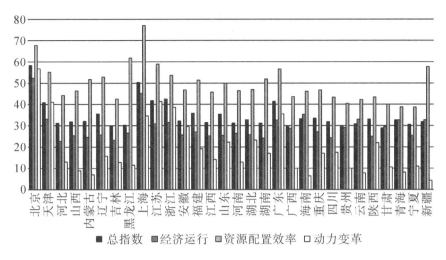

（a）

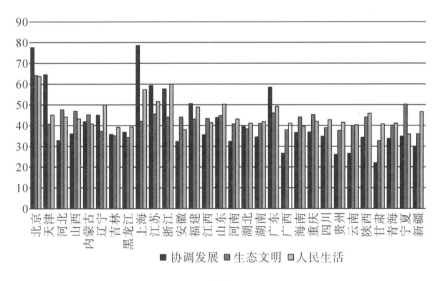

（b）

图 3.8　30 个省份经济高质量发展动态指数

　　从图 3.9 可以看出，除北京、上海、广东、江苏、浙江、天津外，海南、云南、青海和新疆四个省份在经济运行层面具有较好的表现，其中海南和青海处于经济高质量发展较高水平组，总体发展良好，但在部分层面发展较为落后，如海南的动力变革严重不足，以 6.28 分排名第二十九位，青海的资源配置效率和创新能力同样处于落后水平。新疆的发展极不均

衡，经济运行、资源配置、人民生活质量均有较好发展，创新能力、协调
发展和生态环境三方面的发展却极为落后，要想进一步提高发展质量，需
重点考虑这三个层面发展进程中存在的问题，尤其是创新能力层面。云南
除经济运行较好外，其他维度的发展均不尽如人意，若要提高经济发展质
量，需从多个角度着手进行改善。

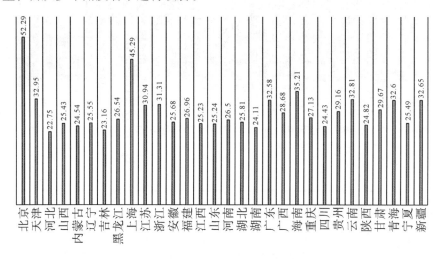

图 3.9　各省份经济运行质量

从图 3.10 可以看出，就资源配置效率层面而言，除上述省份外，黑龙
江和湖南的发展水平较高，但鉴于这两个省份其他层面的发展质量均处于
中下水平，因此整体的经济高质量发展程度处于落后水平，黑龙江可从提
高生态环境质量的角度去提高总体发展质量，湖南则应重点提高经济运行
效率。

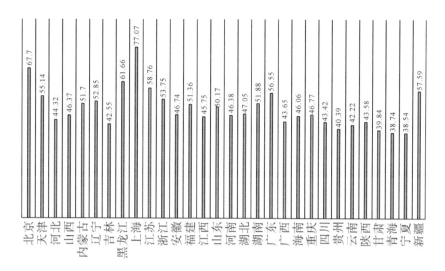

图 3.10　各省份资源配置效率

从图 3.11 可以看出，就动力变革维度而言，除高质量发展总指数排名前六的省份外，安徽、山东、湖北、陕西的创新能力也处于全国上游水平。安徽的创新能力和生态环境质量得分较高，但人民生活指标和协调发展指标得分较低，制约了整体质量的提高。山东的整体发展水平较高，除经济运行质量外无明显短板，因此山东要想进一步提高经济高质量发展水平就需从经济运行质量着手。

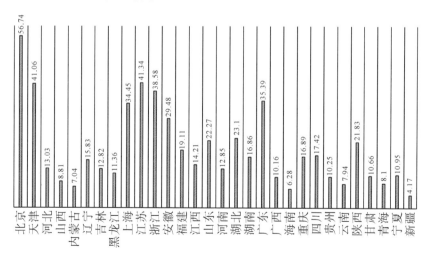

图 3.11　各省份动力变革效率

从图 3.12 可以看出，就协调发展而言，内蒙古、辽宁、福建、山东四省表现良好。内蒙古经济高质量发展总体水平一般，但具有良好的资源配置效率和生态环境质量，且经济协调性较好，若能适当提高创新能力，其总体发展质量将会更高。除生态环境质量外，辽宁其他方面发展质量均处于较高水平，要保证高质量发展水平持续提高，则需加强对生态系统的保护。福建总体发展极为均衡，无明显短板，若想迈入高水平发展的行列，可适当提高资源配置效率和加大环境保护力度。

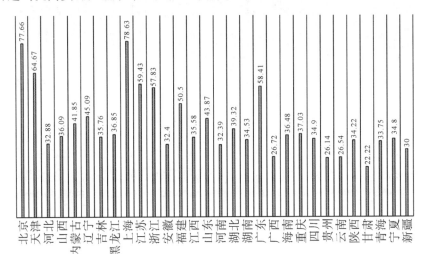

图 3.12　各省份协调发展指标

从图 3.13 可以看出，就生态环境保护来看，河北、山西、重庆、宁夏、安徽等省份表现比综合指数最高的几个省份更为出色，这可能与近年来的环境治理要求有关。河北、山西、安徽等省份主要以发展重工业为主，前期污染物产量较大，后期绿色发展理念的提出使这些省份更加重视生态环境的可持续发展，从而在生态文明指标中得分较高，但这些省份在其他维度的发展质量较之环境保护则过于薄弱，导致整体得分较低。重庆作为处于全国发展水平上游的省份，发展均衡，具有良好的前景。

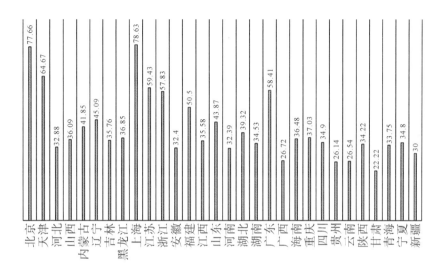

图 3.13　各省份生态文明指标

　　从图 3.14 可以看出，从人民生活质量层面来看，人民生活质量与经济运行之间存在明显的关联，辽宁、福建、山东、陕西和新疆五省份发展良好，仅辽宁、山东和陕西的经济运行得分未处上游。而陕西在经济发展过程中存在明显偏向，较为注重创新水平、环境保护和人民生活质量，其他三个层面则成为制约经济质量进一步提高的短板。

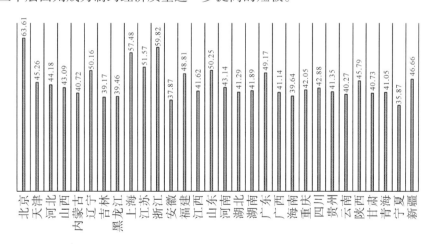

图 3.14　各省份人民生活指标

3.4 结论与对策建议

3.4.1 主要结论

本章回顾和归纳了国内外有关高质量发展的相关研究，并阐述了经济高质量发展的理论基础和内涵，并根据对经济高质量发展的理解和前人研究成果，构建了一个包括经济运行效率、资本配置效率、动力变革、协调发展、生态文明和人民生活6个层面35个具体指标的综合评价指标体系。本章利用中国30个省份（除藏、港、澳、台）2006—2019年相关数据对各省份经济高质量发展水平进行了测算，主要结论如下：

第一，从各区域发展综合评价来看，我国各省份经济高质量发展得分总体上呈现稳步上升趋势，各地区总指数均值由 28.52 提高到了 38.61，但依旧处于较低水平，经济高质量发展不够充分。其中，北京、上海、广东、浙江等东部沿海省份的经济高质量发展水平在 2006—2019 年始终显著高于其他内陆地区，综合得分大多分布在 35 分以上，与其他省份之间形成了鲜明的对比。而贵州、宁夏、吉林、黑龙江、广西等省份的发展水平则明显落后于其他地区，其发展指数大多低于 30 分，远远低于全国平均发展水平。此外，各省份高质量发展总指数的极差由 2006 年的 26.96 扩大到了 2019 年的 33.34，说明从 2006 年到 2019 年，我国区域间经济高质量发展的倾斜程度有所增加，地区间两极分化程度有所加重。

第二，从地理区位来看，地区经济高质量发展水平与所处的地理位置息息相关。本章将各时间赋权后测算各地区经济高质量发展的动态水平，将各省份按照排名高低分为最高组、较高组、一般组和较低组四个组别。研究发现，东部地区除河北以外的省份得分均处于较高组及以上，总体发展水平较高；中部地区除湖北经济高质量发展水平较为突出外，大部分省份则均处于中等偏下水平；西部地区各区域则多处于全国落后水平，仅重庆、四川、青海突出重围，得到了较好的发展。

第三，从各维度逐年分项指数以及时间赋权后的综合指数可以看出，处于不同发展阶段的经济体在各维度上具有相似的表现，其中，最高组的六个省份在各个维度上发展较为全面，无明显短板，且均在经济协调性、可持续性和人民生活质量三个维度具有较好的表现。位于较高组的省份总体发展较为均衡，但部分省份存在明显短板，阻碍了总体水平的提高，如辽宁综合评价虽属于全国上游水平，但其生态发展却处于落后水平。一般组和较低组的总体发展较为落后，这些省份在人民生活质量、生态环境保护等维度的发展相对较好，但其总体经济运行指数和动力变革指数通常较低，因此需从提高经济增长质量、创新能力等角度出发，提高经济体的高质量发展水平。

3.4.2 政策建议

为不断提高我国各省份的经济高质量发展水平，本章结合上述研究成果提出以下建议：

第一，深入理解经济高质量发展内涵，构建合理评价体系。为全面提高我国各地区的综合发展质量，要求相关人员充分理解以新发展理念为核心的高质量发展的内涵，转变一味关注经济总量的发展观念，充分考虑与经济相关的各方面因素的发展，从宏观层面上制定合理的发展目标，因地制宜地为各层级落实发展提供导向和依据；加快形成推动高质量发展的指标体系、政策体系、标准体系、统计体系、绩效评价、政绩考核，创建和完善制度环境，能够推动我国经济在实现高质量发展上取得新的进展；系统梳理当前学术界高质量发展评价相关研究和指标体系构建，厘清高质量发展评价需要坚持哪些原则、需要处理好哪些关系，对于更好构建高质量发展评价体系、更好推动高质量发展具有重要指导意义。

第二，充分发挥重点区域在构建新发展格局中的示范作用。习近平总书记指出，"做好区域协调发展'一盘棋'这篇大文章，不能简单要求各地区在经济发展上达到同一水平，而是要根据各地区的条件，走合理分工、优化发展的路子"。从全国来看，东、中、西部三大地带经济发展仍然存在不小的差距。因此，进一步清楚认识我国各个地区经济社会发展的优势和障碍，采取适宜的措施，保证各地区经济社会快速发展，缩短中、西、东部地区的差距是我们面临的一个紧迫的课题。我们应充分了解各省份的发展进程和发展优势，根据各地区的资源禀赋、技术水平和实际发展进程有针对性地制定相关政策和发展战略规划，明确各省份未来的发展方向，重点关注制约高质量发展水平提高的相关层面的发展进程，同时维持好地区发展的优势维度。中央和地方应推动京津冀协同发展、长江经济带发展、粤港澳大湾区建设、长三角区域一体化发展等区域重大战略在构建新发展格局中的示范作用，京津冀、长三角、粤港澳大湾区等地区在推动区域一体化发展中要率先取得突破，在较短时间内探索形成一批可复制、可推广的经验做法。同时，在长江经济带发展、黄河流域生态保护和高质量发展等国家战略中，中央也可以支持有关省份在畅通国内国际双循环中发挥流域的主动脉作用。

第三，充分发挥企业的创新主体作用，为推动经济高质量发展和加快实现高水平科技自立自强贡献更多智慧。我国经济社会发展和民生改善比过去任何时候都需要科学技术解决方案，迫切需要增强创新动能；让有实力的企业参与国家科技创新的顶层设计、宏观决策，发挥好出题人作用正当其时。一方面，新一轮科技革命和产业变革突飞猛进，科学研究范式正在发生深刻变革，学科交叉融合不断发展，科学技术和经济社会发展加速渗透融合、科技成果转移转化明显提速，增强企业在顶层设计和决策部署中的参与度、话语权势在必行；另一方面，企业已成为科技创新特别是技术创新的主力军，有能力与高等院校和科研机构一起，在顶层设计和宏观决策中共同出题、建言献策。期待有能力的创新型企业，特别是龙头企业积极响应国家号召，在科技创新顶层设计和宏观决策中有所作为，为推动经济高质量发展和加快实现高水平科技自立自强贡献更多智慧。

3.5　本章小结

本章对经济高质量发展内涵进行了深入考察，以习近平新时代中国特色社会主义思想为指导，重点阐述了全国层面各区域经济高质量发展的情况。首先，本章选取了经济运行效率、资本配置效率、动力变革、协调发展、生态文明、人民生活 6 个维度 35 个具体指标的综合评价指标构建了指标体系，并根据熵权法和 CRITIC 法两种方法来分配各指标权重。基于各指标权重，在本章第 4 节测算了中国 30 个省份（除藏、港、澳、台）2006—2019 年的综合发展指数，并分别对 30 个省份（除藏、港、澳、台）经济高质量发展的六个维度展开测算并得出结果。其次，为动态反映各省份 2006—2019 年以来的经济高质量发展水平以及各构成部分的发展状况，在本章第四部分引用时序加权平均算子对时间赋予权重，并用 Matlab 运算模拟退火算法计算最优权重组合进而计算动态指数，更加清楚地了解中国

30 个省份（除藏、港、澳、台）在 2006—2019 年高质量发展的动态变化。最后，在本章最后一节总结了主要结论并提出深入理解经济高质量发展的内涵，构建合理评价体系，充分发挥重点区域在构建新发展格局中的示范作用和企业的创新主体作用，为推动经济高质量发展和加快实现高水平科技自立自强贡献更多智慧。

党的十八大以来，以习近平同志为核心的党中央深入实施区域协调发展战略，通过促进京津冀协同发展、长江经济带发展、粤港澳大湾区建设、长三角一体化发展、黄河流域生态保护和高质量发展等，推动我国经济在实现高质量发展上不断取得新进展。根据新的区域经济发展实践需要，习近平总书记对推进区域协调发展战略提出了更加丰富、更加系统、更加明确的部署和要求，深刻回答了区域协调发展的若干重大理论和实践问题，为推动区域经济高质量发展提供了理论遵循和行动指南。区域协调发展理论的形成、丰富和发展，蕴含着深厚的历史逻辑、理论逻辑和实践逻辑，是新时代理论创新和实践探索的结晶。以习近平经济思想为指引，继续推动区域协调发展，必将在新时代新征程上续写区域经济高质量发展的新篇章，推动全体人民共同富裕持续迈出坚实步伐。

4 中国区域科技人才开发
效率测算及时空差异分析

党的十八大以来，党中央、国务院及有关部门陆续推出了覆盖人才教育与培养、人才使用与发展、人才评价与激励等方面的科技人才政策，该体系不断健全，成效日益显著。当前，世界百年未有之大变局加速演进，科技的竞争越来越聚焦于高端科技人才的竞争。为有效应对国际科技竞争，突破"卡脖子"技术困境，实现高水平科技自立自强，建设世界科技强国，我国更加需要培养与发展高水平科技创新人才。培养造就大批德才兼备的高素质人才，是国家和民族长远发展大计。党的二十大报告提出，"深入实施人才强国战略"。坚持科技是第一生产力、人才是第一资源、创新是第一动力，深入实施科教兴国战略、人才强国战略、创新驱动发展战略，方能开辟发展新领域新赛道，不断塑造发展新动能新优势。推进中国式现代化建设，必须培养造就现代化建设需要的高素质人才，发挥人才引领驱动现代化建设的作用，使人才自身在现代化建设中得到全面自由的发展，着力探索强化人才支撑作用的实现路径。

目前，我国已建成全球规模最宏大的科技人才队伍，2019年研发人员全时当量达到480万人年，占全球研发人员的比重超过30%；专业技术人才接近7 840万人，其中集聚了以两院院士为代表的一大批高端人才。同时也要看到，与全面建设社会主义现代化国家要求相比，与世界科技强国相比，我国科技人才队伍的结构性矛盾突出，战略科学家、高水平基础研究人才和关键核心技术攻关人才匮乏。从国际科技人才竞争格局来看，在量子信息、5G通信、高速铁路、民用无人机等领域我国处于领先地位，在互联网和人工智能应用等领域中美双雄并峙，在信息、生命科学等领域的大部分基础技术和关键共性技术方面，我国还处于跟跑阶段。要从根本上实现我国科技发展从跟跑向并跑、领跑的转变，改变我国在关键核心技术上长期受制于人的被动局面，必须加快实施新时代人才强国战略，走出一条从人才强到科技强、经济强、国家强的创新发展和民族复兴之路。

科技人才是各地创新发展的主要动力源，是对全局发展起重要作用的战略资源，更是我国又快又好地完成经济转型目标的主力军。当前，在新发展理念的指引下，我国已经开启全面建设社会主义现代化国家新征程，经济高质量发展成为全面建设社会主义现代化国家的首要任务。因此，这对我国实体经济的发展提出了更高要求。传统意义上高投入粗放式的经济增长方式不可持续，实体经济转向高质量发展已经势在必行。在这个转型过程中，实体经济的市场活力根本在于人才，因此强化实体经济高质量发展的人才支撑尤其关键。然而，由于各地发展情况存在差异，不少地区政府心有余而力不足，存在人才开发效率低下的问题。

为探索国家启动科技人才队伍建设计划以来区域科技人才开放效率的时空变异特征和规律，本章采用考虑了非期望产出的 SBM 模型、DEA-Malmquist 模型、Moran' I 模型，从静态、动态视角测度和剖析中国区域科技人才开放效率的时空变化和空间相关性特点，并采用空间计量模型进行空间溢出效应验证。研究结果表明，2016 年后越来越多的地区科技人才开放效率值达到有效水平；Malmquist 生产率总体上升 1.1%，2015 年后科技人才开放效率值均明显改善。总体上，科技人才开放效率表现出空间集聚性和相关性较弱的特征，在直接效应层面，经济发展水平、制度环境、金融支持对科技人才开发效率均具有显著正相关特征。基于此，本章提出提升区域科技人才开放水平的政策建议。

4.1 区域科技人才开发效率研究现状

人才是实现民族振兴、赢得国际竞争主动的战略资源，是衡量一个国家综合国力的重要指标，综合国力的竞争说到底是人才的竞争。在百年奋斗的历程中，我们党始终重视培养人才、团结人才、引领人才、成就人才，团结和支持各方面人才为党和人民事业建功立业。目前，学术界对科技人才方面的相关研究已经很广泛，主流的研究是基于 DEA-Tobit 两步法对科技人才开发效率进行静态研究，但对科技人才开发效率的影响因素方面的深入研究较少，尤其是以科技人才开发效率的空间关联模式为目标的研究则更为缺乏。

Bodnar 基于对不同类型人才开发绩效的对比分析，提出了科技人才开发的新内涵研究①。Conceição 等指出全球经济日益依赖于知识，以便在全球市场中实现可持续发展的同时保持竞争力优势②。因此，依赖科技研发来创造知识的方法得以强化，具备运用这一方法发展知识的能力对于经济的作用也日益显著。Hausmann 等指出人才已然被视为经济社会持续发展的重要战略资源，是经济社会发展的动力源③。Strenze 指出为了适应经济方式和产业结构的调整升级，必须重视对人才资源的高效调配④。Alfred 等运用美国和德国数据对比分析得出，人力资本的长期累积对经济的持续增长具有促进效用，尤其是研发人员的持续增长会引起经济的持续增长⑤。Yasser 等通过对美国 50 年的经济发展经验研究，也指出科技人才的长期累积对于促进经济持续增长意义重大⑥。孙博等则从微观视角出发，基于个人与环境匹配的理论，利用多值 Logit 模型对区域软环境因素对人才流动的影响进行了研究⑦。

在科技人才开发效率测度研究上，从地理环境角度进行考量的文献较多。孙健等运用 DEA-Tobit 两步法对 30 个省份（除藏、港、澳、台）科技人才开发效率进行测度，按地理位置分类对东中西部、东北部的效率值进行分析⑧。戚湧等基于 C-D 模型计算科技人才贡献率，并利用因子分析

① BODNÁR G, HORNYÁNSZKY G. Talent development at the budapest university of technology and economics [J]. Periodica polytechnica social and management sciences, 2005, 13 (1): 15-22.

② CONCEIÇÃO P, HEITOR, M V, SIRILLI, G, et al.. The swing of the pendulum from public to market support for science and technology: is the US leading the way? [J]. Technological forecasting and social change, 2004 (71): 553-578.

③ HAUSMANN R, HWANG J, RODRIK D. What you export matters [J]. Journal of economic growth, 2007, 12 (1): 1-25.

④ STRENZE T. Allocation of talent in society and its effect on economic development [J]. Intelligence, 2013, 41 (3): 193-202.

⑤ ALFRED G, WILLI S. Endogenous growth, government debt and budgetary regimes [J]. Journal of macroeconomics, 2000, 22 (3): 363-384.

⑥ YASSER A, FREDERIC. Relating the knowledge production function to total factor productiivity: an endogenous growth puzzle [M]. International monetary fund, 2005.

⑦ 孙博, 刘姜仕, 彭璧玉, 等. 区域软环境因素对人才跨区域流动的影响研究 [J]. 科学研究, 2022, 40 (4): 642-651, 694.

⑧ 孙健, 丁雪萌. 区域科技人才开发效率评价研究：基于 2005—2014 年省际面板数据的经验分析 [J]. 广东社会科学, 2018 (2): 20-28, 254.

法、数据包络分析法对江苏省的人才开发效率进行测评①。李梓着重研究了西部地区 11 个省份的科技人才开发效率和程度，虽然其总体效率有所提高，但仍然处于较低水平，需要进一步加强对外联系、采取各种渠道提升地区的经济实力②。李培园等学者运用超效率 DEA 模型以及 Malmquist - DEA 指数对长江经济带的科技人才开发效率的时空差异进行研究，发现该地区的效率差异正在不断缩小，而技术进步是其主要影响因素③。

在科技人才开发有关方面的空间自相关性研究上，丁刚等通过运用 DEA 和 LISA 方法，从省域角度对 2009 年全国创新型科技人才队伍建设的投入产出效率进行了综合评价，并就其空间关联格局进行了识别和检测④。殷群等基于空间自相关和空间计量模型得出江苏创新产出的空间分布呈现"南高北低"的梯状层级结构以及显著影响创新产出的相关因素⑤。芮雪琴等构建科技人才聚集空间结构系数来反映科技人才聚集的变化态势，并据此应用 DEA-Tobit 两步法，分析中国科技人才聚集的区域演化对区域创新效率的影响⑥。李娜等基于空间视角，运用因子分析与 ESDA 研究福建县域单位科技人才发展的网络机制⑦。

总的来说，要深入研究科技人才开发效率的测度及影响因素。从研究内容来看，需要将空间因素纳入对科技人才开发效率测度及影响因素；从研究方法来看，DEA-BCC 和 DEA-CCR 模型是科技人才开发效率测度研究中比较常见的方法，但是非期望产出的 SBM 模型也需要进一步考虑在内。同时，我们应该重视其空间特征的分析，而不应该仅以独立性假设为前提，而忽略了研究对象的空间属性。

---

① 戚湧，魏继鑫，王静. 江苏科技人才开发绩效评价研究 [J]. 科技管理研究，2015, 35 (5)：68-73.

② 李梓. 西部科技人才开发效率评价及影响因素 [J]. 学术交流，2016 (4)：146-150.

③ 李培园，成长春，严翔. 基于超效率 DEA 模型的长江经济带科技人才开发效率时空分异研究 [J]. 南通大学学报（社会科学版），2019, 35 (1)：34-40.

④ 丁刚，罗暖. 省域创新型科技人才队伍建设的投入产出效率评价及其空间关联格局分析：基于 DEA 模型和 LISA 方法 [J]. 西北人口，2012, 33 (4)：13-17, 22.

⑤ 殷群，李子文. 区域创新产出的空间依赖性：理论内涵、实证检验与优化路径 [J]. 江海学刊，2018 (4)：212-217.

⑥ 芮雪琴，李亚男，牛冲槐. 科技人才聚集的区域演化对区域创新效率的影响 [J]. 中国科技论坛，2015 (12)：126-131.

⑦ 李娜，伍世代，代中强，等. 空间视域下福建科技人才发展的网络机理研究 [J]. 华东经济管理，2016, 30 (1)：31-37.

4.2 科技人才开发效率的研究理论和方法

现如今学界对科技人才的定义尚无统一的观点。杜谦等总结了三类获得广泛认同的观点：一是从学历角度进行定义，认为科技人才需持有大学以上科技专业学历证书；二是认为科技人才是学术研究水平在社会中凤毛麟角的科技精英；三是将科技人才的范围缩小为科技研究开发人员①。为了统计数据的客观性，本书采用第三种观点将科技人才定义为科技研究开发人员。

4.2.1 研究理论

科技人才开发基于三大理论，分别是区域创新理论、卢卡斯的人力资本理论和舒适物理论。创新分为技术创新和社会创新。首先，技术创新是指原来未被人类价值化的自然物找到了产生经济价值的方式。社会创新是指以实现社会利益最大化为导向，在社会中建立一种体制或机构。科技人才主要是进行第一类技术创新，而地区就应该调整相应的管理方法和管理策略进行社会创新，为前者提供良好的创新环境，以实现社会资源配置最优。创新活动具有一定的外部性，对经济增长具有空间溢出效应。因此，需要市场机制和政府管制共同发挥作用。区域科技创新具有中观性，它是国家创新纵向链条中扮演承上启下的中间枢纽角色，对国家创新职能和政策具有局部的服从性②，但又有地区的相对独立性。方旋等学者提出地区在引进和培养、开发科学技术人才和对创新活动进行管理的时候，要根据地区的具体特点来发挥地区优势或进行相应改进，不能"一刀切"、盲目效仿和重复建设③。其次，关于卢卡斯的人力资本理论，王洪鹰等学者重新阐述了舒尔茨对人力资本的定义，即人力资本与人力资源是有区别的。人力资本是指劳动者本身所具备的知识和能力，这一知识和能力可用于生

---

① 杜谦，宋卫国. 科技人才定义及相关统计问题 [J]. 中国科技论坛，2004 (5)：137-141.
② 丁焕峰. 区域创新理论的形成与发展 [J]. 科技管理研究，2007 (9)：18-21.
③ 方旋，刘春仁，邹珊刚. 对区域科技创新理论的探讨 [J]. 华南理工大学学报（自然科学版），2000 (9)：1-7.

产或提供服务。人力资本通过不断地投资、积累、补充可以实现增值①。在 20 世纪 80 年代，卢卡斯对新古典经济学理论进行了一定的改进和创新，他以三个模型为依托，构建了一个包含人力资本要素的生产函数，该模型能够解释人力资本对技术进步有显著影响，使生产规模报酬递增，进而提高经济增长水平。换句话来说，人力资本越多，技术进步越快，各个部门产出越大，经济增长越迅速。地区重视对人力资本的投资和开发，满足地区发展的人才需求。最后，城市的舒适物是吸引人才重要竞争性资源。在高新技术创新中掌握着越先进技术的精英，对完善的舒适物系统的偏好就越大。佛罗里达的"3T"理论认为高新技术行业不仅需要强大的技术支撑，还需要满足高端人才对生活质量的要求，为其提供宽容的创新环境②。哈佛经济学教授格莱泽认为地区吸引和留住人才的前提条件之一是打造适合人才聚集的工作区域和生活区域③。我国学者王宁将舒适物分为自然环境、建造环境、基础设施、商业、文化、社会几种类型④。因此，地区政府有必要从创造良好的舒适物、营造浓厚的人才交流和学术研究的氛围着手，以吸引高端人才的聚集、提高地区人才队伍的质量。

4.2.2 研究方法

（1）考虑非期望产出的 SBM 模型

DEA 方法（数据包络分析法，data envelopment analysis）是科技人才开发效率评价的有效方法之一，考虑非期望产出的 SBM 模型是对传统 DEA 模型的改进，克服了传统模型忽略非期望产出而导致效率值不准确的弊端⑤。例如，在工业生产中，不可避免地会产生工业废水、废气等物质，如果忽略了这些因素可能会导致测算得出的效率值偏高。假设规模报酬可变，考虑非期望产出模型的相关公式为：

假设共有 n 个决策单元（DMU_i，$j = 1, 2, \cdots, n$），针对每一个 DMU

① 王洪鹰，牛琴，余健. 人力资源开发与狱政人才流失防范研究：对舒尔茨人力资本理论的思考［J］. 求实，2010（S1）：74-76.

② 佛罗里达. 创意阶层的崛起：关于一个新阶层和城市的未来［M］. 司徒爱勤，译. 北京：中信出版社，2010：23-28.

③ 格莱泽. 城市的胜利［M］. 刘润泉，译. 上海：上海科学院出版社，2012：28.

④ 王宁. 城市舒适物与社会不平等［J］. 西北师大学报（社会科学版），2010（5）：1-7.

⑤ BERGER A N, MESTER L J. Inside the black box：What explains differences in the efficiencies of financial institutions? ［J］. Journal of banking and finance，1997，21（7）：895-947.

各自有 m 种投入（$i = 1, 2, \cdots, m$），s_1 种期望产出，s_2 种非期望产出，向量为 $x \in R^m$，$y \in R^{S_1}$，$y \in R^{S_2}$。矩阵 X、Y^g、Y^b 表达式为：

$$x = [x_1, \cdots, x_n] \in R^{m \times n} \tag{4-1}$$

$$Y^g = [y_1^g, \cdots, y_n^g] \in R^{S_1 \times n} \tag{4-2}$$

$$Y^b = [y_1^b, \cdots, y_n^b] \in R^{S_2 \times n} \tag{4-3}$$

其中 $x_i > 0$，$y_i^g > 0$，$y_i^b > 0$，生产可能性集合为：

$$\overline{P} = \frac{P}{(x_0, y_0)} = \begin{cases} \overline{x}, \overline{y^g}, \overline{y^b} \mid \overline{x} \geq \sum\limits_{j=1, j \neq 0}^{n} \lambda_j X_j, \\ \overline{y^g} \leq \sum\limits_{j=1, j \neq 0}^{n} \lambda_j y_j^g, \\ \overline{y^b} \geq \sum\limits_{j=1, j \neq 0}^{n} \lambda_j y_j^b, \lambda \geq 0 \end{cases} \tag{4-4}$$

则规模报酬可变下考虑非期望产出的 SBM 模型为：

$$\rho^* = \min \frac{1 - \dfrac{1}{m} \sum\limits_{i-1}^{m} \dfrac{\overline{S_i}}{X_{i_0}}}{1 + \dfrac{1}{S_1 + S_2}\left(\sum\limits_{r=1}^{S_1} \dfrac{s_r^g}{y_{r_0}^g} + \sum\limits_{r=1}^{S_2} \dfrac{s_r^b}{y_{r_0}^b}\right)} \tag{4-5}$$

当变量 $\overline{s}$ 表示投入松弛变量、变量 s^g 表示期望产出松弛变量，变量 s^b 表示非期望产出松弛变量时，有

$$\text{s.t.} \begin{cases} x_0 = X\lambda + \overline{s} \\ y_0^g = Y^g\lambda - s^g \\ y_0^b = Y^b\lambda + s^b \\ \overline{s} \geq 0, s^g \geq 0, s^b \geq 0, \lambda \geq 0 \end{cases} \tag{4-6}$$

其中 $0 \leq \rho^* \leq 1$，当 $\overline{s}$、s^g、s^b 为 0 时，ρ^* 为 1，其综合技术效率、纯技术效率、规模效率均有效，反之为无效。

（2）DEA-Malmquist 指数模型

DEA-Malmquist 指数模型是将 DEA 与 Malmquist 结合，动态情况下效率值的测度得以实现。假设第 t 期各省份科技人才开发的投入和产出分别为 (x^t, y^t)，该时期技术水平条件下的产出距离函数为 $D_v^t(x^t, y^t)$。则第 t+1 期的投入和产出为 (x^{t+1}, y^{t+1})，对应的产出距离函数为 $D_v^{t+1}(x^{t+1},$

y^{t+1}）。下标 v 表示规模报酬可变，c 表示规模报酬不变。在规模报酬可变的前提下，Malmquist 指数可以分解为技术效率变化指数（effch）和技术进步指数（tech），而 effch 又可以进一步分解为纯技术效率指数（pech）和规模效率指数（sech），其表达式分别为：

$$pech = \frac{D_v^{t+1}(x^{t+1},\ y^{t+1})}{D_v^t(x^t,\ y^t)} \tag{4-7}$$

$$sech = \left[\frac{D_v^{t+1}(x^{t+1},\ y^{t+1})/D_c^{t+1}(x^{t+1},\ y^{t+1})}{D_v^t(x^t,\ y^t)/D_c^t(x^t,\ y^t)} \times \frac{D_v^{t+1}(x^{t+1},\ y^{t+1})/D_c^{t+1}(x^{t+1},\ y^{t+1})}{D_v^t(x^t,\ y^t)/D_c^t(x^t,\ y^t)} \right]^{\frac{1}{2}} \tag{4-8}$$

$$effch = pech \times sech \tag{4-9}$$

则全要素生产率：

$$tfp = effch \times tech = pech \times sech \times tech \tag{4-10}$$

tfp>1 表示从 t 到 $t+1$ 期全要素生产率有所提高，tfp<1 表示从 t 到 $t+1$ 期全要素生产率下降，tfp=1 表示不变。其中，pech、sech、tech 数值大于 1 表示是使 tfp 提高的原因，反之是下降的原因。

（3）全局空间自相关和局部空间自相关

全局自相关是对整个区域空间特征的描述，采用 Moran's I 指数揭示分布状态和趋势，其计算公式为：

$$Moran's\ I = \frac{n \sum_{i=1}^n \sum_{j=1}^m w_{ij}(x_i - \bar{x})(x_j - \bar{x})}{\sum_{i=1}^n \sum_{j=1}^m w_{ij} \sum_{i=1}^n (x_i - \bar{x})^2} \tag{4-11}$$

式中 n 为空间单元总数，m 为第 i 个空间单元的临近单元个数，w_{ij} 为空间邻接矩阵 w 中的元素，若空间单元 i 与空间单元 j 邻近，则 $w_{ij}=1$；若空间单元彼此不邻近，则 $w_{ij}=0$。x 为评价单元要素的属性值，则 $\bar{x}$ 为其该单元元素属性值的平均值。Moran's I 指数值介于 [-1, 1]，Moran's I>0 说明评价单元要素的属性值在空间分布上呈正相关，值越大说明相关性越强；反之则呈负相关，值越小，负相关性越显著；Moran's I=0 说明评价单元要素的属性值在空间分布上不相关，呈随机分布。

该指数采用 Z 值进行显著性检验，计算公式为：

$$Z_{score} = \frac{I-E\ (I)}{VAR\ (I)} \tag{4-12}$$

E（I）表示 I 的平均值，VAR（I）表示其方差，当显著性水平为 0.05 时，$|Z_{score}|$ 的临界值为 1.96。若 $Z_{score}>1.96$，说明评价单元要素的属性值在空间分布上呈正相关且通过显著性检验，高属性值与高属性值之间发生集聚，低属性值与低属性值之间发生集聚，空间集聚效应明显。若 $Z_{score}<-1.96$，说明评价单元要素的属性值在空间分布上呈负相关且通过显著性检验，此时高属性值与低属性值发生集聚。若 $|Z_{score}|<1.96$，说明空间不相关，呈随机分布。

局部自相关是在全局自相关的基础上，进一步具体研究发生空间集聚或空间异常现象的地理位置，其计算公式为：

$$K = x_i' \sum_{j=1}^{n} w_{ij} x_j' \tag{4-13}$$

式中 x_i' 和 x_j' 为标准化值，其他变量含义与全局自相关中变量含义相同，不再赘述。本书将通过 ArcGIS 软件绘制 LISA 聚类图来具体地说明发生空间集聚和异常现象的具体空间位置。

（4）空间计量模型

空间计量模型主要分为三大类：空间滞后模型（SAR）和空间误差模型（SEM）、空间杜宾模型（SDM）。其中，空间杜宾模型是在空间滞后模型中加入自变量空间滞后项而产生的一种新的空间计量模型。

空间滞后模型（SAR）如下所示：

$$Y = \rho Wy + X\beta + \varepsilon \tag{4-14}$$

式中，Y 表示 $n \times 1$ 的因变量；ρ 为待估计的空间自回归系数；W 表示 $n \times n$ 的空间权重矩阵；X 表示 $n \times k$ 的自变量；β 表示 $k \times 1$ 待估计的自变量系数；ε 表示 $n \times 1$ 的随机误差项。

空间误差模型（SEM）如下所示：

$$Y = X\beta + \varepsilon, \ \varepsilon = \lambda\varepsilon + v \tag{4-15}$$

式中，Y 表示 $n \times 1$ 的因变量；X 表示 $n \times k$ 的自变量；β 表示 $k \times 1$ 待估计的自变量系数；W 表示 $n \times n$ 的空间权重矩阵；λ 表示待估计的误差项的空间滞后项系数，也称为空间自相关系数；ε 表示误差项。

空间杜宾模型（SDM）如下所示：

$$Y = \rho Wy + X\beta + WX\theta + \varepsilon \tag{4-16}$$

式中，Y 表示 $n \times 1$ 的因变量；ρ 为待估计的空间自回归系数；W 表示 $n \times n$ 的空间权重矩阵；X 表示 $n \times k$ 的自变量；β 表示 $k \times 1$ 待估计的自变量系数；θ 表示 $k \times 1$ 的待估计自变量空间滞后项系数；ε 表示 $n \times 1$ 的随机误差项。

4.3 科技人才开发效率指标的构建及测算结果

4.3.1 科技人才开发效率指标体系构建

科技人才开发效率指标体系相关变量如表 4.1 所示。

表 4.1　变量说明

变量类型	二级分类	变量名称	单位	变量代码
投入指标	科技投入	各地区研究与开发机构经费内部支出	万元	X_1
		R&D 人员全时当量	人	X_2
		R&D 机构数	个	X_3
产出指标	期望产出	国内专利申请受理量	件	Y_1
		按企业规模及登记注册类型分规上工业企业新产品开发数量	项	Y_2
		技术市场成交合同数	项	Y_3
		高新技术企业新产品销售收入	万元	Y_4
	非期望产出	工业固体废物产生量	万吨	Y_5
		工业二氧化硫	万吨	Y_6

4.3.2 数据来源

2002 年中共中央办公厅、国务院办公厅发布了《2002—2005 年全国人才队伍建设规划纲要》，2005 年人事部会同有关部门启动了"专业技术人才知识更新工程"，要求加快培养具有较强创新能力的专业技术人才，随后又颁布了一系列以科技人才培养、激励为重点的政策文件，标志着创新驱动发展时代背景下政策的转型。因此，本书以 2005 年作为起点，选取了 30 个省份（除藏、港、澳、台）为研究对象，采用 2005—2020 年的面板数据，分别从投入指标、产出指标和影响因素三个维度构建指标评价体系，对科技人才开发效率及影响因素进行科学测度和评估。本书涉及的数据来自中国国家统计局、《中国统计年鉴》《中国科技统计年鉴》《中国城市统计年鉴》《中国工业统计年鉴》《中国环境统计年鉴》《中国互联网络发展统计报告》。

4.3.3 科技人才开发效率测度

本节将采用非期望产出的 SBM 模型和 DEA-Malmquist 指数对科技人才开发效率进行静态和动态两个方面的测算，并对测算结果进行评估。DEA 模型的特殊性，需要满足投入指标和期望产出指标之间正相关性的要求，因此使用 SPSS 24.0 软件对投入产出指标进行 Pearson 检验。结果显示，各项投入指标和产出指标的相关系数均呈正数，且在 1%显著性水平下通过检验（见表 4.2），符合 DEA 模型要求。

表 4.2 投入产出指标的 Pearson 相关性检验

变量	Y_1	Y_2	Y_3	Y_4
X_1	0.923 ***	0.821 ***	0.724 ***	0.819 ***
X_2	0.921 ***	0.863 ***	0.724 ***	0.819 ***
X_3	0.259 ***	0.174 ***	0.662 ***	0.242 ***

注：*** 表示在 1%的显著性水平下通过检验。

（1）考虑非期望产出的 SBM 模型静态分析

根据 2005—2020 年投入产出的相关数据，采用 Matlab 编程对各省份科技人才开发效率进行测算，并制作热力图表，更直观地呈现不同省份的科技人才开发效率随时间的演化过程（见图 4.1）。

根据图 4.1，我们可以得到以下结论：①我国科技人才开发效率值分布不均衡，如 2005—2020 年效率均值所示，天津、广东、海南、重庆、青海、宁夏的科技人才开发效率始终处于有效水平，北京、上海、江苏、浙江也多年处于有效水平，目前我国的技术条件的优化和改善空间仍然很大。②2020 年，18 个省份达到了 DEA 相对有效，而其余 12 个省份仍处于较低水平，资源浪费现象严重。一方面因为这些省份的人才（尤其是高层次人才）流失较严重，且当地的管理水平未适应科技产业发展的高速度，尚未完全实现产业高质量转型。另一方面可能在于这些省份在引入技术时忽略了对科技人才的培训和技术再教育，从而导致科技人才开发的低效率。③根据各年有效值统计，整体呈"U"形变化趋势，2009—2014年平均各年仅12个省份达到有效水平，2016年后情况好转，说明近几年在政策和客观环境的优势加持下，科技人才开发的投入和利用更加完善，再加上互联网的快速发展，能够较快地获取技术前沿信息。

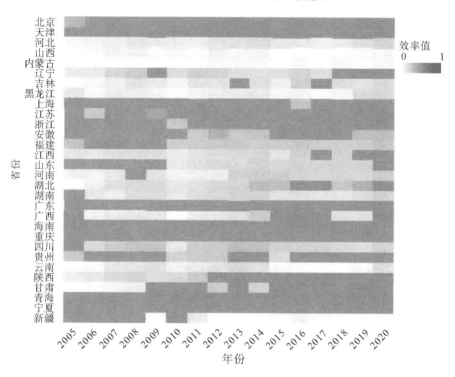

图4.1　2005—2020年各省份科技人才开发效率评价结果

（2）DEA-Malmquist指数动态分析

由于SBM模型只能对同一时期下的效率值进行比较，而无法进行不同时期效率值的动态比较。因此，本书进一步采用Deap 2.1软件对各省份科技人才开发效率的Malmquist指数进行测算，结果如表4.3所示。

表4.3　全国科技人才开发效率DEA-Malmquist指数

年份	effch	tech	pech	sech	tfp
2005—2006	1.030	0.897	1.003	1.027	0.923
2006—2007	0.967	1.001	0.986	0.981	0.967
2007—2008	1.051	0.893	1.044	1.007	0.939

表4.3(续)

年份	effch	tech	pech	sech	tfp
2008—2009	0.991	0.798	0.979	1.012	0.791
2009—2010	1.058	0.915	1.039	1.018	0.968
2010—2011	0.913	1.240	0.911	1.002	1.132
2011—2012	1.007	0.982	1.009	0.998	0.989
2012—2013	1.045	0.974	1.020	1.025	1.018
2013—2014	0.963	0.988	0.973	0.990	0.952
2014—2015	0.974	1.016	0.981	0.993	0.989
2015—2016	1.030	1.049	1.023	1.007	1.081
2016—2017	1.012	1.039	1.030	0.983	1.052
2017—2018	1.008	1.057	1.009	0.999	1.065
2018—2019	1.121	1.139	1.097	1.022	1.276
2019—2020	0.996	1.118	1.009	0.987	1.114
平均值	1.010	1.001	1.007	1.003	1.011

从总体变动来看，全要素生产率的均值为 1.011，Malmquist 生产率总体上升了 1.1%。我国科技人才开发效率的 Malmquist 指数在八个阶段小于 1，表明在 2005—2010 年、2011—2012 年、2013—2015 年全要素生产率水平发生降低的情况，其余七个阶段全要素生产率水平都在提高，尤其是 2015 年至今效率明显改善。若将 tfp 进一步分解为 effch 和 tech，可以看到，综合技术效率上升了 1%，因此相比之下技术效率是全国科技人才开发效率改善更为关键的因素。虽然技术进步指数整体只上升了 0.1%，但是自 2014 年后一直保持在上升趋势，推动着经济和社会前进。若将综合技术效率（effch）进一步分解为纯技术效率（pech）和规模效率（sech），可以看到两个指标的均值都大于 1，纯技术效率总体上升 0.7%，2015 年至今一直保持上升趋势，释放出良好的信号。规模效率总体上升 0.3%，近几年呈波动变化趋势，说明目前规模效应发挥的正向作用有限。

如图 4.2 所示，2005—2020 年我国共有 20 个省份全要素生产率平均水平大于 1，说明这 20 个省份的科技人才开发情况在不断改善，发展态势良好。其中陕西的科技人才开发效率提升最多，16 年间增幅为 8.8%，辽宁的科技人才开发效率增幅最小，为 0.2%。江西、云南的整体水平持平，其余 8 个省份的全要素生产率均小于 1，说明该地区对科技人才的开发在退步，存在资源浪费现象。

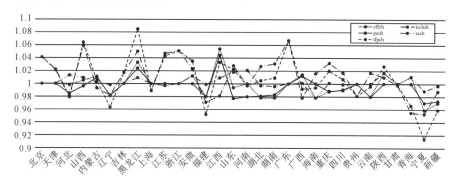

图 4.2　各省份科技人才开发效率指数

4.4　科技人才开发效率的空间自相关分析

4.4.1　全局空间自相关分析

本章使用 Stata 16.0 软件，结合相关数据计算 2005—2020 年全国各省份的科技人才开发效率全局自相关 Moran's I 指数，如表 4.4 所示。由表 4.4 分析可知，2005—2008 年、2012 年、2014—2015 年的全局 Moran's I 指数在置信度 95% 的情况下通过显著性检验，此时的临界值为 1.96。其中 2006 年、2014 年、2015 年的 Z 值位于（0，1.96），说明该年份各省份的科技人才开发效率在空间上不相关，呈随机分布。而其余 5 年的 Z 值大于 1.96，说明这五年的科技人才开发效率在空间分布上呈正相关，具有一定的空间集聚效应，高属性值与高属性值之间发生集聚，低属性值与低属性值之间发生集聚。

表4.4　各省份科技人才开发效率的 Moran's I 指数

年份	Moran's I 指数	Z 得分	P 值
2005	0.254	2.283	0.011**
2006	0.190	1.778	0.038**
2007	0.260	2.332	0.010**
2008	0.232	2.118	0.017**
2009	0.110	1.146	0.126
2010	0.316	2.777	0.003***
2011	0.262	2.360	0.009***
2012	0.216	1.991	0.023**
2013	0.025	0.470	0.319
2014	0.203	1.890	0.029**
2015	0.188	1.761	0.039**
2016	0.071	0.841	0.200
2017	0.027	0.487	0.313
2018	0.038	0.578	0.282
2019	0.033	0.538	0.295
2020	−0.004	0.244	0.404

注: ** , *** 分别表示在 5% 和 1% 的水平上显著。

　　2010 年、2011 年的全局 Moran's I 指数在置信度 99% 的情况下通过显著性检验，此时的临界值为 2.58。2011 年的 Z 值小于 2.58，说明科技人才开发效率在空间分布上不存在相关关系，而 2010 年的效率值在空间分布上呈正相关关系。

　　在所有通过显著性检验的年份中，Moran's I 指数和 Z 值的最小值都出现在 2015 年，呈空间随机分布状态。Moran's I 指数和 Z 值的最高值都出现在 2010 年，各单元之间的空间集聚水平较高。总体而言，全国 30 个省份的科技人才开发效率表现出空间集聚性和空间相关性较弱的特征。

4.4.2　局部空间自相关性分析

　　为了更深入地探讨中国各省份科技人才效率的空间集聚性演化特征，

本书通过计算 2005 年、2010 年、2015 年和 2020 年的中国各省份局部自相关 LISA 集聚值，得出以下结论：

（1）"H-H"集聚区：该地区的科技人才开发效率与周围地区的效率值都处于高水平状态，且空间差异性较小。根据测算数据可知，2005 年、2010 年、2015 年上海市处于"H-H"集聚区，因为这些年份上海及周围地区的效率值都为 1，达到有效水平。2005 年、2015 年江苏省处于"H-H"集聚区，而 2010 年、2020 年的空间集聚效应不显著，均未出现"H-H"集聚区。海南、新疆地区 2010 年的效率值也呈"H-H"集聚状态。

（2）"L-H"集聚区：该地区自身的科技人才开发效率较低，而周边地区相对较高。新疆地区在 2015 年、2020 年处于"L-H"集聚区，说明该地区未受到周围效率值较高地区的辐射影响，对科技人才的吸引和激励效果不理想。湖南省 2020 年的效率值也呈"L-H"集聚状态。

（3）"L-L"集聚区：该地区的科技人才开发效率与周围地区的效率值都处于较低水平，且空间差异性较小。山西、内蒙古、吉林、黑龙江地区在观测的 4 个年份中都处于"L-L"集聚区，说明其自身与周边地区的效率值都维持在较低水平，人才流失严重。辽宁省在 2005 年、2010 年处于"L-L"集聚状态，河南省、云南省、陕西省分别在 2005 年、2010 年、2005 年效率值和周边地区都处于低迷状态。在今后的发展中，有关部门应提高对"L-L"集聚区的技术和经济支持力度，减弱这些地区的集聚态势。

（4）"H-L"集聚区：该地区自身的科技人才开发效率较高，而周边地区相对较低。辽宁省、重庆、宁夏地区在 2020 年、2010 年、2005 年分别处于"H-L"集聚区。

4.5　区域科技人才开发效率影响因素分析

4.5.1　机理分析与假设

（1）地区经济发展水平对科技人才开发效率的影响

一方面，地区经济水平越高，能够为当地科技人才提供更多的资源和更有益的创新环境。另一方面，孙艺璇等运用固定效应模型和随机效应模型进行回归分析，发现科技创新通过作用于生产力结构改革和动力机制转换，促进地区经济发展，这表明，科技人才开发效率的提升反过来又会通过促进要素质量和配置效率的改善来推动地区经济的发展①。经济越发达的地区对周边地区的人才吸引作用也会越强，形成虹吸效应。综上分析，提出研究假设 1。

假设 H1：提高地区经济发展水平对当地科技人才开发效率的改善具有显著的正向影响。

（2）地区产业结构的完善对科技人才开发效率的影响

杨琳基于中国省级面板数据研究产业结构的优化升级对科技人员收集的影响，结果表明，中国工业结构的优化升级具有显著的空间集聚对科技人才的积累的影响，以及产业结构的升级可以有效地提高科技人才的积累②。产业结构转型，可以促进新旧动能的持续转换，为地区创造新的发展优势，提供更有前景的就业机会，从而增强对科技人才的吸引力，也能够实现人才资源的有效配置、合理流动。综上分析，提出研究假设 2。

假设 H2：地区产业结构的升级对当地科技人才开发效率的提高具有显著的正向影响。

（3）制度环境对科技人才开发效率的影响

谭新雨基于对长三角地区三省一市（浙江省、江苏省、安徽省、上海市）的 607 名科技人才的匿名问卷调查，有力论证了创业制度环境对科技人才创业意愿的积极影响③。也就是说，加快市场化进程，营造良好的制度环境，能够充分激活市场活力，使各种资源充分涌流、得到合理配置。健全以市场化为导向的科研成果激励体制，提高科研成果转化效率，能够有效地提高科技人才"引进来，走出去"的质量，更好地适应市场经济的发展。基于上述分析，提出研究假设 3。

假设 H3：地区制度环境的改善对当地科技人才开发效率的提高具有显著的正向影响。

（4）政府激励对科技人才开发效率的影响

政府作为激励科技人才开发工作的主体，运用对社会有限资源的强制调配力，通过采取某种适宜的激励手段以此建构一个科学、合理、有效的

① 孙艺璇，程钰，刘娜. 中国经济高质量发展时空演变及其科技创新驱动机制 [J]. 资源科学，2021, 43（1）: 82-93.

② 杨琳. 产业结构优化升级对区域科技人才聚集的空间溢出效应研究 [J]. 中国产经，2020,（8）: 19-21.

③ 谭新雨. 创业制度环境何以激发科技人才创业意愿?：基于 AMO 理论视角 [J]. 科学学研究，2024, 42（4）: 817-827.

激励机制，进而推进科技人才的开发，调动人才积极性。政府能够出台一系列的政策来激励地区科技人才发展，与科研机构建立合作关系，共建共享创新资源。因此，提出研究假设4。

假设H4：加大政府激励力度对当地科技人才开发效率的提高具有显著的正向影响。

（5）金融支持对科技人才开发效率的影响

随着科学技术的发展，中小企业尤其是科技型中小企业的重要性日渐突出，对我国经济社会的贡献率越来越大。科技型中小企业作为中小企业的重要组成部分或精英部分，既是促进高新技术产业和循环经济发展的重要动力，也是科技成果商品化的有效载体。然而，科技型中小企业融资难的问题始终存在，科技产业的发展仅仅依靠政府提供创业帮扶政策和税收优惠政策是远远不够的。科技型企业离不开市场主体的支持，尤其是金融机构可以为科技型中小微企业提供融资支持，并助力其提高风险管理和资金流通等能力。科技成果在转化过程中，需要功能完备、运行高效的金融体系为创新创业保驾护航[①]。高水平的科技创新发展离不开金融体系提供强有力的支持。综上分析，提出研究假设5。

假设H5：加大金融支持力度对当地科技人才开发效率的提高具有显著的正向影响。

4.5.2 变量的选择和数据的预处理

为了进一步分析科技人才开发效率的影响因素，本节将前文非期望产出的SBM模型所测算的效率值作为被解释变量。根据本节的基本假设和数据的可得性，选取以下指标作为解释变量。

（1）地区人均实际GDP。利用2005—2020年各地区的名义GDP，以2005年为基期的GDP平减指数来计算实际GDP，并除以地区年末总人数。

（2）第三产业产值增加值/总产业增加值。从整体看，第三产业生产总值比重逐年上升[②]，已经发展成为我国的主导产业，并且对推动经济增长和拉动就业具有重要作用。因此，本书采用第三产业产值增加值和总产

---

① 凌利峰，吴婷婷. 高层次人才创新创业金融支持现状、问题及对策：以江苏省南通市为例 [J]. 世界农业，2017（7）：224-229，240.

② 吉正敏，王鑫惠，张雪青. 我国第三产业结构与就业结构协调发展研究 [J]. 经济研究导刊，2023，（10）：1-5.

业增加值的比值作为衡量产业结构的指标。

（3）市场化进程得分。为了衡量市场化改革和市场环境改善对地区科技人才开发的影响，本书采用樊纲市场化指数作为解释变量之一，并将数据推至 2020 年。

（4）地区政府财政科技支出/地区研究人员人数。本书采取这两个指标的比值反映政府对科技产业发展和科技人才创新的激励力度。

（5）年末金融机构贷款总额。地区政府的支持是推动科技产业的发展的重要力量，但科技型中小企业的发展也离不开金融机构提供的融资帮助。因此，以年末金融机构贷款总额来反映金融支持力度。为了消除异方差的影响，对上述指标数据都进行了对数化处理。指标的描述性统计分析如表 4.5 所示。

表 4.5　空间变量描述性统计

变量	表示	平均值	标准差	最小值	最大值
sbm 效率值	SBM	0.654	0.353	0.005	1.000
ln 人均实际 GDP	ln perGDP	10.300	0.617	8.590	11.840
ln 三产值占比	ln indust	−0.782	0.184	−1.211	−0.176
ln 制度环境	ln environ	1.848	0.312	0.846	2.485
ln 政府激励	ln gov	1.649	1.916	−3.576	6.399
ln 金融支持	ln finance	0.222	0.330	−0.530	1.015

4.5.3　模型的相关检验及构建

（1）平稳性检验

LLC 检验是一种用于检验面板数据平稳性的方法。为了确保实证结果科学有效，本书采用 LLC 检验方法对各变量进行单位根检验。由表 4.6 可知，各指标满足平稳序列要求，无须再进行差分处理和协整检验。

表 4.6　LLC 检验结果

变量	Adjusted t Statistic	P 值
SBM	−3.221 7	0.000 6***
ln perGDP	−2.560 3	0.005 2***

表4.6(续)

变量	Adjusted t Statistic	P 值
ln indust	−7.080 3	0.000 0***
ln environ	−7.224 4	0.000 0***
ln gov	−12.040 8	0.000 0***
ln finance	−1.781 9	0.037 4**

注:**,***分别表示在5%和1%的水平上显著。

(2) LM 检验、LR 检验

本书运用经济距离权重矩阵、地理距离权重矩阵,计算 Moran's I 指数,以此来检验变量的空间依赖性。结果显示 Moran's I 指数分别为4.439和1.804,并且在1%和10%的显著性水平下通过检验,说明样本期内各地区的科技人才开发效率存在显著的空间相关性。因此,本书采用空间计量模型分析科技人才开发效率的影响因素是恰当的。LM 检验结果如表4.7所示。

表 4.7　LM 检验结果

权重矩阵	LM−error	Robust LM−error	LM−lag	Robust LM−lag	模型
经济距离权重矩阵	17.698***	20.705***	4.578**	7.585***	SDM 模型
地理距离权重矩阵	2.140	26.837***	6.558***	31.255***	SAR 模型

注:**,***分别表示在5%和1%的水平上显著。

本书对模型进行豪斯曼检验,确定在固定效应模型和随机效应模型之间选择最终模型。检验结果中,若 P 值显著,则选用固定效应模型,反之选用随机效应模型。检验结果显示,豪斯曼统计量分别为120.36和93.28,均在1%的显著性水平下通过检验。因此,本书应采用固定效应模型。

为了进一步确认是否采用空间杜宾模型,对经济距离权重矩阵所建构的模型作似然比(LR)检验,结果如表4.8所示。

表 4.8　LR 检验结果

比较 SDM 和 SAR	比较 SDM 和 SEM	选择
4.85**	5.64**	SDM 模型

注:** 表示在 5% 的水平上显著。

从表 4.8 可以看出,在 LR 检验中 P 值显著拒绝"计量模型退化为 SAR 模型/SEM 模型"的原假设,因此应该采用空间杜宾模型。

(3) F 检验

根据 F 检验,本书可以确定构建的空间计量模型应该选用双固定效应模型。F 检验结果如表 4.9 所示。

表 4.9　F 检验结果

经济距离权重矩阵			地理距离权重矩阵		
个体固定效应 vs 双固定效应	时间固定效应 vs 双固定效应	选择	个体固定效应 vs 时间固定效应	时间固定效应 vs 双固定效应	选择
25.35***	416.12***	双固定效应	33.46***	406.86***	双固定效应

注:*** 表示在 1% 的水平上显著。

4.5.4　空间计量模型的回归结果分析

(1) 面板回归结果

空间计量模型回归结果如表 4.10 所示。

表 4.10　空间计量模型回归结果

变量	模型 I	模型 II
ln perGDP	0.302** (0.120)	0.141*** (0.049)
ln indust	-0.149 (0.187)	-0.134 (0.160)
ln environ	0.281** (0.114)	0.137* (0.076)
ln gov	-0.008 (0.008)	-0.018 (0.008)

表4.10(续)

变量	模型 I	模型 II
ln finance	0.067 (0.100)	0.064 ** (0.092)
ln perGDP×Wx	−0.449 *** (0.149)	
ln indust×Wx	0.996 *** (0.320)	
ln environ×Wx	−0.333 ** (0.137)	
ln gov×Wx	0.030 * (0.018)	
ln finance×Wx	−0.036 (0.160)	
rho	−0.070 ** (0.077)	−0.560 *** (0.200)
sigma2_e	0.035 *** (0.002)	0.033 *** (0.002)

注:*,**,*** 分别表示在10%,5%和1%的水平上显著。

由实证结果（表4.10）可知,在经济距离权重矩阵构建的模型 I 中,地区人均实际 GDP 与当地科技人才开发效率之间呈正相关关系,在5%水平下显著。但其空间滞后项的估计系数为负数,且通过了显著性检验。这说明当地的经济越发达,对人才的吸引力就越强,对邻近省份的科技人才开发具有负外部性。制度环境与被解释变量之间存在正相关关系,这表明市场进程化程度越高,市场活力越充分,市场氛围越良好,越有利于激励科技人才从事创新活动。制度环境的空间滞后项与被解释变量在5%的显著性水平下系数为负,说明良好的制度环境对邻近省份的人才同样能起到引流作用。产业结构、政府激励指标虽然没有通过显著性检验,但其空间滞后项与被解释变量之间存在正相关关系,说明各省份的产业结构和政府激励力度没有有效推动本省份的效率改善,但对于其他空间相邻省份的效率改善具有正外部性。在地理距离权重矩阵构建的模型 II 中,人均实际 GDP、制度环境、金融机构支持都对当地的科技人才开发效率的提升起到促进作用,并且通过了显著性检验。

（2）总效应分解

为了探究各解释变量对被解释变量的边际效应影响，本书进一步分解了直接效应、间接效应和总效应。直接效应是指各地区的相关影响因素对本地区科技人才开发效率的作用；间接效应反映的是空间溢出效应的大小，即各地区影响因素对空间相邻地区的科技人才开发效率的推动或抑制作用，并且最终回馈到本地区；总效应是直接效应和间接效应之和。空间计量模型效应分解结果如表4.11所示。

表 4.11　空间计量模型效应分解

模型	变量	直接效应	间接效应	总效应
模型 I	ln perGDP	0.311 ** (0.124)	−0.444 *** (0.144)	−0.133 (0.102)
	ln indust	−0.167 (0.181)	0.950 *** (0.310)	0.783 *** (0.293)
	ln environ	0.297 *** (0.110)	−0.346 *** (0.128)	−0.049 (0.084)
	ln gov	−0.008 (0.008)	0.028 * (0.016)	0.020 (0.019)
	ln finance	0.068 (0.095)	−0.042 (0.155)	0.026 (0.148)
模型 II	ln perGDP	0.374 *** (0.133)	−0.132 ** (0.060)	0.242 *** (0.093)
	ln indust	−0.283 (0.175)	0.100 (0.070)	−0.182 (0.118)
	ln environ	0.199 * (0.118)	−0.069 (0.046)	0.129 (0.081)
	ln gov	−0.017 ** (0.007)	0.006 (0.003)	−0.011 ** (0.005)
	ln finance	0.163 * (0.097)	−0.058 (0.038)	0.106 (0.065)

注：*，**，*** 分别表示在10%，5%和1%的水平上显著。

由实证结果（表4.11）可知，在经济距离权重矩阵构建的模型 I 中，地区经济发展水平、制度环境能够有效推动本地区的科技人才开发效率提升，而对相邻地区而言起到了抑制作用。产业结构改善、政府激励虽对本地区的科技人才引入和利用起到显著的影响，但是存在显著的空间溢出作用。而金融支持力度未能有效作用到效率值的提升上。在地理距离权重矩阵构建的模型Ⅱ中，地区经济发展水平、制度环境、金融支持对本地区的科技人才效率起到直接的正面作用，而地区经济发展水平对相邻地区的人才吸引起到抑制作用。值得注意的是，政府支持力度对当地的科技人才开发效率起到负面影响，但是对相邻地区的科技人才开发效率有正向影响。

4.6　结论与对策建议

科技人才的引进、激励和培养对地区经济发展新旧动能的转化具有重大影响。本章采用考虑非期望产出的 SBM 模型和 DEA-Malmquist 指数对 2005—2020 年各省份的科技人才开发效率进行测算，并通过 Moran's I 指数进一步探究空间关联性及集聚性，最后通过空间滞后模型进行实证分析，得出结论：①从静态效率来看，我国的科技人才开放效率整体呈"U"形变化趋势，2009—2014 年平均每年仅 12 个省份达到有效水平，2016 年后情况好转，达到有效水平的省份数量增多。②从动态效率来看，Malmquist 生产率总体上升了 1.1%。在观测期间，有 8 个时期全要素生产率水平较去年下降，剩余 7 个时期效率值较去年有所改善。2015—2020 年一直保持上升趋势，释放出良好的信号。③30 个观测单位的科技人才开发效率总体表现出空间集聚性和空间相关性较弱的特征。2010 年 Moran's I 指数和 Z_{score} 值最大，2015 年的相关数值则最小，均通过显著性检验。④经济距离权重矩阵构建的模型Ⅰ中，地区经济发展水平、制度环境能够有效推动本地区的科技人才开发效率提升，而对相邻地区起到抑制作用。产业结构改善、政府激励对当地和周边地区均具有正向影响。⑤在地理距离权重矩阵构建的模型Ⅱ中，地区经济发展水平、制度环境、金融支持对本地区的科技人才开发效率起到直接的正面作用，而地区经济发展水平对相邻地区的人才吸引起到抑制作用，相反，政府支持力度能提升相邻地区的科技人才开发效率。

根据上述实证结果，本书提出以下政策建议：

（1）科学发展地区经济实力，提高对科技人才的吸引力；加大科研经费投入，提高地区创新水平。①提高青年科技人才资助力度。科技人才是实现新时期高水平科技自立自强的人才根基，需要改善其成长环境，加快推进相关政策落地，提供良好的市场环境，激励科技人才从事创新活动。

为自然科学领域取得突出成绩且具有明显创新潜力的科技人才提供长期稳定支持；提倡对科技人才的资助阶段前移，设立针对研究生阶段的科研项目，推动职业早期青年脱颖而出。②切实帮助科技人才组建科研团队和建设科研条件平台完善激励制度，激活地区科技人才创新的积极性和活力，加深人才情感激励，增强其归属感。首先，积极支持高科技创新企业的创办和引进，给予相应的政策优惠和扶持。同时，科学统筹规划创新资源布局，完善科技创新区域协同机制，促进区域产业结构向更高层次深化和发展。其次，要完善地区信息化水平建设，保证地区的科研人员和科研机构能够以最短的时间及时获取前沿技术信息。推进产学研的深度融合，搭建孵化平台，提高科技成果转化效率，推动产业链升级。

（2）制定差异化的人才提升政策。加快建设世界重要人才中心和创新高地，需要进行战略布局。鉴于各地区的发展情况和条件不同，不能一味推行"一刀切"政策，而应该因地制宜地制定和调整其科技人才开发政策，地区应结合科技人才集聚和新旧动能转化的"成长"程度，因地制宜地制定政策以促进良性集聚形态。综合考虑，政府可以在北京、上海、粤港澳大湾区建设高水平人才高地，一些高层次人才集中的中心城市也要着力建设吸引和集聚人才的平台，开展人才发展体制机制综合改革试点，集中国家优质资源，重点支持建设一批国家实验室和新型研发机构，发起国际大科学计划，为人才提供国际一流的创新平台，加快形成战略支点和雁阵格局。同时，发达地区应加快产业升级和新旧动能的转化，做好科技人才资源供需的平衡，避免因"人才拥挤"而降低科技人才开发的效率、导致资源浪费。欠发达地区应同时推进科技人才集聚和经济新旧动能转化进程，以促进欠发达地区快速崛起。

（3）改革科技人才评价机制，强化价值导向，分类精准评价。评价体系对科技人才成长和发展具有十分重要的"指挥棒"作用，目前部分科研人员中出现的急功近利、跟风式科研甚至科研行为不端等问题，在很大程度上受到不科学、不合理人才评价体系的影响。要加快建立和完善以创新价值、能力、贡献为导向的科技人才评价体系，凭科研实绩和创新成果说话，不以"帽子"论英雄，不让老实人吃亏，不让投机者得利。坚持"破四唯"与"立新标"并举，根据不同类型科技创新活动的特点和不同学科领域人才成长发展的规律，实行分类评价，不搞"一刀切"，对基础前沿研究突出原创导向，对社会公益性研究突出需求导向，对应用技术开发和成果转化评价研究突出市场导向，形成并实施更具精准性和灵活性、有利于科技人才潜心研究和创新的评价体系。

（4）把培养使用战略科学家和科技领军人才作为战略重点。"千军易得，一将难求。"战略科学家是科学帅才，是国家战略人才力量中的"关键少数"，在科技创新活动中起着谋战略、指方向的重要作用。科技领军人才是国家战略人才力量的中坚骨干，在重大科技任务中发挥着挑大梁、带队伍的重要作用。20 世纪五六十年代，钱学森、钱三强、华罗庚、李四光、贝时璋等老一辈科学家，主导制定了新中国第一个中长期科学技术发展规划，在"两弹一星"等国家重大战略工程中发挥了科技领军作用，奠定了我国科技事业发展的坚实基础。我国要加快全面建成社会主义现代化强国，加快建设世界重要人才中心和创新高地，必须在人工智能、量子信息、集成电路、生命健康、生物育种、空天科技等战略必争领域和重要前沿基础领域，大力培养战略科学家和科技领军人才。依托"科技创新2030—重大项目"、基础研究和关键核心技术攻关、国防科技创新等重大科技任务，大胆选拔使用长期奋战在科研一线、德才兼备、视野开阔、思想前瞻、具有深厚科学素养和优良作风学风的优秀科技人才，支持他们发挥将帅作用，担当领衔重任，组织开展协同攻关和大兵团作战，形成战略科学家和科技领军人才成长梯队。面向国家战略需求推进院士制度改革，更好发挥广大院士在科研攻关、战略咨询、学科发展和人才培养中的作用。

（5）地方政府要树立"一盘棋"的意识，充分利用省际科技人才开发效率之间存在的空间关联性，以高值区作为切入点，通过空间自相关性向周围地区延伸，为区域科技人才之间进行互相学习、科技资源共享提供有效平台，加强区域交流与合作，通过以点带面的方式实现各地区资源的有效利用。

4.7 本章小结

习近平总书记强调，要深化人才发展体制机制改革，全方位培养、引进、用好人才。要锚定 2035 年我国进入创新型国家前列、建成人才强国的战略目标，坚持目标导向、问题导向，加快构建既有中国特色又有国际竞争比较优势的人才发展体制机制，加快建设世界重要人才中心和创新高地。科技人才是各地创新发展的主要动力源，是对全局发展起重要作用的战略资源，更是我国又快又好地完成经济转型目标的主力军。

基于此，本章采用考虑非期望产出的 SBM 模型和 DEA-Malmquist 指数对科技人才开发效率进行静态和动态视角测算及评估，采用全局和局部空间自相关分析方法对各省份科技人才空间集聚效应进行测算及分析，最后运用空间计量模型分析影响科技人才开发效率的主要因素。针对地方科技人才资源短缺和浪费的问题，本章提出了要科学发展地区经济实力，提高对科技人才的吸引力、制定差异化的人才提升政策、战略布局世界重要人才中心和创新高地、改革科技人才评价机制和地区政府树立"一盘棋"的意识等有针对性的解决方案。

当前，我国经济社会和民生事业发展比过去任何时候都更加需要科技这个第一生产力、人才这个第一资源、创新这个第一动力。习近平总书记强调："我们要坚持教育优先发展、科技自立自强、人才引领驱动，加快建设教育强国、科技强国、人才强国，坚持为党育人、为国育才，全面提高人才自主培养质量，着力造就拔尖创新人才，聚天下英才而用之。"在全面建成小康社会和进入创新型国家行列的决胜阶段，深入实施创新驱动发展战略、全面深化科技体制改革的关键时期，我们必须深刻认识并准确把握经济发展新常态的新要求和国内外科技创新的新趋势，积极落实党中央重大决策部署，加强科技人才工作的系统部署和谋划，使之与国家亟须解决的战略任务相匹配。这要求要进一步做好人才工作，持续增强人才效能、激发创新活力；加快建设世界重要人才中心和创新高地，加快建设国家战略人才力量，必将为社会主义现代化事业提供强大牵引力和驱动力。

5 四川省区域经济
高质量发展水平测算与分析

习近平总书记在党的十九届五中全会上强调"新时代新阶段的发展必须贯彻新发展理念,必须是高质量发展",要求我们必须把发展质量问题摆在更为突出的位置。只有坚持高质量发展,实现"两个一百年"奋斗目标和实现中华民族伟大复兴的中国梦才更有底气,中国这艘"巨轮"才能乘风破浪,行稳致远。

一直以来,习近平总书记对四川省的经济工作高度重视,明确要求四川省要着力推动经济高质量发展,优化现代化经济体系的空间布局。然而,四川省作为西部地区十分重要的省份,区域间经济发展存在着明显的不平衡、不充分问题,经济高质量发展仍存在着较大的优化需求和提升空间。比如川东南、川东北地区和攀西地区与成都平原地区的经济发展存在着显著分化态势,其中川东北和民族地区的发展滞后问题更加突出。

四川省经济发展的空间结构正在发生深刻变化,承载经济发展要素的空间形式转变为中心城市和多极城市群。如何从地市(州)层面精准把握经济高质量发展的特征、差异和优势与不足,如何优化各地市(州)生产力的空间布局并推动形成优势互补的经济高质量发展多区域增长,是促进四川省区域经济高质量发展的重要问题。如何界定区域经济高质量发展水平是对地市(州)经济高质量发展水平评价和分析的前提。因此,本章首先通过构建评价四川省各地市(州)经济高质量发展水平的指标体系,以期全方位、多维度地把握区域经济高质量发展状况。在此基础上,本章运用熵权-CRITIC组合赋权法对四川省各地市(州)2005—2019年经济高质量发展水平进行测算、评价和分析。本章内容对全面把握四川省各地市(州)的经济高质量发展水平具有重要参考价值,也有助于缓解区域经济发展不充分、不平衡等矛盾,从而促进四川省整体经济的高质量发展。

5.1　区域经济高质量发展理论基础与文献回顾

5.1.1　经济高质量发展的理论内涵研究

经济高质量发展是推动现代经济社会进步的根本力量，是根植于我国经济社会的主要矛盾、符合我国实际情况的新发展理念和思想，是中国不同时期不同阶段发展理念的一脉相承[①]。本章通过梳理中国经济发展理念的历史脉络后发现，主要包括以下三个阶段：第一，新中国成立后，以马克思主义政治经济学为指导的"四个现代化"发展思想和"多快好省地建设社会主义"路线，完成了我国经济的快速增长和社会主义现代化建设的初步探索；第二，中共十一届三中全会后，邓小平同志关于"发展才是硬道理"的思想论断在我国社会主义市场经济体制中占据了重要地位，将党和国家的工作重点转移到了社会主义现代化建设和实行改革开放中；第三，2012年以来，中国经济发展进入新常态，正从高速增长转为中高速增长，从规模速度型粗放增长转向质量效率型集约增长，从要素投资驱动转向创新驱动。习近平总书记指出我国经济要实现"中国速度向中国质量转变"。新常态下，2015年习近平总书记在中共十八届五中全会上明确阐释了"创新、协调、绿色、开放、共享"的新发展理念，该理念的提出具有划时代的历史意义。

新发展理念是顺应我国现阶段经济发展的变化趋势，是解决国内经济发展动力转换、发展结构调整和可持续发展等问题的基本思路。新时代，新发展理念注重从"质量"和"效率"视角适应我国社会矛盾的变化，并协调经济、社会和环境等领域的共同发展，对增强我国的国际竞争力也具有重要意义。随着新发展理念的不断深入，2016年的供给侧结构性改革再次推动经济向"质"和"量"的协调统一发展。2017年，党的十九大报告提出"中国经济已经由高速增长阶段转向高质量发展阶段"，明确指出必须坚持"质量第一、效益优先"的原则。新发展理念在推动我国经济发展向质量、效率和动力层面的深层次变革中，逐渐演化出"经济高质量发展"理念。

---

① 王亚男. 中国经济高质量发展统计测度研究［D］. 对外经济贸易大学，2022.

关于经济高质量发展的理论研究，研究者从不同立足点给出了经济高质量发展的不同内涵。金碚基于产品和服务供给的视角，认为经济高质量发展是以满足人民日益增长的美好生活需要为评判标准，不仅是单纯的物质需求，更多地表现为人的全面发展要求[①]；王晓慧给出较为详细的内涵，认为经济高质量发展主要包括投入和产出的高效率、国民经济内部结构不断优化和创新驱动发展[②]。纵观现有文献对经济高质量发展内涵的讨论，主要集中在以下四个方面：一是基于"创新、协调、绿色、开放、共享"的新发展理念去解释经济高质量发展，主要的代表文献包括邵彦敏[③]、何立峰[④]、洪银兴[⑤]、任保平[⑥]等；二是新常态下，在新发展理念实践中的延伸和深化，侧重从供给侧结构性改革与经济高质量发展的关系角度去进行解释，比如王一鸣[⑦]和刘志彪[⑧]；三是从经济学和社会学领域去诠释高质量发展，包括金碚[⑨]和宋国恺[⑩]；四是来自宏微观视角的探讨，比如宏观层面的产业结构升级、经济效率提升与可持续的增长动力，微观层面的产品质量、服务质量和收入水平等。

总而言之，经济高质量发展是中国经济面临结构性矛盾、资源环境瓶颈、复杂多变的国内外形势等对未来发展道路作出的重大战略选择[⑪]，经济高质量发展内涵强调经济发展过程和发展成果的"高质"和"高量"，是更高质量、更具效率、更加稳定、更为开放的新时代中国经济发展模式。因此，经济高质量发展具有多个特点，包括优质高效供给体系的发展，以高质量需求为主要内生动力的发展，更有效率、更可持续的发展，更具稳定性和

① 金碚. 关于"高质量发展"的经济学研究 [J]. 中国工业经济, 2018 (4)：5-18.
② 王晓慧. 中国经济高质量发展研究 [D]. 吉林大学, 2020.
③ 邵彦敏. 新发展理念：高质量发展的战略引领 [J]. 国家治理, 2018 (5)：11-17.
④ 何立峰. 深入贯彻新发展理念 推动中国经济迈向高质量发展 [J]. 宏观经济管理, 2018 (4)：4-5, 14.
⑤ 洪银兴. 改革开放以来发展理念和相应的经济发展理论的演进：兼论高质量发展的理论渊源 [J]. 经济学动态, 2019 (8)：10-20.
⑥ 任保平. 中国经济高质量发展三维动力体系的系统再造研究 [J]. 社会科学辑刊, 2020 (3)：5-10.
⑦ 王一鸣. 大力推动我国经济高质量发展 [J]. 人民论坛, 2018 (9)：32-34.
⑧ 刘志彪. 理解高质量发展：基本特征、支撑要素与当前重点问题 [J]. 学术月刊, 2018, 50 (7)：39-45, 59.
⑨ 金碚. 关于"高质量发展"的经济学研究 [J]. 中国工业经济, 2018 (4)：5-18.
⑩ 宋国恺. 新时代高质量发展的社会学研究 [J]. 中国特色社会主义研究, 2018 (5)：60-68.
⑪ 马茹, 罗晖, 王宏伟, 等. 中国区域经济高质量发展评价指标体系及测度研究 [J]. 中国软科学, 2019 (7)：60-67.

安全性的发展以及坚持更高层次和更高水平对外开放的发展。

5.1.2 经济高质量发展的评价指标体系研究

大量研究以传统宏观经济指标构建经济高质量发展评价体系，定量测度我国区域经济高质量发展水平，其评价指标体系主要围绕经济增长稳定性、持续性、效率、结构、成果分配和环境保护等方面展开。该指标体系较多地反映了经济增长质量的客观评价，主观评价相对较少[1][2]，而经济增长质量和高质量发展也存在着差别，前者是宏观经济范畴，后者具有更广泛的经济、社会和生态等维度的内涵[3]，经济高质量发展具有更高的战略定位。关于构建经济高质量发展指标体系文献，一些学者基于高质量发展的内涵，从"三大变革"和"新发展理念"入手对其指标体系进行构建。吕薇认为应该建立三类指标，分别反映经济结构和效率、人民生活质量和幸福感以及经济活力[4]。国外同类评价指标体系主要有欧盟可持续评价指标体系、荷兰绿色增长评价指标体系、德国国家福利指标体系和美国新经济指标体系。从典型的同类指标体系可以看出，发达国家或经济体对人民福利、可持续发展和创新技术、新经济等指标更加关注和重视。在生活质量评价和幸福感评价方面有世界卫生组织的生活质量指数调查（quality of life）、世界价值观调查、不丹国王提出的国民幸福指数（gross national happiness）等。我国学者孙峰华等[5]、周长城等[6]等对生活质量评价展开系列研究。罗连发选取物质福利、社会生活与个人生活等"满足要求"维度指标评价我国国民对经济增长的主观感知[7]。

5.1.3 区域经济高质量发展的测度及评估

党的十九大报告首次提出"高质量发展"的理念，各省、市和地方政

① 颜双波. 基于熵值法的区域经济增长质量评价 [J]. 统计与决策, 2017 (21): 142-145.

② 魏敏, 李书昊. 新时代中国经济高质量发展水平的测度研究 [J]. 数量经济技术经济研究, 2018, 35 (11): 3-20.

③ 师博, 任保平. 中国省际经济高质量发展的测度与分析 [J]. 经济问题, 2018 (4): 1-6.

④ 吕薇. 探索体现高质量发展的评价指标体系 [J]. 中国人大, 2018 (11): 23-24.

⑤ 孙峰华, 魏晓, 王兴中, 等. 中国省会城市人口生活质量评价研究 [J]. 中国人口科学, 2005 (1): 69-75, 98.

⑥ 周长城, 刘红霞. 生活质量指标建构及其前沿述评 [J]. 山东社会科学, 2011 (1): 26-29.

⑦ 罗连发. 居民对我国经济增长质量主观感知的评价 [J]. 华南农业大学学报（社会科学版）, 2015, 14 (3): 132-140.

府先后制定了高质量发展的指标体系。例如，天津审议通过了高质量发展统计监测和考核评价体系，江苏出台了全省和各区市的高质量发展监测指标体系与实施办法，湖北印发了高质量发展评价与考核办法等，广东、湖南、河南、北京和上海等地先后制定了针对制造业、新兴产业和高端服务业的高质量发展指标评价体系。而学术界对区域经济高质量发展的研究相对滞后，多处于理论阐述阶段。关于区域经济高质量发展的评价指标体系测算及评估的实证类文献近年来逐渐增多，其中孟祥兰等基于加权因子分析法从供给侧改革背景下对湖北高质量发展构建综合评价指标体系并进行测算和评估①；许永兵等以河北省为例，建立创新驱动、结构优化、经济稳定、经济活力、民生改善和生态友好6个一级指标24个二级指标的经济高质量发展评价体系，并对其2005—2016年经济运行数据进行测算和综合评估②；张平基于上海推动高质量发展的成效进行了评估，并对上海推动经济高质量发展的逻辑和政策进行了阐述，研究认为上海在构建高质量发展机制方面应该与全球一流水平对标③；徐翔等从经济理论上探讨了我国不同地区的发展阶段和资源禀赋差异，并基于如何因地制宜地转变发展模式、改善经济结构、转换增长动力等问题提出相关建议④；马茹等从五大方面对中国区域经济高质量发展的指标系统进行构建和测度，并对不同区域经济高质量发展阶段进行了"梯队式"归纳⑤。关于四川城市经济高质量发展研究方面，李梦宇等从动力转变、效率提升、质量改善、风险防控四个方面构建四川省城市高质量发展指标体系，评价结果发现四川在发展动力、发展效率、发展质量、风险防范和质量保障等五个方面存在短板⑥；段龙龙从保障经济中高速增长、优化社会公平和加大绿色转型技术引导三

①　孟祥兰，邢茂源.供给侧改革背景下湖北高质量发展综合评价研究：基于加权因子分析法的实证研究 [J].数理统计与管理，2019，38（4）：675-687.

②　许永兵.河北省经济发展质量评价：基于经济发展质量指标体系的分析 [J].河北经贸大学学报，2013，34（1）：58-65.

③　张平.上海率先推动高质量发展：成效、评估、逻辑和政策 [J].科学发展，2019（4）：26-34.

④　徐翔，王超超.高质量发展研究综述及主要省市实施现状 [J].全国流通经济，2019（17）：112-114.

⑤　马茹，罗晖，王宏伟，等.中国区域经济高质量发展评价指标体系及测度研究 [J].中国软科学，2019（7）：60-67.

⑥　李梦宇，张紫薇，熊承雪.成都实现经济高质量发展研究 [J].西部经济管理论坛，2020，31（4）：17-25，78.

个方面入手，把国外衡量经济增长质量的包容性绿色增长框架融合进我国高质量发展内涵中，提出符合中国实际国情和四川改革实践经验的高质量发展指数评价体系①。

综上所述，关于区域经济高质量发展的测度和评估相对完善，从经济高质量发展的理论阐述，到指标选取和权重设定等问题都得到了定性和定量的分析。已有不少研究对区域的经济高质量发展特征进行了探索，提出了对当地经济发展具有操作性和针对性的建议，但依然存在一些研究空白：第一，在经济高质量发展的内涵阐释上，现有文献主要是从经济学发展的客观视角进行解释，缺乏将"以人为本"的主观性指标与经济学的客观性指标相结合进行综合性探讨，重点解释经济过程而忽略了经济结果。第二，在指标体系构建上，宏观层面评价经济高质量发展的指标居多而缺乏对微观数据的考量。第三，在指标数据使用上，多采用传统宏观统计指标数据，而缺乏挖掘微观企业数据、微观个体、实地访谈数据和网络实时数据等在经济高质量发展评价中的应用价值。

5.2 四川省区域经济高质量发展指标体系构建与评价方法

5.2.1 区域经济高质量发展内涵

经济高质量发展是当前党对我国经济发展所面临的结构性矛盾、资源环境瓶颈和复杂多变的国内情况与国际形势等问题，寻求发展道路作出的重大战略选择。高质量发展是一个综合概念，不仅追求经济发展增长的速度，也追求经济增长的质量和效率等。准确把握区域经济高质量发展的内涵和外延是科学、客观评价四川省区域经济高质量发展水平的前提。因此，本章节首先总结了经济高质量发展的七个维度，并基于该七个维度构建评价四川省各地市（州）经济高质量发展的指标体系。七个指标维度覆盖现代产业结构、高质量需求结构、国际化营商环境、区域科技创新、全域开放格局、公共设施建设和居民幸福指数七个方面（见图5.1）。

---

① 段龙龙. 四川高质量发展评价体系构建与评估：基于包容性绿色增长框架视角 [J]. 中国西部，2020（3）：12-22.

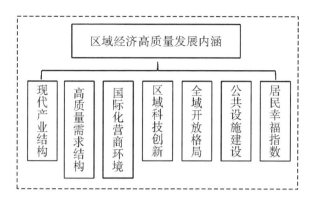

图 5.1 区域经济高质量发展内涵框架

（1）现代产业结构。经济高质量发展要求不断破除传统、低端经济产业结构的固定发展模式，推动战略性新兴产业融合群发展，加速经济产业结构优化和调整，构建我国现代化产业体系，促进经济产业结构升级[①]。推进产业结构升级最重要的是推动产业结构向"现代化""服务化"方向迈进，提高不同产业之间的融合质量和现代化程度。因此，高质量发展是具有韧性的现代化产业结构系统发展结果，现代化产业结构是经济高质量发展的重要内涵。产业发展高质量主要体现在产业升级和结构优化，而农业现代化、工业现代化和服务业现代化三个维度分别代表第一、第二、第三产业的现代化水平，该指标维度兼具了产业结构升级和结构优化属性。农业现代化是农业方面的要求，农业生产效率的提高离不开科学的方法和农业机械的使用，选择农业机械总动力代表农业现代化；工业制造能力的提升与诸多因素相关，工业产业增加值是制造业现代化最直接的代表，选择工业产业增加值衡量工业现代化水平；第三产业增加值则表示服务业发展与升级。

（2）高质量需求结构。经济高质量发展的内生动力主要来源于经济发展的高质量需求[②]。党的十九大报告指出"完善促进消费的体制机制，增强消费对经济发展的基础性作用"，高质量需求是高质量发展的重要拉动力量，具体表现为消费水平不断提升、消费结构优化升级以及现代化进程

---

① 魏敏，李书昊. 新时代中国经济高质量发展水平的测度研究［J］. 数量经济技术经济研究，2018，35（11）：3-20.

② 马茹，罗晖，王宏伟，等. 中国区域经济高质量发展评价指标体系及测度研究［J］. 中国软科学，2019（7）：60-67.

整体推进，而高质量需求结构由消费、投资、对外贸易以及营商环境构成。投资、消费和对外贸易是经济增长核心，直接反映企业、居民和外贸高质量发展程度，体现区域经济高质量的整体发展。因此，本书利用固定投资额、居民消费零售总额和进出口贸易额分别反映企业投资规模、居民消费特征和对外贸易质量。

（3）国际化营商环境。营商环境如法制、经济和市场环境等均是影响劳动力、资本等生产要素跨区域流动的关键因素，良好的营商环境简化了企业开办、获得信贷、获得电力、纳税等的手续，企业节约了大量的时间和交易成本，也降低了包括寻租在内的隐性成本，使企业的研发创新、扩大投资规模、优化生产和销售流程以及提高产品或服务质量等，以更好地满足社会的需求，从而促进企业和社会经济的高质量发展[1]。对于营商环境的评价而言，本书中的营商环境评价指标主要由成本费用利润率和民营企业的发展状况来衡量。企业微观指数是经济高质量发展的微观评价指标，其中，成本费用利润率体现了微观企业的盈利状况，而民营企业增加值在微观层面呈现出民营企业发展的势态。

（4）区域科技创新。在新时代，以规模投资和人力等资源要素大规模投入获取经济增长的资源要素驱动模式难以维持，转变经济增长动力，以科技创新驱动经济转型升级和发展，科技创新驱动发展是经济高质量发展的内在要求。利用科技的动力提高经济发展中的创新因素，拓展科技成果转化，提升创新要素的产业化利用，推动创新动能转换，带动经济增长。经济高质量发展是具有优质高效供给体系的发展，需要发挥创新第一动力、人才第一资源的重要作用，以及加快实现新旧动能转换。我国一直推动创新驱动发展战略，创新一直是生产力发展的重要动力，也是城市高质量发展的重要指标。据此，以 R&D 人员折合全时人员和 R&D 经费指标进行体现，其涵盖了人员和资金的需求与供给状况。

（5）全域开放格局。新时代经济高质量发展要求更高层次和更高水平的对外开放格局，加快推动新一轮高水平对外开放，形成全面对外开放新格局，是实现区域经济高质量发展的重要条件。因此，高质量的对外开放

---

① 杨巧，蒋勇. 营商环境对经济高质量发展的影响：来自跨国面板数据的证据 [J]. 国际商务研究，2023，44（4）：17-29.

格局是经济高质量发展的重要组成部分，是新时代对外开放的升级版①。开放格局由开放通道的增加和开放平台的增多来进行分析，开放通道的增加由提高开放容量和旅客和货物运输量来体现，而开放平台的增多则建立在开放的基础设施水平提升之上。

（6）公共设施建设。新型基础设施是以新发展理念为引领，以信息网络和技术创新为驱动，面向经济高质量发展需要提供基础设施体系②。基础设施是国民经济发展的基石和前导，是促进我国经济高质量发展的重要保障。公共设施是民生的基础，而道路和绿化情况是评判城市的基础。公共设施完善可以提高区域内部运行和信息沟通效率、降低交易成本等，使区域间的联系更加紧密，抑制行政壁垒等带来的边界效应。提供便捷的运输通道和道路绿化是经济高质量发展绿色低碳的基本要求，可以利用城市交通和绿化水平指标对公共设施建设进行评价。

（7）居民幸福指数。中共十九届六中全会指出，把实现共同富裕摆在推动高质量发展进程中十分重要的位置，实现共同富裕和人民幸福生活是社会主义建设和经济高质量发展的最终目标。居民幸福指数是反映某一地区生活环境和生活保障的重要指标，居民生活质量反映了城市社会发展、公众幸福感。公共服务是指公共部门提供满足大众所需公共产品，公共服务产品主要分为文化教育、医疗卫生、社会保障、公共安全、基础设施等，目的是实现人民幸福。因此，本书基于公共服务水平和社会保障情况衡量区域经济高质量建设中的居民幸福度。

5.2.2　区域经济高质量发展指标体系

基于上述对经济高质量发展内涵的分析和总结，在严格遵循目的性、科学性等的基础上，兼顾可操作性、动态性和数据的可获得性等原则，本书构建了包含7个一级指标、14个二级指标以及18个三级指标的四川省区域经济高质量发展评价指标体系（见表5.1）。

①　任保平，朱晓萌.新时代中国高质量开放的测度及其路径研究［J］.统计与信息论坛，2020，35（9）：26-33.
②　张晓民，金卫.以新型基础设施建设推动经济社会高质量发展［J］.宏观经济管理，2021（11）：85-90.

表 5.1　四川省区域经济高质量发展指标体系

一级指标	二级指标	三级指标	属性特征
现代产业 体系构建	先进制造业	第二产业增加值/亿元	+
	现代服务业	第三产业增加值/亿元	+
	现代化农业	农业机械总动力/万千瓦	+
高质量 需求结构	投资	固定资产投资总额/亿元	+
	消费	社会消费品零售总额/亿元	+
	外贸	进出口总额/万美元	+
国际化 营商环境	营商环境	工业成本费用利润率/%	+
	民营企业发展	民营经济增加值/亿元	+
创新驱动发展	科技创新	R&D 人员折合全时人员/人	+
全域开放格局	开放合作	当年实际使用外资金额/万美元	+
城市公共 设施建设	公园城市建设	建成区绿化覆盖率/%	+
	市政设施	道路面积/万平方米	+
民生福祉	人民生活水平	城乡居民收入比	−
		城镇登记失业率/%	−
		居民消费价格	+
	公共服务水平	新建、改扩建学校（幼儿园）/个	+
		卫生机构床位数/张	+
		文化站举办展览数/个	+

5.2.3　熵权-CRITIC 组合赋权法

关于综合评价的方法较多，主要分为三类。一类以主观判断为主，比如 AHP 方法、模糊综合评价法等，该类方法主要利用专家的经验判断确定指标权重，然后计算综合评价值，该类方法简单易行，但缺乏客观性，主观因素影响过大。另一类方法则具有较强的客观性，比如主成分分析法、熵值法等，该类方法根据指标的变异程度或相关性等确定指标权重。此外，通过组合两种或两种以上评价模型，可以强化对信息的充分利用和发挥各个模型的评价优势，组合评价法能有效提升综合评价的科学性和准确性，比如熵权-TOPSIS、熵权-层次分析法等。为避免单一指标赋权带来的评价偏差，本书运用熵权-CRITIC 组合赋权法对 2005—2019 年四川省各地市（州）经济高质量发展权重进行科学、客观的综合评价。

（1）熵权法

熵权法是根据指标所蕴含的信息量多少分配指标权重的方法。该方法主要依靠数据的离散程度来衡量指标的重要性，认为数据的信息量与其变异系数正相关，越离散的数据对整个体系的影响越大。熵权法分配权重的过程如下：

①假设研究的评价对象有 m 个，评价指标 n 个，x_{ij} 表示第 i 个对象的第 j 个指标。本书评价 2005—2019 年四川省及各地市（州）的经济高质量发展，其中 m 为 15 个年份，n 为表 5.1 所列示的三级指标。综合评价的原始矩阵表示为：

$$\mathrm{X} = (x_{ij})_{m \times n}(i = 1, 2, \cdots, m; j = 1, 2, \cdots, n) \tag{5-1}$$

②对原始进行标准化处理。

$$\mathrm{Y} = (y_{ij})_{m \times n} = \begin{cases} \dfrac{x_{ij} - x_{j\min}}{x_{j\max} - x_{j\min}}, & \text{正向指标} \\[3mm] \dfrac{x_{j\max} - x_{ij}}{x_{j\max} - x_{j\min}}, & \text{负向指标} \end{cases} \quad (i = 1, 2, \cdots, m; j = 1, 2, \cdots, n)$$

$$\tag{5-2}$$

③计算第 j 个指标的信息熵。

$$e_j = -k \sum_{i=1}^{m} p_{ij} \ln p_{ij} \left(p_{ij} = \frac{y_{ij}}{\sum\limits_{i=1}^{m} y_{ij}}, \ k = \frac{1}{\ln m} \right) \tag{5-3}$$

其中 $k = \dfrac{1}{\ln m}$ 为信息熵系数，$p_{ij} = \dfrac{y_{ij}}{\sum\limits_{i=1}^{m} y_{ij}}$ 第 i 个评价对象第 j 项指标占该指标的权重。为避免 $\ln 0$ 情况的出现，当 $p_{ij} = 0$ 时，令 $p_{ij} = 0.000\,000\,1$ [①]。

④计算第 j 个指标的熵权 w_j 值。

$$w_j = \frac{(1 - e_j)}{\sum\limits_{j=1}^{n} (1 - e_j)} \left(w_j \in [0, 1], \ \sum_{j=1}^{n} w_j = 1 \right) \tag{5-4}$$

① 谢成兴，王丰效."一带一路"背景下新疆高等教育与经济发展动态关系：基于熵权 TOPSIS 和 VAR 模型［J］.边疆经济与文化，2022（4）：10-15.

（2）CRITIC 法

CRITIC 法是一种考虑指标间相关性影响对指标进行赋权的方法，通过比较指标之间的对比强度和对立程度来确定各指标的重要性，能够减小指标间相关性对最终权重的影响，使结果更加客观合理①。CRITIC 法对指标的赋权过程如下：

①数据无量纲化处理参照式（5-2）的做法。

②指标离散程度。

$$S_j = \left[\frac{\sum (y_{ij} - \bar{y}_j)}{(n-1)} \right]^{1/2} \tag{5-5}$$

其中，S_j 为第 j 个指标的标准差。

③计算指标的相关系数，表示指标之间的冲突性。

$$p_{jk} = \frac{\sum_{i=1}^{m} (c_{ij} - \bar{c}_j)(c_{ik} - \bar{c}_k)}{\sum_{i=1}^{m} (c_{ij} - \bar{c}_j)^2 \sqrt{\sum_{i=1}^{m} (c_{ik} - \bar{c}_k)^2}} \tag{5-6}$$

$$R_j = \sum_{i=1}^{n} (1 - p_{ij}) \tag{5-7}$$

其中，c_{ik} 为指标 i 和指标 j 的样本 k 的标准化结果，p_{jk} 表示指标 j 的相关系数，R_j 表示第 j 个指标的冲突度。

④计算指标所包含的信息量。

$$Q_j = S_j \sum_{i=1}^{n} (1 - p_{ij}) = S_j \times R_j \tag{5-8}$$

⑤计算第 j 个指标的权重。

$$P_j = Q_j / \sum_{i=1}^{n} Q_{ij} \tag{5-9}$$

（3）熵权-CRITIC 组合赋权法

采用单一的指标赋权方式，容易受赋权方法的影响而造成偏倚，单一的赋权法可能会导致权重向某一指标倾斜，所以本书采用组合赋权的方法进行赋权。借鉴吴忠等的研究，本书采用熵权法和 CRITIC 法的组合赋权

---

① 孙彬，于海霞，刘丙军. 基于改进 CRITIC 法的梅州市韩江区域初始水权分配 ［J］. 水电能源科学，2022，40（9）：61-65.

方式，进而提高指标权重确定的可靠性[①]。组合方式如下：

由 n 种主观赋权法得到的权重 $p_a = （p_{a1}, p_{a2}, \cdots, p_{an}）$，T（$a = 1, \cdots, n$）；$m$ 种客观赋权权重 $p_b = （p_{b1}, p_{b2}, \cdots, p_{bm}）$，T（$b = 1, \cdots, m$），其中 $\sum p_{aj} = 1$，$\sum p_{bj} = 1$。令 $P = \{P_1, P_2, \cdots, P_k\}$，$T$ 为组合权重向量，其中 P_j 为第 j 个指标的组合权重。可得，组合赋权比单个赋权之间的变异程度更小，因此构建以下模型对综合权重进行优化：

$$\text{Min } F = \sum_{a=1}^{n}\left[c\sum_{j=1}^{k}（P_j - p_{aj}）^2\right] + \sum_{b=1}^{m}\left[c\sum_{j=1}^{k}（P_j - p_{bj}）^2\right],$$

$$\text{s.t.} \begin{cases} \sum_{j=1}^{k} P_j = 1 \\ P_j \geqslant 0, \ j = 1, \cdots, k \end{cases} \quad (5\text{-}10)$$

最后，利用遗传算法、机器学习等算法得到最优化的权重组合。

5.3　四川省区域经济高质量发展水平的测算结果与分析

5.3.1　四川省及地市（州）经济发展现状及特征

2020 年四川省地区生产总值为 48 598.8 亿元，GDP 增长率为 3.8%。民营经济迸发强大活力，全年民营经济增加值 26 532.9 亿元，占比 GDP 的 54.6%；年末全省民营经济主体达到 681.5 万户，私营企业数量达到 162.0 万户，增长 18%。按区域划分来看，省内各行政区发展并不均衡，成都市的经济发展一枝独秀，2020 年全市地区生产总值达 17 716.7 亿元，占全省的 36.5%，位居第二位的绵阳市地区生产总值为 3 010.08 亿元，占比 6.2%，其余各市的 GDP 均在 3 000 亿元以下，GDP 最低的甘孜州仅为 410.61 亿元。在全社会固定资产投资方面，成都平原经济区全社会固定资产投资比上年增长 9.9%，川南经济区增长 10.9%，川东北经济区增长 9.4%，攀西经济区增长 11.4%，川西北生态示范区增长 5.6%。产业结构方面，第一、第二、第三产业产值占 GDP 的比重分别为 11.4%、36.2%、52.4%，第三产业主体地位明显。其中，成都平原经济区以计算机、通信

---

① 吴忠，关娇，何江. 最低工资标准测算实证研究：基于 CRITIC-熵权法客观赋权的动态组合测算 [J]. 当代经济科学，2019，41（3）：103-117.

设备、汽车制造业为主，川南地区以酒、茶、饮料制造业为主，川东地区则发展非金属矿物制造业、农副食品加工业等。整体来看，地区之间发展不均衡与产业低端等问题突出，除了位于川西平原的成都市电子信息产业相对发达外，省内其他区域的发展依然过度依赖传统能源和资源密集型产业，经济发展质量堪忧。

5.3.2 区域高质量发展指标权重及综合评价

（1）区域经济高质量发展指标体系的权重

本书收集了 2005—2019 年四川省 18 个地市（州）相关指标的数据，对部分年份的缺失值采用最近年份均值进行插补。进一步对数据进行无量纲化处理，并分别运用熵权法和 CRITIC 法对三级指标的权重进行计算，以此为基础构建熵权-CRITIC 组合赋权方法，最终确定各指标的权重。

对单一方法确定的指标进行权重组合的方式借鉴吴季钊的研究①，取两种权重值的算术平均数，即认为两种赋权在组合权重中的地位相同，各指标权重的具体数据见表 5.2。根据测算区域经济高质量发展指标的权重可知，四川省现代化农业、营商环境、开放合作和公园城市建设是四川省地市（州）经济高质量发展的重要指标，这些指标的权重都在 5%以上。

表 5.2　四川省区域经济高质量发展指标权重

一级指标	二级指标	三级指标	权重/%
现代产业体系	先进制造业	第二产业增加值/亿元	0.822
	现代服务业	第三产业增加值/亿元	4.489
	现代化农业	农业机械总动力/万千瓦	9.253
需求结构	投资	固定资产投资总额/亿元	1.889
	消费	社会消费品零售总额/亿元	5.569
	外贸	进出口总额/万美元	7.118
国际化营商环境	营商环境	工业成本费用利润率/%	17.805
	民营企业发展	民营经济增加值/亿元	0.202
创新驱动发展	科技创新	R&D 人员折合全时人员/人	5.969

---

① 吴季钊. 基于 CRITIC-熵权法和 TOPSIS 法的内河港口竞争力研究 [D]. 重庆交通大学，2023.

表5.2(续)

一级指标	二级指标	三级指标	权重/%
全域开放格局	开放合作	当年实际使用外资金额/万美元	10.146
城市建设	公园城市建设	建成区绿化覆盖率/%	18.925
	市政设施	道路面积/万平方米	5.789
民生福祉	人民生活水平	城乡居民收入比	0.535
		城镇登记失业率/%	0.535
		居民消费价格	0.402
	公共服务水平	新建、改扩建学校(幼儿园)/个	0.897
		卫生机构床位数/张	2.784
		文化站举办展览数/个	4.582

（2）四川省区域经济高质量发展水平

根据四川省地市（州）经济高质量发展的 18 个指标数据计算得出 2005—2019 年的经济高质量发展水平得分，并对地市（州）区域经济高质量发展指数进行综合统计，合成四川省区域经济高质量发展综合指数（见图 5.2）。从图 5.2 可以看出，2005—2019 年四川省经济高质量发展水平呈现波动上升的趋势。在 2005 年的经济高质量发展水平不足 0.2，2019 年上升为 0.38 左右。2015 年后经济高质量发展水平上升幅度较大。本书将四川省区域经济高质量发展分成四段时期，第一个阶段为起步发展阶段（2005—2008 年），经济高质量发展水平明显较低；第二个阶段为发展快速成长期（2009—2011 年），经济高质量发展水平上升幅度较大，增速较快；第三个阶段为平稳发展期（2011—2016 年），经济高质量发展指数波动不大，平稳过渡；第四个阶段为快速增长期（2016—2019 年），经济高质量发展指数呈现大幅度上升。

表 5.3 列出了 2005—2019 年四川省 18 个地市（州）经济高质量发展水平得分。由表 5.3 中可知，18 个地市（州）的经济高质量发展指数在 2005—2019 年呈现上升趋势。从排名上来看，成都、绵阳和宜宾在区域经济高质量发展中处于前三的位置，近 15 年的平均值分别为 0.052 6、0.021 7 和 0.021 1。从区域空间经济发展水平上，四川省形成了以成都为中心向周边辐射的经济生态，区域经济分布也符合四川省"一干多支，五区协同"的战略。

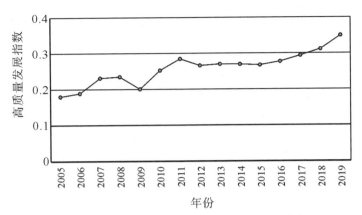

图 5.2 四川省区域经济高质量发展水平综合指数

表 5.3 四川省地市（州）高质量发展综合指数

地市（州）	2005 年	2006 年	2007 年	2008 年	2009 年	2010 年	2011 年
成都市	0.034	0.034	0.037	0.038	0.038	0.045	0.050
绵阳市	0.015	0.016	0.020	0.018	0.019	0.021	0.019
自贡市	0.016	0.016	0.016	0.015	0.013	0.017	0.019
攀枝花市	0.012	0.013	0.017	0.015	0.013	0.016	0.018
泸州市	0.013	0.015	0.018	0.017	0.016	0.018	0.022
德阳市	0.017	0.018	0.020	0.019	0.016	0.019	0.021
广元市	0.011	0.012	0.014	0.014	0.013	0.015	0.016
资阳市	0.013	0.013	0.013	0.016	0.014	0.018	0.020
遂宁市	0.015	0.014	0.015	0.015	0.013	0.021	0.020
内江市	0.011	0.011	0.015	0.012	0.013	0.016	0.020
乐山市	0.015	0.015	0.018	0.018	0.016	0.017	0.019
宜宾市	0.015	0.017	0.019	0.019	0.017	0.023	0.022
南充市	0.013	0.014	0.018	0.017	0.016	0.018	0.021
达州市	0.013	0.013	0.017	0.024	0.015	0.017	0.020
雅安市	0.012	0.011	0.012	0.013	0.010	0.016	0.018
广安市	0.017	0.016	0.016	0.016	0.015	0.018	0.020
眉山市	0.013	0.013	0.014	0.014	0.013	0.016	0.020
巴中市	0.007	0.008	0.012	0.012	0.008	0.010	0.013

表5.3(续)

地市（州）	2012年	2013年	2014年	2015年	2016年	2017年	2018年	2019年
成都市	0.054	0.058	0.058	0.059	0.064	0.071	0.074	0.075
绵阳市	0.021	0.022	0.022	0.022	0.024	0.026	0.029	0.032
自贡市	0.017	0.018	0.017	0.017	0.020	0.019	0.021	0.023
攀枝花市	0.016	0.016	0.017	0.016	0.013	0.017	0.018	0.021
泸州市	0.021	0.021	0.020	0.021	0.023	0.024	0.025	0.029
德阳市	0.019	0.020	0.019	0.021	0.022	0.022	0.023	0.025
广元市	0.015	0.016	0.020	0.019	0.017	0.018	0.019	0.021
资阳市	0.020	0.020	0.019	0.021	0.020	0.019	0.019	0.020
遂宁市	0.017	0.017	0.017	0.018	0.020	0.019	0.022	0.025
内江市	0.018	0.018	0.017	0.018	0.018	0.019	0.019	0.023
乐山市	0.017	0.017	0.017	0.018	0.020	0.023	0.025	0.026
宜宾市	0.021	0.020	0.021	0.021	0.022	0.024	0.026	0.029
南充市	0.020	0.021	0.022	0.023	0.024	0.025	0.026	0.028
达州市	0.020	0.020	0.020	0.020	0.020	0.021	0.023	0.025
雅安市	0.017	0.016	0.016	0.017	0.017	0.017	0.017	0.019
广安市	0.018	0.018	0.019	0.020	0.020	0.020	0.020	0.024
眉山市	0.019	0.018	0.018	0.018	0.019	0.019	0.020	0.022
巴中市	0.012	0.013	0.013	0.016	0.017	0.016	0.017	0.019

（3）四川省区域经济高质量发展变异系数

变异系数可以用来反映数据离散程度，计算2005—2019年以来四川省18个地市（州）经济高质量发展水平的变异系数，可以考察其离散程度，地区经济高质量发展水平差异越大其变异系数值越大。

2005—2019年四川省区域经济高质量发展水平保持增长的态势，但变异系数法的时间序列的变化趋势，能反映区域内经济高质量发展水平离散程度的整体情况。各年份变异系数的计算结果见表5.4，变异系数的时间变化趋势见图5.3。结合表5.4和图5.3来看，2005—2019年区域内经济高质量发展水平的变异程度总体上是一个波动上升的趋势，且间隔4~5年便会出现一个峰值，说明地区差异在逐渐拉大。具体来看，变异系数值从

2005 年开始下降，2007 年出现一个波谷，2007—2009 年又急剧上升；2009—2013 年同样先下降后上升，2013 年的离散程度高于 2009 年，地区差异进一步扩大；2013—2017 年再次先下降后上升，2017 年的离散程度更大；2017—2019 年，变异系数呈现下降趋势，地区差异有所降低。通过2005—2019 年变异系数的计算和时序趋势分析发现，四川省区域经济高质量发展水平不断上升，但各地市（州）间的差距在不断扩大，虽然出现短期的阶段性调整，但地区发展水平的差异和不平衡进一步加剧。推动四川省区域经济高质量协调、均衡发展依然面临较大挑战。

表 5.4　四川省各年份经济高质量发展变异系数

分析指标	2005 年	2006 年	2007 年	2008 年	2009 年	2010 年	2011 年	2012 年
平均值	0.015	0.015	0.017	0.017	0.015	0.019	0.021	0.02
标准差	0.005	0.005	0.006	0.006	0.006	0.007	0.008	0.009
变异系数	0.373	0.357	0.319	0.342	0.4	0.373	0.359	0.436

分析指标	2013 年	2014 年	2015 年	2016 年	2017 年	2018 年	2019 年
平均值	0.021	0.021	0.021	0.022	0.023	0.025	0.027
标准差	0.01	0.01	0.01	0.011	0.012	0.013	0.013
变异系数	0.47	0.463	0.447	0.485	0.526	0.52	0.464

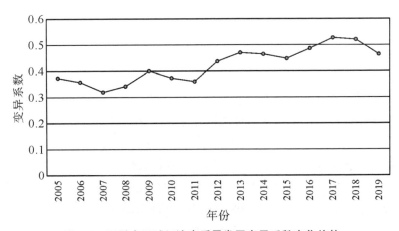

图 5.3　四川省区域经济高质量发展变异系数变化趋势

5.3.3 地市（州）经济高质量发展水平的空间特征

根据四川省 18 个行政区的地理位置和地理条件，将其划分为川西、川南、川北和川东四个区域。其中，川西地区包括成都市、德阳市、雅安市和资阳市，川南地区包括自贡市、攀枝花、泸州市、内江市、乐山市、眉山市和宜宾市，川北地区包括绵阳市、广安市和广元市，川东地区包括达州市、南充市、巴中市和遂宁市。本节通过分析各个区域和地市（州）经济高质量发展水平指数的变化趋势，总结不同区域内部和区域间经济高质量发展的差异。

（1）不同区域内部的差异分析

图 5.4 反映了 2005—2019 年川西地区的经济高质量发展水平的变化趋势。首先，成都市的经济高质量发展水平一直远高于德阳市、雅安市、资阳市，其经济高质量发展水平是其他城市的 3~4 倍；其次是德阳市，除了2011—2015 年其经济高质量发展水平与资阳市持平，其他年份的经济高质量发展水平都超过雅安市和资阳市，在川西地区有较强的经济实力；再次是资阳市，近几年经济高质量发展水平虽有所下降，但整体变化不大，且略微高于雅安市；最后是雅安市，2018—2019 年经济高质量发展水平增速有所提升，未来有潜力超过资阳市。

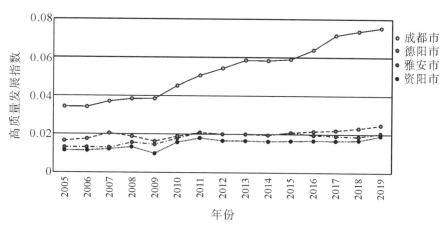

图 5.4　川西地区经济高质量发展水平变化趋势

图 5.5 反映了 2005—2019 年川南地区的经济高质量发展水平的变化趋势。川南地区的整体水平不高，呈现波动上升的趋势，其中表现比较突出

的是宜宾市和泸州市，经济高质量发展水平明显高于其他地级市，近年呈现加速上升趋势，曲线斜率逐渐变大；乐山市于 2014 年之后，经济高质量发展水平增长迅猛，逐渐向宜宾市和泸州市接近，而自贡市、眉山市、内江市经济高质量发展水平相近，虽然有所增长，但是增长幅度不大，增长趋势较为平缓；攀枝花市的经济发展较为缓慢，且逐渐落后于其他地市（州），虽然近年来的经济高质量发展水平增速明显变快，但是整体水平依然显著低于其他地市（州）。

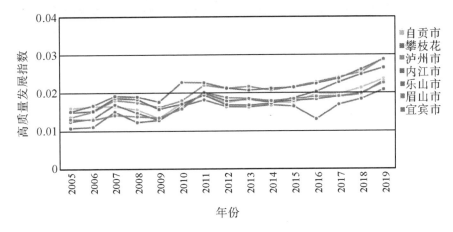

图 5.5　川南地区经济高质量发展水平时序变化趋势

　　图 5.6 反映了 2005—2019 年川北地区的经济高质量发展水平的变化趋势。川北地区拥有三个地级市，分别是绵阳市、广安市和广元市。由图 5.6 可知，川北地区的经济高质量发展水平同样呈现波动上升趋势。其中，绵阳市的发展较为突出，较其他两市有显著优势，绵阳市作为四川省地级市中的第二大经济体，发展仅次于成都，其 2014—2019 年经济高质量发展水平急剧上升，与广安市和广元市拉开较大差距；广安市和广元市的高质量发展水平较低，增速也较缓慢。

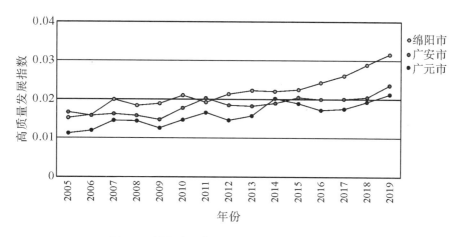

图 5.6　川北地区高质量发展水平时序变化趋势

图 5.7 反映了 2005—2019 年川东地区的经济高质量发展水平的变化趋势。川东地区整体的经济高质量发展水平一般，但在 2016 年以后四个地级市的经济高质量发展水平增速显著加快，曲线斜率较大。其中，南充市的经济高质量发展水平最高，2011 年以后居于川东地区首位，达州市次之。遂宁市近年来的经济高质量发展速度明显变快，紧贴达州市，而巴中市的经济高质量发展水平最低。

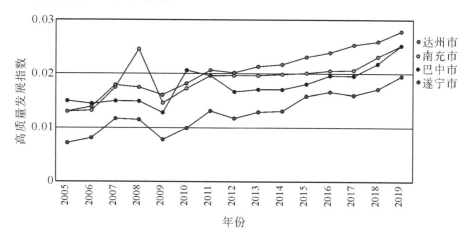

图 5.7　川东地区高质量发展水平时序变化趋势

（2）不同区域间的差异分析

图 5.8 反映了 2005—2019 年四个区域间经济高质量发展水平的差异系数。由图 5.8 可知，整体来看，四个区域间经济高质量发展水平的差异在不断变大，各地市（州）的不平衡、不充分发展的程度在逐渐加大。

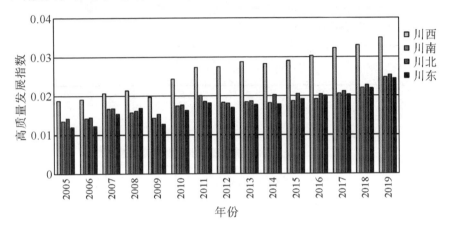

图 5.8 四川省四个区域间的经济高质量发展水平差异

表 5.5 展示了 2005—2019 年四个区域内经济高质量发展水平的差异系数和贡献率。相较于区域之间差异，区域内部之间存在的差异性更加显著，区域内部差异性较大的原因是内部地级市之间的差异较大，比如成都市与雅安市的经济高质量发展水平差距较大。各个地区只有个别地级市的经济高质量发展水平较高，而 2005—2019 年内部差距贡献率逐年提高，表明区域内经济高质量发展差距越来越大。地区经济发展差异逐渐拉大，造成地区经济高质量发展的不平衡现象日趋显著，政府应该加大对经济落后地区的政策倾斜力度。

表 5.5　四川省四个区域内的经济高质量发展水平差异

年份	组内差异								组间差异	贡献率/%
	川西	贡献率/%	川南	贡献率/%	川北	贡献率/%	川东	贡献率/%		
2005	0.029 9	57.75	0.002 7	5.20	0.002 2	4.25	0.006 0	11.68	0.010 9	21.13
2006	0.028 9	61.81	0.003 3	7.08	0.001 4	3.00	0.004 2	9.01	0.008 9	19.10
2007	0.028 6	70.19	0.002 0	4.87	0.001 5	3.64	0.002 6	6.40	0.006 1	14.90
2008	0.026 2	50.45	0.003 7	7.19	0.000 8	1.60	0.008 3	15.98	0.012 9	24.78
2009	0.040 0	64.43	0.002 7	4.31	0.002 4	3.87	0.006 0	9.60	0.011 0	17.78
2010	0.030 8	59.61	0.002 6	4.98	0.001 7	3.24	0.006 2	11.98	0.010 5	20.20
2011	0.030 4	78.08	0.001 0	2.46	0.000 5	1.40	0.002 8	7.11	0.004 3	10.96
2012	0.041 9	73.79	0.001 7	3.07	0.001 8	3.19	0.003 9	6.84	0.007 4	13.11
2013	0.048 2	79.07	0.001 6	2.65	0.001 6	2.60	0.003 2	5.21	0.006 4	10.46
2014	0.049 0	83.26	0.001 4	2.30	0.000 3	0.54	0.003 3	5.53	0.004 9	8.37
2015	0.045 8	85.53	0.001 6	2.94	0.000 4	0.75	0.001 9	3.55	0.003 9	7.24
2016	0.053 2	77.80	0.004 3	6.35	0.001 5	2.26	0.001 7	2.49	0.007 6	11.10
2017	0.065 2	81.47	0.002 7	3.35	0.002 1	2.66	0.002 6	3.25	0.007 4	9.26
2018	0.064 2	80.30	0.003 1	3.90	0.002 6	3.28	0.002 1	2.67	0.007 9	9.85
2019	0.055 4	81.07	0.002 5	3.71	0.002 3	3.36	0.001 6	2.39	0.006 5	9.46

5.3.4 区域经济高质量发展水平的维度细分

上一节对四川省及各地市（州）的经济高质量发展水平进行了时间维度和区域空间维度上的分析，发现四川省的整体经济高质量发展水平在不断提升，但区域发展不平衡矛盾正在加深，协调区域平衡发展对促进四川省整体经济高质量发展具有重要意义。本节将进一步从区域经济高质量发展水平的七个细分维度进行分析，通过对比分析探索影响经济高质量发展的因素。图5.9反映了四川省2019年经济高质量发展七个维度占比情况，由图可知，民生福祉和城市建设对经济高质量发展的贡献最大，占比分别达到20%以上和10%左右；其次，国际化营商环境的占比达到5%以上，对经济高质量发展的贡献比较显著；但是，开放格局和创新驱动发展对经济高质量发展的促进效果还不明显，科技创新和对外贸易是国民经济发展的重要驱动力量，提升科技支撑、人才引领与对外开放在四川省经济发展中的重要性对促进四川省经济高质量发展具有重要作用。

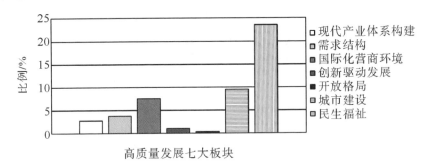

图5.9 四川省2019年经济高质量发展七个维度占比

图5.10反映了2019年四川省各地市（州）经济高质量发展水平七个维度占比分布情况。由图可知，成都市在经济高质量发展水平测度中的七个维度占比最大，与省内其他地市（州）的差距也是最大的，其他依次是绵阳市、泸州市、宜宾市、南充市、乐山市、达州市、遂宁市、德阳市、广安市。各地市（州）细分维度的对比同样显示了民生福祉和城市建设在区域经济高质量发展中的重要性。

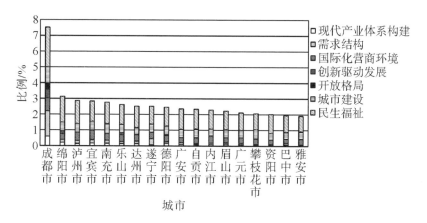

图 5.10　2019 年四川省各地市（州）经济高质量发展水平维度占比

　　图 5.11 展示了四川省各地级（州）产业体系构建的情况。从现代产业体系构建来看，各地市（州）的三大产业结构变化以及增长方面成都市位居榜首，并且成都市的第二、第三产业增加值远远高于其他地市（州），其他地市（州）的现代化产业体系无论是从结构合理度上还是增长量上都还远远不及成都。这与各个地市（州）的产业发展特色有关，比如绵阳、德阳、攀枝花等重工业比较发达，而第一、第三产业不发达，产业结构和体系升级并不完善。成都市作为四川省的省会城市，科技创新水平、产业结构高级化、营商环境和经济增长潜力都得到了强有力的发展，充分发挥成都市对周边区域的辐射带动和经济溢出作用对改善各地市（州）经济高质量发展不平衡的现象具有重要促进作用和实践意义。

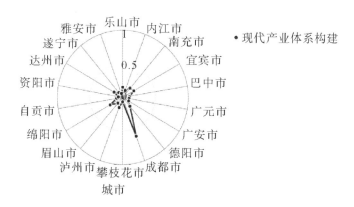

图 5.11　四川省各地市（州）产业体系构建情况

图 5.12 展示了四川省各地级（州）需求结构的情况。由图可知，成都市集中了省内大量的投资、外贸和消费资源，其需求结构最为突出，而其他地区的需求结构得分较低。成都市的经济得到了高质量的发展，应该进一步发挥其"领头羊"的作用，将经济增长的需求侧动力扩散到周边地区；从资源配置视角出发，投资具有潜力的产业、扩大进出口贸易和引入FDI并促进内外循环的消费结构体系，对提升各地市（州）的需求结构有很大的促进作用。

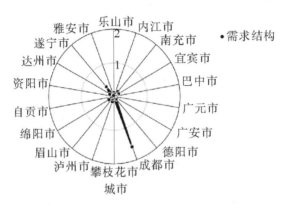

图 5.12　四川省各地市（州）需求结构情况

图 5.13 展示了四川省各地市（州）的国际化营商环境情况。国际化营商环境主要通过民营企业增加值和成本费用利润率进行衡量。良好的营商环境会不断激发各行各业的发展动力和活力，促进企业的生产、管理、销售和技术创新等，给企业带来正的经济效益和成本效益。从各地市（州）的营商环境评价来看，成都市仍居首位，宜宾市、泸州市和广元市紧随其后，这些地区的经济发展质量较高；其他大部分城市居于中等水平，有很大的发展和改善空间。国际化营商环境对企业发展和拉动经济增长的作用较大，是企业能否在这个地区保持稳定健康发展的前提。整体而言，营商环境方面的发展水平比较均衡，除了成都市较为突出外，其他地区的差距不大，发展较为均衡，有利于协调地区的平衡发展。

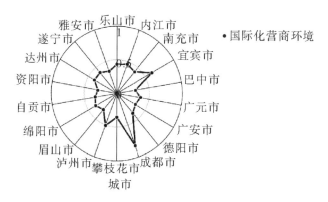

图 5.13　四川省各地市（州）国际化营商环境情况

图 5.14 展示了四川省各地市（州）创新驱动发展情况。创新是一个城市发展活力和发展潜力的重要体现，本书的创新驱动发展通过 R&D 人员数和经费进行衡量，通过科研人员和科研经费指标表现地区的创新能力。图 5.14 表明，成都市、绵阳市和乐山市的创新驱动发展位居前三，而其他地区的发展水平较低。科研人才大部分聚集在成都市，而其他地区需要进行人才引进和资金的大量投入才能实现创新和科研的进步。创新驱动和科研的流动应该跨越地区间的障碍，实现科研成果和科研人才共享，创新驱动发展是未来区域经济高质量发展的重要竞争力，应该促进政府政策引领来加大科研人才的引进和提高科研成果转化。

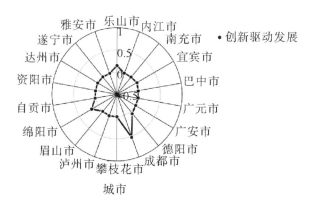

图 5.14　四川省各地市（州）创新驱动发展情况

图 5.15 展示了四川省各地市（州）全域开放情况。成都市作为省会城市吸引了大量的外部投资者，作为"网红"城市，成都市在旅游、文

化、消费等方面具有全国独有的特色，开放格局在省内占据了绝大部分。除了成都市，其他地市（州）在该方面的评价普遍较低。各地市（州）依托自身的特色资源，吸引外部投资者、营造良好的外商投资环境、打造独有的区域形象，对提高开放格局和区域经济高质量发展水平具有重要作用。

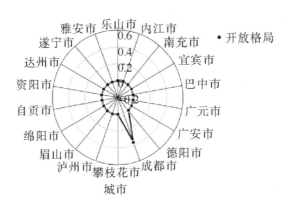

图 5.15　四川省各地市（州）全域开放情况

图 5.16 展示了四川省各地市（州）城市建设情况。城市经济高质量发展离不开城市基础建设，完善城市发展的道路、绿化和城市基础设施建设，对推动城市经济高质量发展水平具有重要意义。城市建设是一个城市的外在体现，也是城市提供公共服务质量的具体体现，各地市（州）的基础设施建设发展质量较高，城市完善度较高。从指标的综合评价结果来看，成都市的城市建设在四川省是最为完善的，其他地区的综合评价都在 0.5 左右，而成都市的评价结果在 1 附近。

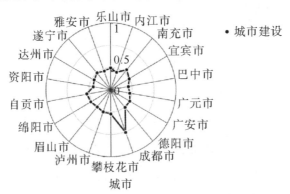

图 5.16　四川省各地市（州）城市建设情况

图 5.17 展示了四川省各地市（州）的民生福祉情况。民生福祉关系到人民的幸福，经济高质量发展最终服务于人类的幸福生活。从七个维度的综合评价来看，各地市（州）的经济高质量中民生福祉占据了重要的地位，可见各地市（州）十分重视民生福祉。从具体的各地市（州）情况来看，成都市、泸州市、绵阳市、广安市等地区的民生福祉发展处于一个较高水平，而其他地区的民生福祉发展水平相对较低，但整体上明显超过其他几个维度的综合评价结果。

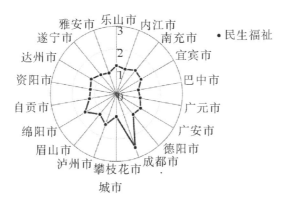

图 5.17　四川省各地市（州）民生福祉情况

5.3.5　四川省高质量发展水平城市类型划分

城市类型划分通过聚类思想可以将某些地区归结到某一个类别下，该类城市具有基本相同的特征，可以针对不同类型的城市采取不同的政策，实现因地制宜和均衡发展。根据 2005—2019 年四川省各地市（州）经济高质量发展水平的综合排名，将 18 个地市（州）划分为引领型、特色型和追赶型 3 个档次，具体的划分依据和划分类型见表 5.6 和表 5.7。其中，引领型城市包括成都市和绵阳市，经济高质量发展综合排名一直靠前，经济高质量发展水平的综合指数最高，具体表现为现代化产业体系完善、需求结构合理、国际化营商环境较优、创新能力强、开放程度高、城市基础设施建设完善以及民生福祉好；特色型城市包括泸州市、宜宾市、南充市、乐山市、达州市、遂宁市、德阳市、广安市、自贡市、内江市和眉山市，该类城市具有较强的发展潜力，主要体现在某一产业方面具有很好的区位优势、发展基础和增长趋势；追赶型城市包括广元市、攀枝花市、资阳市、巴中市和雅安市，这类城市在各个维度的高质量发展水平得分都比较低，其经济高质量发展水平的提升空间较大，这也是区域不平衡发展中经济落后的主要区域。

表 5.6　城市经济高质量发展综合排名

地市（州）	2005 年	2006 年	2007 年	2008 年	2009 年	2010 年	2011 年
成都市	1	1	1	1	1	1	1
绵阳市	5	5	3	5	2	3	13
自贡市	4	4	10	11	12	11	12
攀枝花市	14	13	9	13	14	13	16
泸州市	9	8	6	8	5	8	3
德阳市	2	2	2	3	4	5	4
广元市	16	15	14	14	16	17	17
资阳市	11	11	16	10	10	7	7
遂宁市	7	9	13	12	13	4	11
内江市	17	17	12	17	15	14	9
乐山市	8	7	5	6	7	12	14
宜宾市	6	3	4	4	3	2	2
南充市	13	10	7	7	6	6	5
达州市	10	12	8	2	9	10	10
雅安市	15	16	17	16	17	15	15
广安市	3	6	11	9	8	9	6
眉山市	12	14	15	15	11	16	8
巴中市	18	18	18	18	18	18	18
地市（州）	2012 年	2013 年	2014 年	2015 年	2016 年	2017 年	2018 年	2019 年
成都市	1	1	1	1	1	1	1	1
绵阳市	2	2	2	3	2	2	2	2
自贡市	12	9	13	15	10	10	10	11
攀枝花市	16	16	16	17	18	16	16	15
泸州市	4	3	5	4	4	4	5	3

表5.6(续)

德阳市	8	7	9	7	6	7	8	9
广元市	17	17	6	10	15	15	14	14
资阳市	6	6	8	6	12	12	15	16
遂宁市	14	13	15	13	11	11	9	8
内江市	11	12	12	14	14	14	13	12
乐山市	13	14	14	11	8	6	6	6
宜宾市	3	5	4	5	5	5	3	4
南充市	5	4	3	2	3	3	4	5
达州市	7	8	7	9	7	8	7	7
雅安市	15	15	17	16	16	17	18	18
广安市	10	11	10	8	9	9	11	10
眉山市	9	10	11	12	13	13	12	13
巴中市	18	18	18	18	17	18	17	17

表5.7 四川省各地市(州)经济高质量发展的梯度划分

梯度	百分位比	地市(州)
引领型	前15%	成都市、绵阳市
特色型	15%~65%	泸州市、宜宾市、南充市、乐山市、达州市、遂宁市、德阳市、广安市、自贡市、内江市、眉山市
追赶型	65%~100%	广元市、攀枝花市、资阳市、巴中市、雅安市

5.4 结论与对策建议

本章主要结论如下:

(1)四川省整体的经济高质量发展水平呈现上升趋势。具体而言,2014年以后四川省整体经济高质量发展水平增速大幅增加,但2005—2019年各地市(州)之间的总体差异在不断加大;变异系数从2005年的0.37上升为2019年的0.46,且每四年出现一次先下降后上升的波动,各地市(州)之间的差距明显加大。

（2）将所有地市（州）分为川北、川南、川西和川东四个区域，川西地区的经济高质量发展水平最高，且整体增长速度较快；成都市一直处于领先水平，远高于其他地市（州），德阳市次之，而资阳市和雅安市的发展显著落后于其他地区；川南地区的宜宾市表现较为突出，2015年后经济高质量发展水平增速加快；川北地区中，绵阳市发展迅猛，经济高质量发展水平较高，而广安市和广元市发展速度缓慢。从四大区域间的差异分析结果可知，川西地区明显高于其他地区，其次是川北、川东和川南地区，各区域内部差异大于区域之间差异，区域内部的差距大小依次为川西、川南、川东和川北地区。

（3）根据四川省地市（州）经济高质量发展指数排名，运用聚类分析思想将18个地市（州）划分为引领型、特色型和追赶型三种类型。其中，引领型城市有成都市、绵阳市；特色型城市有泸州市、宜宾市、南充市、乐山市、达州市、遂宁市、德阳市、广安市、自贡市、内江市、眉山市；追赶型城市有广元市、攀枝花市、资阳市、巴中市、雅安市。

（4）将2019年各地市（州）经济高质量发展水平综合指数按照七个细分维度进行分解。结果表明，产业体系构建、需求结构和开放格局的发展水平总体较低，成都市在各个维度上均居首位，经济高质量发展水平较高，宜宾市、泸州市和广元市的国际化营商环境表现较好，绵阳市和乐山市的创新驱动发展表现较好，而泸州市、绵阳市、广安市等地区市民生福祉发展较好。

5.5　本章小结

本章从区域经济高质量发展的内涵出发，构建包含现代化产业体系、需求结构、国际化营商环境、创新驱动发展、开放格局、城市建设、民生福祉7个维度和18个具体指标的四川省地市（州）经济高质量发展水平的评价体系，并采用熵权-CRITIC组合赋权法对指标的权重进行计算，进而得到经济高质量发展水平的综合评价指数。本章基于四川省及各地市（州）的综合评价指数，从区域经济高质量发展的时间、区域、空间和维度细分等视角进行分析。

6 四川省县域经济
高质量发展水平测算及分析

习近平总书记在中央财经委员会第十次会议上指出"共同富裕是社会主义的本质要求,是中国式现代化的重要特征",并强调"要坚持以人民为中心的发展思想,在高质量发展中促进共同富裕""共同富裕是全体人民的富裕,是人民群众物质生活和精神生活都富裕""要分阶段促进共同富裕"。我们只有正确认识和把握实现县域经济高质量发展的战略目标和实践途径,才能不断创造和积累社会财富,防止两极分化。

县域经济是经济发展的底部基础,是城乡融合发展的关键支撑。四川省是县域数量最多的省份,复杂的地势环境、自然资源分布的差异等因素使得四川省各地区经济发展也存在着较大的差异。近年来,四川省逐步释放经济发展动力,不断优化经济发展结构,努力提升经济发展质量,坚定发展成果全民共享。但县域间的发展不平衡性也逐步显现,县域经济发展呈现成都平原与成都平原以外地区两极分化的态势,既有发展较好的全国县域经济百强县、百强区,也有发展落后的地区。随着西部大开发战略、脱贫攻坚战、成渝地区双城经济圈建设等一系列战略规划的实施,四川省经济发展整体上有了质的飞跃,但是和东部沿海地区相比,差距仍比较明显。

四川省县域经济仍存在不平衡不充分的发展问题,全省应积极探索县域经济高质量发展实现路径,推动县域经济高质量发展迈出坚实步伐。如何精准把握四川省县域经济高质量发展的特征与差异,科学合理地监测及评估四川省县域经济高质量发展的发展状况,是分析和评估四川省县域经济的前提。如何在推动县域经济高质量发展实现的过程中解决地区差距、城乡差距和收入差距等问题,是促进县域经济高质量发展的重要问题。因此,本章对县域经济高质量发展的逻辑脉络、特征内涵和实践路径进行深入探讨，结合习近平新时代中国特色社会主义思想的科学体系，构建一套科学合理的四川省县域经济高质量发展的指标体系，对四川省各县域经济进行监测评估。在此基础上，深入研究影响四川省县域经济高质量发展的核心因素以及作用机制。本章对全面了解四川省各个县域经济高质量发展水平具有重要参考价值，也有助于解决地区差距、城乡差距等问题，从而推动四川省经济高质量发展。

6.1 县域经济高质量发展的理论基础

党的十六大报告首次提出要"壮大县域经济"。县域经济是城市经济与农村经济的结合部，是实现双循环的重要载体，在国民经济体系中占有十分重要的地位。

6.1.1 县域经济发展理论

县是我国行政区划的名称。根据历史资料，在春秋战国时期，中国就出现了郡、县，自楚国建立了历史上第一个县、建立县制起，历代沿袭县制，并日益完善县制的管理。中国现代县制成立于 1928 年，政府将区域行政级别划分为省、县二级制。新中国成立后，区域划分以县级为行政单位，这成为重要的管理制度，并正式写进《中华人民共和国宪法》。中国的县是特别的地方行政建制。县、县级市、自治县、市辖区以及特区等被列为"县级行政区"，而"县级行政区"是我国行政区划体系中的二级行政区划单位，由省、市两级地方政府领导，管辖范围包括县政府所在的城镇、集镇和农村。县具有重要的地位和作用，一是拥有主事权、财政权以及资源配置权；二是在经济发展中具有联结城市与乡村的作用。县域经济是指县域范围内生产力和生产关系的总和。

县域经济发展理论主要包含县域经济的内涵特征、重要意义、结构功能、发展途径四个方面。第一，就其内涵特征而言，县域经济是以县级行政区划为界限，以一级独立财政为标志，以县城为中心、乡镇为纽带、广大农村为腹地的区域经济，衔接城镇与农村经济体系、囊括工业与农业产业体系①。第二，就其重要意义而言，县域经济作为国民经济中的重要区域单元和基本经济单位，是实施乡村振兴战略的基本单元和主要阵地，发展县域经济是推动城乡融合的着力点和落脚点，是县域经济高质量发展的根基②③。第三，就其结构功能而言，县域经济的发展，以广大农村为腹地能够保障我国粮食生产和农产品供给，以县城为核心辐射能够带动非农产业发展、吸纳农业转移人口、承接城市产业转移，能够以城乡为联结点激发市场活力、有效转化内需、释放消费潜能④。第四，就其发展途径而言，县域经济高质量发展，需要以全体人民为核心、政府为调控主体、市场为导向；需要协调人口流动与资源要素配置的关系、地区禀赋与产业竞争优势的关系、创新驱动与县域城镇化的关系、精准施策与全域均衡发展的关系、县域竞合与跨区高效高质发展的关系⑤⑥⑦；需要深入贯彻新发展理念、主动融入新发展格局，多方协同、上下联动、稳步推进、持续发力。

县域经济发展的动力机制是指在县的行政区划的范围内推动经济发展的各种动力因素以及这些动力因素的运行规律和作用原理。它是推动县域经济发展所必需的各种动力相互作用、相互联系而产生的机理，以及维持和改善这种机理的各种经济关系、社会关系、组织制度等所构成的综合系统的总和。研究县域经济发展的动力机制，有利于在总结县域经济发展历史经验的基础上，明确推动县域经济发展的各动力因素，合理构建其动力机制，从而为实现城乡统筹奠定坚实的基础，加速县域经济的进一步发展。县域经济发展的动力机制包括区位条件、自然资源、劳动力、资金、政策、投资、科技等因素。

---

① 辜胜阻，李华，易善策. 依托县城发展农村城镇化与县域经济 [J]. 人口研究，2008（3）：26-30.

② 杨华. 论以县域为基本单元的乡村振兴 [J]. 重庆社会科学，2019（6）：18-32.

③ 贾大猛，张正河. 乡村振兴战略视角下的县域高质量发展 [J]. 国家治理，2020（16）：13-15.

④ 范毅，王茹旭，张晓旭. 推动县域经济高质量发展的思路与建议 [J]. 宏观经济管理，2020（9）：60-62，88.

⑤ 陈健生，任蕾. 从县域竞争走向县域竞合：县域经济高质量发展的战略选择 [J]. 改革，2022（4）：88-98.

⑥ 张鹏，杜云晗，叶胥. 川渝两地县域经济创新发展的结构分析 [J]. 中国人口资源与环境，2021，31（11）：134-143.

⑦ 贺雪峰. 大城市的"脚"还是乡村的"脑"？：中西部县域经济与县域城镇化的逻辑 [J]. 社会科学辑刊，2022（5）：55-62.

6.1.2 县域经济发展指标体系研究

狭义视角的县域经济发展研究，从与经济增长密切相关的单一指标或者单一层面着手，主要以经济增长为代表性因素，局部考察县域经济发展的状况。最初县域经济发展水平用县域人均 GDP 表示，随着统计数据的进一步发展，夜间灯光数据也逐渐成为代表县域经济发展水平的指标。以单一指标作为县域经济发展的表征，具有其合理性与优越性，但是，随着区域经济高质量发展进程的不断推进，单一指标无法全面反映县域经济发展状况，其评估结果也具有片面性与局限性，缺乏广义视角下的综合性和系统性。

广义视角的县域经济发展研究，以综合指标体系为经济发展的评价标准，不仅包含县域经济增长，还囊括经济社会中的其他方面，可以全面考察县域经济发展的状况；以经济高质量发展为目标，可以从多个维度、多个视角合理、系统、全面地选取指标体系。综合指标体系考虑了产业结构的合理性、高度化，居民生活环境的质量，经济未来发展的潜力等因素，从而对县域经济发展水平的测算更具有全面性、系统性、合理性。综合指标体系的构建主要通过赋权方法进行，一般通过熵权 TOPSIS 法进行赋权，也有通过主成分分析赋权法、主观赋权法、主客观相结合的赋权法、层次分析赋权等方法进行赋权。

县域经济发展指标体系应该结合县域经济自身的发展特点来构造。因为用来衡量全国县域发展水平的指标体系或者衡量东部地区的县域发展水平指标体系在区位因素和经济环境等方面存在较大差异，所以其并不适合直接用来反映四川县域经济发展水平。因此，本章根据本土县域的特点重新构建能够客观评价的指标体系，从而全面客观地反映四川省县域经济发展水平。

表 6.1 描述了在不同视角下的县域经济发展指标。

表 6.1 不同视角下的县域经济发展指标

视角	作者	县域经济发展指标维度
狭义视角	周扬和李宁（2014）①；李强 等（2021）②	县域人均 GDP
	王贤彬和黄亮雄（2018）③；张佰发 等（2021）④	夜间灯光数据
	文雁兵 等（2020）⑤	GDP 和夜间灯光数据
广义视角	马茹 等（2019）⑥	高质量供给、高质量需求、发展效率、经济运行和对外开放
	李金昌，史龙梅，徐蔼婷（2019）⑦	经济活力、创新效率、绿色发展、人民生活、社会和谐
	杨耀武和张平（2019）⑧	经济成果分配、人力资本及其分布、经济效率与稳定性、自然资源与环境、社会状况
	欧进锋 等（2020）⑨	创新、协调、绿色、开放、共享
	张军扩 等（2019）⑩	高效、包容、可持续发展

① 周扬，李宁，吴文祥，等. 1982—2010 年中国县域经济发展时空格局演变 [J]. 地理科学进展，2014，33（1）：102-113.

② 李强，徐斌，魏建飞. 长三角地区经济发展的时空演化与影响因素研究：基于 307 个县域单元数据的实证分析 [J]. 城市问题，2020，（12）：14-23.

③ 王贤彬，黄亮雄. 夜间灯光数据及其在经济学研究中的应用 [J]. 经济学动态，2018，（10）：75-87.

④ 张佰发，李晶晶，胡志强，等. 自然禀赋与政区类型对中国县域经济发展的影响 [J]. 地理研究，2021，40（9）：2508-2525.

⑤ 文雁兵，郭瑞，史晋川. 用贤则理：治理能力与经济增长：来自中国百强县和贫困县的经验证据 [J]. 经济研究，2020，55（3）：18-34.

⑥ 马茹，罗晖，王宏伟，等. 中国区域经济高质量发展评价指标体系及测度研究 [J]. 中国软科学，2019，（7）：60-67.

⑦ 李金昌，史龙梅，徐蔼婷. 高质量发展评价指标体系探讨 [J]. 统计研究，2019，36（1）：4-14.

⑧ 杨耀武，张平. 中国经济高质量发展的逻辑、测度与治理 [J]. 经济研究，2021，56（1）：26-42.

⑨ 欧进锋，许抄军，刘雨骐. 基于"五大发展理念"的经济高质量发展水平测度：广东省 21 个地级市的实证分析 [J]. 经济地理，2020，40（6）：77-86.

⑩ 张军扩，侯永志，刘培林，等. 高质量发展的目标要求和战略路径 [J]. 管理世界，2019，35（7）：1-7.

表 6.1（续）

视角	作者	县域经济发展指标维度
广义视角	毛锦凰和王林涛（2020）[①]	产业兴旺、生态宜居、乡风文明、治理有效、生活富裕
	黄丽娟和马晓冬（2018）[②]	经济实力、投资消费、居民生活

6.2 四川省县域经济发展水平指标体系的构建

县域经济的影响因子具有多样性和复杂性的特征，因此要评价县域经济综合发展水平，需要对一系列影响县域经济的重要指标进行选取。根据指标选取的全面性、系统性、可比性、代表性和可操作性等原则，本章从经济发展水平、发展活力、发展潜力三个方面，共选取 23 个指标来反映四川省 183 个县（市、区）的经济发展状况（如表 6.2 所示）。其中，经济发展水平主要反映县域的发展程度，包括经济规模、产业结构、经济发展水平等；经济发展活力主要反映县域的发展能力，包括经济发展速度、投资消费水平等；经济发展潜力主要反映县域的发展后劲，包括财政与金融、生产效率、人口与土地、教育与医疗等[③]。

（1）就经济发展水平而言，本章综合考量经济规模总量、内部产业结构、经济发展均量三个方面，以总体向好、结构优化、人民共享为目标，评价各县域的发展程度。其一，以地区生产总值和地方政府一般预算收入构建经济规模的绝对总量指标，综合反映各县域经济发展总态势、区域经济地位重要程度、政府财力状况。其二，以第二产业比重和第三产业比重构建产业结构的相对指标，主要反映城镇化进程对县域经济产业结构变动的影响。其三，以经济密度、人均 GDP、城镇人口可支配收入、乡村人口可支配收入和人均财政支出构建经济发展的均量指标，综合反映各县（市、区）土地利用的生产水平、经济效益、人均富裕程度、城乡居民消

---

① 毛锦凰，王林涛. 乡村振兴评价指标体系的构建：基于省域层面的实证 [J]. 统计与决策，2020，36（19）：181-184.

② 黄丽娟，马晓冬. 江苏省县域经济与乡村转型发展的空间协同性分析 [J]. 经济地理，2018，38（6）：151-159.

③ 张毅. 浅析县域经济科学发展综合评价体系 [J]. 调研世界，2009（12）：7-9.

费水平和基本公共服务能力等衡量经济发展水平的重要标准。

（2）就经济发展活力而言，本章综合考量经济发展速度、经济增长动力两个方面，以稳中求进、稳健增长、转换动力、扩大内需、促进消费为总目标，评价各县域的发展活力。其一，以规模以上工业企业总量增长率和农林牧业产值增长率构建发展速度的增量指标，具体反映各县（市、区）农业部门经济产出总体情况、工业部门发展速度、农业发展活力。其二，以社会消费品零售总额、人均城镇固定资产投资完成额和财政支出比重构建投资和消费的综合指标，集中反映各县域经济增长的动力来源。投资、消费、出口作为拉动经济增长的"三驾马车"，在国民经济体系中扮演着重要角色，而聚焦到县域经济发展上，投资和消费是考察的重点。特别是对居民消费问题的考察，是县域经济发展动力问题的着力点与落脚点，我国强调要扩大内需、促进消费、转换经济动力、畅通经济循环，构建新发展格局。

（3）就经济发展潜力而言，本章综合考量效率与潜能两个大方面，涵盖财政金融、生产效率、人口资源、医疗教育四个小方面，以高效率、可持续、效率可提升、潜能可挖掘为总目标，评价各县域经济发展潜力。其一，以财政收支平衡和人均城乡居民储蓄余额构建财政金融的基础指标，集中反映经济实现持续稳定发展的必要条件，即政府部门保持收支平衡稳增长、居民部门释放剩余购买力促增长。其二，以工业劳动生产率、耕地产出率、第三产业的生产效率构建生产效率的总体指标，全面反映第一、第二、第三产业的产出效率，并通过其变动趋势考察效率的提升问题。其三，以常住人口增长率和人均耕地面积构建人口与土地的基本指标，具体反映作为劳动力增长基础的人口变动情况、人口与耕地之间的社会对比关系。其四，以人均医疗水平、每位教师负担学生数构建医疗教育的简要指标，初步反映县域人民健康保障程度和人力资本水平，以此作为经济发展的潜力。

表 6.2　四川省县域经济发展水平评价指标体系

目标	准则层	要素层	指标层	指标来源及计算方法	属性
四川省县域经济发展水平	经济发展水平	经济规模	GDP	来自中国区域经济统计年鉴	+
			地方政府一般预算收入	来自中国区域经济统计年鉴	+
		产业结构	第二产业比重	第二产业产值/GDP	+
			第三产业比重	第三产业产值/GDP	+
		经济发展水平	经济密度	GDP/土地面积	+
			人均GDP	地区生产/常住人口数	+
			城镇人口可支配收入	来自中国区域经济统计年鉴	+
			乡村人口可支配收入	来自中国区域经济统计年鉴	+
			人均财政支出	财政支出/常住人口数	+
	经济发展活力	经济发展速度	规模以上工业企业总量增长率	（规模以上工业企业总量/上一年规模以上工业企业总量）-1	+
			农林牧业产值增长率	（农林牧业产值/上一年农林牧业产值）-1	+
		投资和消费	社会消费品零售总额	来自中国区域经济统计年鉴	+
			城镇固定资产投资完成额	城镇固定资产投资完成额/常住人口数	+
			财政支出比重	地方政府一般预算支出/GDP	+
	经济发展潜力	财政与金融	财政收支平衡	地方政府一般预算支出/地方政府一般预算收入	=
			人均城乡居民储蓄余额	城乡居民储蓄余额/常住人口数	+
		生产效率	工业劳动生产率	第二产业产值/第二产业就业人员数	+
			耕地产出率	粮食产量/可用耕地面积	+
			第三产业的生产效率	第三产业产值/第三产业就业人员数	+
		人口与土地	常住人口增长率	常住人口/上一年常住人口	+
			人均耕地面积	可用耕地面积/常住人口数	+
		教育与医疗	人均医疗水平	医疗卫生机构床位数/常住人口数	+
			每个教师负担学生数	普通中小学专任教师数/普通中小学学生数	-

注：属性一栏中"+"表示该指标为正向指标，"-"表示该指标为负向指标，"="表示该指标为中间型指标。

6.3　县域经济发展指数的计算及结果

本章选取 2013—2019 年四川省 183 个县（市、区）的 GDP、地方政府一般预算收入等指标，数据来源主要是《中国区域经济统计年鉴》《中国县（市）社会经济统计年鉴》以及相关统计机构发布的统计年报。为消除价格因素的影响，在构建指标体系前将地区生产总值、第二产业增加值、第三产业增加值、农林牧业增加值、地方政府财政一般预算收入、地方政府财政一般预算支出、城乡居民储蓄存款余额、社会消费品零售总额、城镇人口可支配收入、乡村人口可支配收入、城镇固定资产投资完成额等①指标以 2000 年居民消费价格指数为基准进行修正。

6.3.1 县域经济发展指标测度方法

对于指标体系的权重的测算方法可以分为主观赋权法和客观赋权法两大类。主观赋权法是专家根据实际决策问题以及自身知识经验对指标重要性进行排序及赋权，评价结果可能会因为主观性、随意性太强而在应用中有较大的局限性，其主要包括专家赋权法、层次分析法、移动平均法等；客观赋权法主要是根据原始数据之间的关系来确定权重的，具有较强的数学理论依据，因此权重的客观性强，其主要包括主成分分析法、熵权法、变异系数法、多目标规划法等。

本章主要结合熵权法和 TOPSIS 评价方法对四川省各县域经济发展进行测算。首先，为消除本章构建的四川省县域经济发展评价指标体系中各评价指标量纲和数量级差异对测算结果带来的影响，本章对原始数据进行了标准化处理。其次，为减少评价过程中的主观性，本章运用客观赋权法——熵权法为各指标进行赋权。最后，本章采用 TOPSIS 评价方法得到四川各县域经济发展的综合得分，来衡量经济发展综合状况；用多目标线性加权函数的方法对子系统指标进行加权和加总处理，得到各子系统得分，以此来衡量子系统——经济发展水平、发展活力、发展潜力方面的状况。具体操作步骤如下：

（1）假设被评价对象有 m 个，每个被评价对象的评价指标有 n 个，x_{ij} 表示第 i 个对象的第 j 个指标，构建判断矩阵。

$$X = (x_{ij})_{m \times n} (i = 1, 2, \cdots, m; j = 1, 2, \cdots, n) \qquad (6-1)$$

---

① 由于四川省县域出口额和利用外资额占比很低，且出于数据可行性考虑，出口额和利用外资额不纳入四川省县域经济发展指标体系的构建中。

（2）对判断矩阵进行标准化处理（无量纲化处理）。

$$Y=(y_{ij})_{m\times n}=\begin{cases}\dfrac{x_{ij}-x_{j\min}}{x_{j\max}-x_{j\min}}, & 正向指标 \\[4mm] \dfrac{x_{j\max}-x_{ij}}{x_{j\max}-x_{j\min}}, & 负向指标\end{cases} \quad (i=1,2,\cdots,m;\ j=1,2,\cdots,n)$$

$$(6\text{-}2)$$

（3）计算信息熵及冗余度。

$$e_j=-k\sum_{i=1}^{m}p_{ij}\ln p_{ij}\left(p_{ij}=\dfrac{y_{ij}}{\sum\limits_{i=1}^{m}y_{ij}},\ k=\dfrac{1}{\ln m}\right) \qquad (6\text{-}3)$$

其中 $k=\dfrac{1}{\ln m}$ 为信息熵系数, $p_{ij}=\dfrac{y_{ij}}{\sum\limits_{i=1}^{m}y_{ij}}$ 为第 i 个评价对象第 j 项指标占该指

标的权重。为避免 $\ln 0$ 情况的出现, 当 $p_{ij}=0$ 时, 令 $p_{ij}=0.000\,000\,1$ [①]。

（4）指标 j 的权重。

$$w_j=\dfrac{(1-e_j)}{\sum\limits_{j=1}^{n}(1-e_j)}\left(w_j\in[0,1],\ \sum_{j=1}^{n}w_j=1\right) \qquad (6\text{-}4)$$

（5）计算加权矩阵。

$$R=(r_{ij})_{m\times n}=w_j\times x'_{ij}(i=1,2,\cdots,m;\ n=1,2,\cdots,n) \quad (6\text{-}5)$$

（6）确定最优解 s_j^+ 和最劣解 s_j^- 。

$$s_j^+=\max(r_{i1},r_{i2},\cdots,r_{in}) \qquad (6\text{-}6)$$

$$s_j^-=\min(r_{i1},r_{i2},\cdots,r_{in}) \qquad (6\text{-}7)$$

（7）计算各方案与最优解和最劣解的欧式距离。

$$D_i^+=\sqrt{\sum_{j=1}^{n}(s_j^+-r_{ij})^2} \qquad (6\text{-}8)$$

$$D_i^-=\sqrt{\sum_{j=1}^{n}(s_j^--r_{ij})^2} \qquad (6\text{-}9)$$

（8）计算综合评价指数。

$$c_i=\dfrac{D_i^-}{D_i^++D_i^-} \qquad (6\text{-}10)$$

---

① 谢成兴, 王丰效. "一带一路" 背景下新疆高等教育与经济发展动态关系: 基于熵权 TOPSIS 和 VAR 模型 [J]. 边疆经济与文化, 2022 (4): 10-15.

其中，c_i 越大，代表评价对象越优。

（9）计算子系统评价指数——多目标线性加权函数。

$$s_k = \sum_{j=k}^{j} r_{ij} = \sum_{j=k}^{j} w_j \times x'_{ij} \qquad (6-11)$$

6.3.2 指标体系中各指标权重及结果

本章通过熵权法确定评价指标的权重，同时指标赋权采用"变权重法"（指标赋权随年份数据的变化而变化），以此反映各项指标权重随时间的变化状况。熵权法是根据具体测度指标提供的信息从而客观确定其权重，因此能够客观反映具体指标在指标体系中的重要程度，这对于县域经济评价研究适配度较高。具体而言，若某个指标的信息熵越小，表明该指标提供的信息量越多，因此在综合评价中所能起到的作用也越大，其权重也就越大。本章测算了2013—2019年经济发展指数子系统的各指标具体权重，如表6.3、图6.1所示。

表6.3 2013—2019年经济发展指数子系统的各指标权重

子系统	具体测度指标	2013年	2014年	2015年	2016年	2017年	2018年	2019年
发展水平	地区生产总值	0.041	0.043	0.042	0.041	0.042	0.044	0.043
	地方政府一般预算收入	0.039	0.041	0.040	0.039	0.040	0.041	0.042
	第二产业占GDP百分比	0.047	0.050	0.048	0.048	0.048	0.051	0.051
	第三产业占GDP百分比	0.046	0.048	0.047	0.046	0.047	0.050	0.051
	经济密度	0.021	0.022	0.021	0.021	0.021	0.022	0.020
	人均地区生产总值	0.045	0.047	0.045	0.045	0.045	0.048	0.048
	城镇人口可支配收入	0.046	0.048	0.047	0.046	0.048	0.050	0.050
	乡村人口可支配收入	0.048	0.050	0.048	0.048	0.048	0.052	0.052
	人均地方财政一般预算收入	0.042	0.044	0.043	0.044	0.043	0.047	0.047
发展活力	规模以上工业企业数增长率	0.048	0.050	0.048	0.048	0.046	0.052	0.048
	农林牧业产值的增长率	0.048	0.006	0.049	0.049	0.049	0.052	0.053
	社会消费品零售总额占GDP百分比	0.047	0.049	0.047	0.047	0.047	0.051	0.051
	城镇固定资产投资完成额	0.045	0.047	0.046	0.046	0.047	0.050	0.050
	财政支出占GDP百分比	0.041	0.042	0.041	0.040	0.040	0.042	0.045

表6.3(续)

子系统	具体测度指标	2013年	2014年	2015年	2016年	2017年	2018年	2019年
发展潜力	财政收支平衡	0.049	0.051	0.049	0.049	0.049	0.053	0.053
	人均城乡居民储蓄余额	0.045	0.047	0.046	0.046	0.046	0.050	0.050
	工业劳动生产率①	0.041	0.043	0.042	0.043	0.043	0.026	0.011
	耕地产出率	0.030	0.031	0.018	0.018	0.017	0.019	0.019
	第三产业的劳动生产效率	0.045	0.047	0.042	0.045	0.045	0.049	0.010
	常住人口增长率	0.049	0.050	0.047	0.048	0.049	0.052	0.053
	人均耕地面积	0.047	0.049	0.047	0.047	0.047	0.051	0.051
	人均医疗水平	0.046	0.046	0.046	0.047	0.047	0.050	0.050
	每个教师负担学生数	0.048	0.050	0.048	0.048	0.049	0.052	0.052
	累计权重	1.000	1.000	1.000	1.000	1.000	1.000	1.000

基于测算结果可知,大部分指标所占权重集中于[0.04,0.05],不同年份略有变动。其中,经济密度和耕地产出率两项指标权重较低,且耕地产出率指标自2015年以来权重急剧下降;工业劳动生产率指标在2018年和2019年权重变化较大;第三产业的劳动生产效率指标在2019年权重急剧下降。

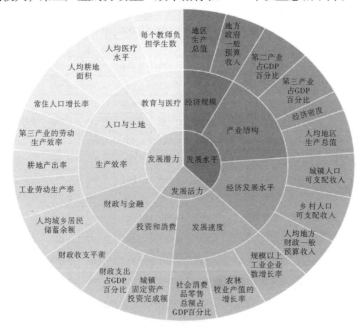

图6.1 县域经济发展指标体系

---

① 工业劳动生产率在2018年为负数。

6.4 县域经济发展指数的主要特征

经济的发展表现为时间连续性与空间关联性的统一，我们对区域经济发展的研究要找准已有基本面（发展水平）、探寻当前着力点（发展活力）、培育可持续长链条（发展潜力）[①]。四川省县域经济发展要以人民为中心，以实现县域经济高质量发展为总目标，强调地区经济高质量发展，综合评价区域经济发展现状与可持续发展潜能，突破了"简单以国内生产总值增长率来论英雄"的框架。

6.4.1 四川省县域经济发展的环境分析

（1）外部环境分析

①政策的引导与倾斜促进县域经济的发展

从外部政策环境看，西部大开发战略、区域协调发展战略、成渝地区双城经济圈建设等一系列国家战略的实施为四川省县域经济发展提供了机遇与空间。自西部大开发战略实施以来，西部地区的发展受到了国家的特别关注与重视，西部大开发"十一五"规划指出，要"努力实现西部地区经济又好又快发展"。党的十八大以来，习近平总书记高度重视西部地区经济社会持续健康发展，多次深入考察，强调要巩固脱贫成就，不断释放持续发展新动能。近几年，国家愈发重视城乡区域协调发展，优化经济布局，推进以县域为重要载体的城镇化建设。县域作为城乡联结点，县域经济的发展是推进区域协调发展的重要一环，也是城镇化建设的主要阵地。因此，区域协调发展战略为县域经济的发展提供了广阔空间。此外，我国将推动成渝地区双城经济圈的建设作为构建新发展格局的重大举措，强调要在西部地区形成经济高质量发展的重要增长极。这为四川省县域经济的发展注入了新的活力，有利于扩大地区开放共享、加强跨区贸易合作、激发内部创新潜力、推动产业转型升级。

从内部政策背景看，四川省既有区域发展总体规划，又有县域发展具体规划。在区域发展总体规划上，四川省政府在《五大经济区"十三五"

---

① 本书的测算结果分析是基于熵权-TOPSIS评价方法，指标在不同年份有不同权重。

发展规划》中明确指出五大经济区的发展重点，也对各经济区内的县域经济发展提出要求。而后，四川省委、省政府在《关于实施"一干多支"发展战略推动全省区域协同发展的指导意见》明确指出，县域经济的发展要以"一干多支、五区协同"的区域发展新格局为基础。这不仅要加强县域经济分类指导，充分发挥比较优势，培育壮大优势特色产业，推动县域经济差异化、特色化、可持续发展，还要激发县域发展新动能，培育新的经济增长点，同时加快实施乡村振兴战略，全面提升发展质量和效益。

在县域发展具体规划上，四川省人民政府办公厅印发了《2018 年县域经济改革发展重点工作推进方案》，明确指出要"推动县域经济科学发展、加快发展"，要大力实施乡村振兴战略、着力增强县域发展动力活力、全面改善县域发展条件、实施特色经济强县行动、推动生态优先绿色发展。中共四川省委、四川省人民政府于 2019 年颁布了《关于推动县域经济高质量发展的指导意见》，明确指出要推动县域经济高质量发展，要"促进县域经济深度融入中心城市、城市群、区域经济板块发展，全面提升县域综合实力和整体竞争力"，并提出到 2022 年，"全省县域经济发展质量和效益全面提升，综合实力和整体竞争力明显增强"的目标要求。四川省人民政府于 2021 年 7 月印发的《四川省"十四五"推进农业农村现代化规划》中更是明确指出，要"坚持农业农村优先发展""到 2025 年，农业基础更加稳固，乡村振兴战略全面推进，农业农村现代化取得重要进展"的目标，而县域经济发展作为乡村振兴的着力点与落脚点，在推动农业农村现代化进程中至关重要。

②全球经济下行以及新冠疫情背景下推动经济复苏的政策

在全球经济下行、新型冠状病毒感染疫情冲击的背景之下，世界市场发生供需双萎缩的局面、全球产业链逐渐呈现分散化与脆弱化的趋势。因而，面对国际环境变化叠加新型冠状病毒感染疫情冲击的大考验，中国经济的发展要保持韧性、激发活力、释放潜能，必须深入实施扩大内需战略，全面促进消费，建设消费旺盛的强大国内市场。对县域经济的发展而言，一方面，要畅通生产与消费环节，调动农民积极性，释放经济发展活力；另一方面，要把就业、收入、消费作为一体来考虑，进一步稳定就业岗位、提高就业质量。

因此，四川省人民政府在《进一步稳定和扩大就业十五条政策措施》中指出，要"强化就业优先政策，推动实现更加充分更高质量就业"，明确支持降低小微企业和"三农"融资成本、稳定农民工就业、完善农民工服务组织体系、提高劳务输出组织化程度等政策措施。同时，四川省人民政府颁布了《扎实稳住经济增长若干政策措施》，强调要鼓励农业转移人口和农村劳动力就业创业；进一步明确建立健全财政转移支付与农业转移人口市民化挂钩机制，加强对吸纳农业转移人口较多区域、行业的财政和金融支持；拓展农村劳动力就地就近就业渠道，重大工程建设、以工代赈项目优先吸纳农村劳动力特别是脱贫劳动力等重要举措；要强化粮食安全保障，落实奖补惠农政策，提升农民种粮积极性。

（2）内部环境分析

①四川省区位因素分析

四川省位于中国西南部，地处长江上游。四川省面积 48.6 万平方千米，常住人口 8 300 万余人，辖 21 个市（州）、183 个县（市、区）。四川省县域众多，地区之间差异明显，民族文化影响较大——四川省拥有全国最大的彝族聚居区、第二大藏族聚居区和唯一的羌族聚居区。

四川省自然资源丰富。森林蓄积量 18.97 亿立方米，居全国第 3 位；森林覆盖率达 39.6%，草原综合植被覆盖度达 85.6%，是长江、黄河上游生态屏障。同时，四川省自然生态类型复杂多样，原生性地域文化鲜明，拥有九寨沟、黄龙、大熊猫栖息地 3 处世界自然遗产。自然生态旅游资源丰富，兼具数量多、类型全、特色鲜明、组合较好等优势。四川省政府办公厅于 2007 年发布了《四川省生态旅游发展报告》，详细阐述了四川省生态旅游发展战略以及重点建设项目，以期实现生态环境质量渐进式提高、旅游资源得到保护性开发、经济社会实现可持续发展等多重目标。

四川省资源禀赋突出。四川省素有"天府之国"之美誉，地域辽阔，资源丰富，历史悠久。自秦朝置县以来，四川省就开始形成以小农经济为主体的县域经济体系。自 1978 年改革开放实施家庭联产承包责任制以来，四川省以农业农村经济为主体的县域经济实现了跨越式发展。近十几年来，四川省县域经济发展进入加速阶段，2021 年生产总值超过百亿元的县（市、区）有 125 个，占四川省县域地区总数 68.3%。各地区农业综合生产能力持续提升，粮食安全保障能力稳步提升，农产品质量安全持续稳定向好，现代农业园区体系梯次推进。2020 年，四川省油菜籽产量、生猪出栏数量、竹林覆盖面积均保持全国第一，茶产业综合实力稳居全国第二。依托各区域的农业资源禀赋，兼具优势聚合、产业融合特征的现代高效特色农业带建设进程正不断加快，具有竞争力优势的特色产业集群和产业链正逐步形成。

四川省交通设施便利。自改革开放以来，四川省交通运输实现了从"蜀道难"到"蜀道通"再迈向"蜀道畅"的历史性跨越，成为名副其实的交通大省。截至 2021 年年底，四川省已实现 19 个市（州）通铁路，139 个县（市、区）通高速公路，60% 的乡镇通三级公路，所有建制村通硬化路、客车和邮政。总体而言，四川省交通基础设施加速成网，交通治理效能不断提升；群众出行方便快捷，货物流通经济高效；"四向八廊"战略性综合交通走廊正逐步形成，连通长三角、京津冀、粤港澳大湾区、北部湾经济区、丝绸之路经济带等多条重要交通线正不断完善。

②消费、投资环境与人们预期

从消费看，四川省人民政府于 2018 年 8 月印发的《进一步扩大和升级信息消费持续释放内需潜力实施方案》指出，要建成优势突出、特色鲜明的中西部数字经济高地，要使"信息消费成为促进我省经济高质量发展、优化经济结构、普惠社会民生的重要引擎"。此外，《四川省培育发展新消费三年行动方案（2020—2022 年）》中明确指出，要顺应居民消费升级趋势，培育消费新业态、新模式、新导向；要深入开展"七大消费行动"，即文旅消费提振行动、信息消费提速行动、健康消费提质行动、夜间消费创新行动、时尚消费引领行动、传统消费升级行动、消费环境优化行动；要将发展壮大新型消费、提档升级传统消费、促进消费扩容提质作为对冲疫情影响的重要举措，不断提升消费对经济增长的拉动力。特别地，要拓展农村消费市场，完善城乡物流配送体系，扩大电商进农村覆盖面，深入开展消费扶贫。

从投资看，四川省政府办公厅于 2022 年 1 月印发的《四川省抓项目促投资稳增长若干政策》强调，要积极扩大有效投资，持续发挥投资对经济稳增长关键作用，具体包括加大项目前期工作激励、支持适度超前开展基础设施建设、积极拓宽项目融资渠道等措施。四川省人民政府于 2022 年 7 月颁布的《四川省政府投资管理办法》特别指出，政府投资资金应当投向市场不能有效配置资源的社会公益服务、公共基础设施、农业农村、生态环境保护、重大科技进步、社会管理、国家安全等公共领域的项目。

2021 年 12 月，中央经济工作会议指出，"我国经济发展面临需求收缩、供给冲击、预期转弱三重压力"。就外部环境而言，我国面临全球经济下行、贸易保护主义盛行等局面；就内部条件而言，我国面临环境约束收紧、资源能源问题日益突出、比较优势发生变化、供给侧要素优势逆转、需求侧增长动力转换等变革。总体而言，当前经济增长的主要矛盾仍是需求不足，而人们对未来预期较低是造成需求不足的重要原因之一。预期较低主要表现为对未来收入状况消极看待，预防性储蓄增加，消费意愿和投资意愿下降。2022 年上半年人均收入增速放缓，但存款增速上升，导致消费需求和投资需求不足。因此，释放潜能、提振信心，改善人们的预期；未雨绸缪、提前布局，免除人们的后顾之忧是应对需求不足局面的关键举措。政府部门应当加强政策的稳定性、准确性，考虑经济发展的长期性、趋势性，提高宏观政策效力，确保经济稳步复苏。

6.4.2 四川县域经济综合发展水平分析

根据上文所构建的四川省县域经济发展指标体系以及熵权 TOPSIS 评价方法，测算出来的结果将四川省县域划分为三种类型，如表 6.4 所示。

表 6.4 四川省县域经济综合发展分类

经济发展类型	与理想值的相对接近度 C	县（市、区）	个数
经济发达型	C≥0.5	双流区；温江区；青羊区；锦江区；武侯区	5
经济发展中型	0.5>C≥0.3	万源市；三台县；东兴区；东区；东坡区；中江县；丹巴县；丹棱县；乐山市市中区；乐至县；九寨沟县；九龙县等	166
经济落后型	0.3>C>0	喜德县；壤塘县；布拖县；德格县；昭觉县；普格县；甘洛县；石渠县；美姑县；若尔盖县；越西县；金阳县	12

其中，经济发达型包括双流区、温江区、青羊区、锦江区、武侯区 5个隶属于成都市的地区；经济落后型包括 12 个隶属于甘孜藏族自治州、阿坝藏族羌族自治州、凉山彝族自治州的地区；其余地区均为经济发展中型。由此可见，实施"一干多支"发展战略，建设"一干多支、五区协同"区域发展新格局对促进区域协调发展具有重要意义。

首先，成都市作为经济发达型地区的集中地和重要中心增长极，对各区域经济增长具有引领、辐射、带动作用。做强成都"主干"，加快建设"五中心一枢纽"（全国重要的经济中心、科技中心、西部金融中心、文创中心、对外交往中心和国际综合交通通信枢纽），是使成都市成为西部地区最具活力的新兴增长极的重要举措。

其次，广大地区作为经济发展中型地区，需要以成都"主干"为中心，发展"多支"，培育新增长极。一方面，要全域优化、多点支撑，形成区域经济板块，实现经济发展多支点、强支撑的局面；包括大力发展环成都经济圈、加快川南经济区一体化发展、推动川东北经济区振兴发展、推动攀西经济区转型升级等一系列举措。另一方面，要发挥特色、竞相发展，发挥各地资源禀赋，打造主体功能区，推进经济结构战略性调整，加快转变经济发展方式，包括建成以成都为中心的现代经济集中发展区、川渝滇黔结合部区域经济中心、川渝陕甘结合部区域经济中心、攀西国家战略资源创新开发试验区、现代农业示范基地等多项重要举措。

最后，经济落后型地区集中于甘孜藏族自治州、阿坝藏族羌族自治州、凉山彝族自治州三地。这些地区的发展需要结合当地状况，突出特色、创新发展、多作贡献。要依托既有基础和禀赋，把资源优势变为产业优势和经济优势，要加快发展建设进程、提升教育医疗水平；要以创新驱动发展，积聚"量"的基础，强化"质"的支撑；政府部门要突出规划引领、资源勘查、资金扶持等功能。

6.4.3　四川省县域经济发展各子系统水平分析

通过上文构建的四川省县域经济发展指标体系，测算出 2013—2019 年四川省 183 个县（市、区）域经济发展三个子系统水平，三种县域经济发展类型状况比较的结果如表 6.5、表 6.6、表 6.7 所示。

表 6.5　四川省县域经济发展水平得分

经济发展类型	2013 年	2019 年	均值
经济发达型	25.191 1	26.858 5	25.600 2
经济发展中型	10.082 5	11.927 4	11.063 9
经济落后型	5.631 5	6.031 5	5.457 8

（1）经济发展水平

首先，经济发展中型和经济落后型地区发展水平总体向好，变动趋势较为一致，2017 年之后二者发展水平均稳中有进（如图 6.2 所示）。四川省自 2017 年以来全面贯彻落实党的十九大精神，面对经济发展进入新常态等一系列深刻变化，坚持稳中求进工作总基调，深入实施乡村振兴战略，迎难而上，开拓进取。习近平总书记指出，"农业农村农民问题是关系国计民生的根本性问题"。基于此，四川省坚持农业农村优先发展，加快推进农业农村现代化；深化农村集体产权制度改革，保障农民财产权益，壮大集体经济；促进农村一二三产业融合发展，支持和鼓励农民就业创业，拓宽增收渠道。

其次，经济发达型地区的发展水平得分在 2017 年出现了一个低点，在 2018 年又实现了跨越式上升。这主要是由于，2017 年双流区的实际 GDP、第三产业比重、经济密度三项指标的原始数值出现了一定的下降，从而得分数据也相应产生了一定的下降；而 2018 年，双流区的这三项指标均大幅提升，特别是实际 GDP、第三产业比重都实现了跨越式上升。此外，双流区位居 2018 年综合实力全国百强区第 37 位，获评全国经济潜力百强区、全省县域经济发展先进县。可见，2018 年以来，双流区经济发展取得重大突破，这得益于双流区以产业体系为构架、以优势产业为龙头、以项目建设为抓手、以科技创新为动能、以提质升级为目标的工作思路。

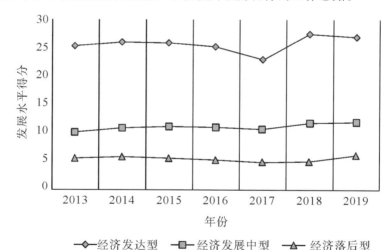

图 6.2 四川省县域经济发展水平得分

（2）经济活力发展

三种发展类型的地区发展活力得分变动总趋势基本一致，在一定范围内波动。在 2014 年和 2017 年发展活力相对较低，经济发展中型和经济落后型发展活力差异较小；2019 年，相较于经济发展中型地区，经济落后型地区在经济发展活力方面实现了首次超越，充分表明四川省区域协调发展战略取得初步成效、脱贫攻坚与乡村振兴工作稳步推进、因地制宜分类施策工作思路取得初步成效。可见，补短板、强弱项、强化规划引领，坚持"一县一策"，明确建设重点是激发各县域经济发展活力的关键。

就三种发展类型的地区而言，在 2014 年之后经济发展活力都有了显著提升，这主要源于四川省在新常态的框架之下，转变发展方式、调整经济结构、转换发展动力，调整存量、做优增量、寻找新的增长点，从而激发经济发展活力。2014 年 5 月，习近平总书记在河南考察时首次提出"新常态"，从此理解中国经济的维度发生了新的变化；同年 12 月的中央经济工作会议阐释了"新常态"九大趋势性变化，这意味着中国经济由旧模式转向新的稳态增长，从过去的经济奇迹走向常规发展，从高速增长转向中高速增长，从粗放型增长转向集约型增长。而经济的过渡和转型需要平稳进行，需要放缓增速、平衡结构、升级产业、扩大消费。经济转型要逐步演化到形态更高级、分工更复杂、结构更合理的阶段。

四川省县域经济发展活力如表 6.6、图 6.3 所示。

表 6.6　四川省县域经济发展活力得分

经济发展类型	2013 年	2019 年	均值
经济发达型	8.327 7	7.321 0	7.756 0
经济发展中型	6.498 2	5.447 8	6.132 2
经济落后型	6.230 6	6.403 2	6.038 9

（3）经济发展潜力

从各地区的变动情况来看，具有以下特征：其一，经济发展中型地区和经济落后型地区发展潜力变动趋势基本一致；其二，经济发达型地区发展潜力变动幅度较大；其三，在 2015 年经济发达型地区的发展潜力得分出现了一个低点，具体而言是由于第三产业的生产效率得分较低。

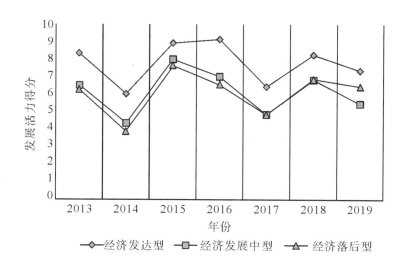

图 6.3　四川省县域经济发展活力得分

从经济发展潜力来看，经济发展中型地区占比较大，是未来发展建设的重点地区。从总体趋势来看，经济发展中型地区的发展潜力保持了相对平稳的水平，2014—2017 年稳中有进，持续提升。从县域经济发展的总体布局和战略目标来看，需要进一步发掘经济发展中型地区的巨大发展潜能。因此，四川省应关注经济发展中型地区的新型城镇化建设和乡村振兴战略的持续推进、关注代际转换和劳动力流动问题、关注农业现代化与产业升级问题、关注公共服务建设与县域治理问题，以实现创新发展、协调发展、共享发展等多重目标，释放各县域发展潜力。

四川省县域经济发展潜力如表 6.7、图 6.4 所示。

表 6.7　四川省县域经济发展潜力得分

经济发展类型	2013 年	2019 年	均值
经济发达型	18.804 2	16.568 3	18.366 0
经济发展中型	13.851 8	15.359 9	15.063 8
经济落后型	10.278 8	10.661 9	10.725 2

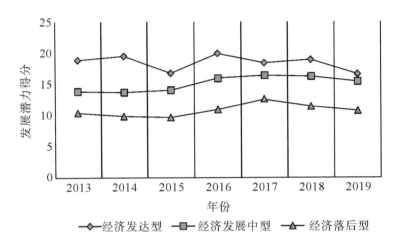

图 6.4　四川省县域经济发展潜力得分

6.4.4　四川省县域经济指标得分对比分析

（1）经济发达型地区

总体而言，经济发达型地区在指标层得分上差异不大，特别是产业结构、发展速度、生产效率三项指标得分，基本持平。就经济规模得分而言，双流区较为突出，温江区略有欠缺；就投资和消费得分而言，锦江区较为突出；就财政与金融而言，双流区、温江区和青羊区得分略高；就人口与土地而言，双流区和温江区得分较高；就教育与医疗而言，双流区得分略低。

四川省县域经济发达型地区指标层得分对比如图 6.5 所示。

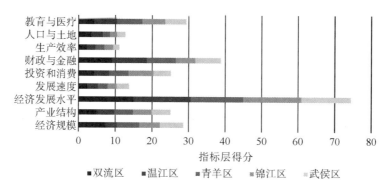

（a）

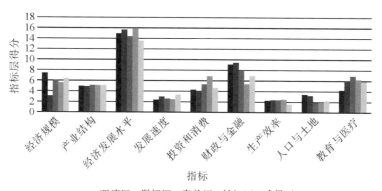

（b）

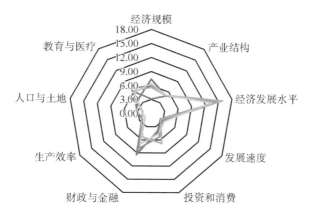

（c）

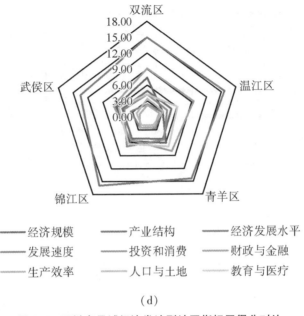

（d）

图 6.5 　四川省县域经济发达型地区指标层得分对比

（2）经济落后型地区

总体而言，经济落后型地区在指标层得分上并不统一，不同地区的不同指标得分具有较大的差异。首先，经济规模得分很低是经济落后型地区的最突出特征。其次，就产业结构得分而言，布拖县较为突出，石渠县略有欠缺；就经济发展水平得分而言，石渠县和美姑县较为突出；就发展速度得分而言，五个地区差异相对较小；就投资和消费得分而言，石渠县特别突出，德格县较为突出；就财政与金融而言，昭觉县和布拖县得分较高；就生产效率得分而言，昭觉县较低而布拖县较高；就人口与土地而言，昭觉县、布拖县和美姑县得分较高；就教育与医疗而言，德格县得分最高，石渠县次之。

四川省县域经济落后地区指标得分对比如图 6.6 所示。

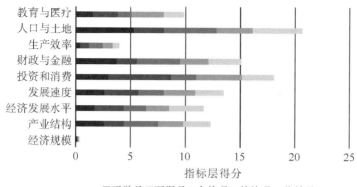

（a）

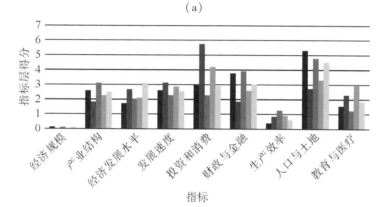

（b）

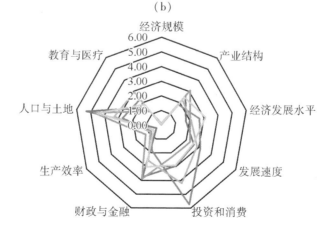

（c）

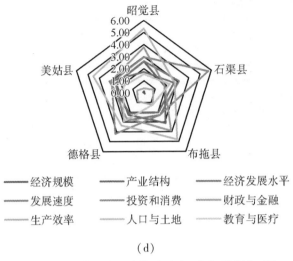

（d）

图 6.6　四川省县域经济落后型地区指标层得分对比

（3）经济落后型地区与经济发达型地区

相较而言，经济发达型地区和经济落后型地区，发展活力得分差异最小，发展水平得分差异最大。发展水平是对现状的描述，因此二者的得分差距是符合经济学逻辑的。经济发达型地区都集中在成都市，而经济落后型地区分布于甘孜藏族自治州、阿坝藏族羌族自治州、凉山彝族自治州，这些地区的现有发展水平和未来发展模式都具有较大差异。通过数值对比，给我们提供了一个直观的结果。对于经济落后型地区，如何释放发展活力，不断提高发展水平是重点问题；对于经济发达型地区，如何培育发展潜力，保持发展活力是重点问题。基于此，我们应当以每个地区的资源禀赋和区位特征为出发点，探寻差异化、特色化区域发展路径。

四川省县域经济发达型地区与经济落后型地区得分对比如图 6.7 所示。

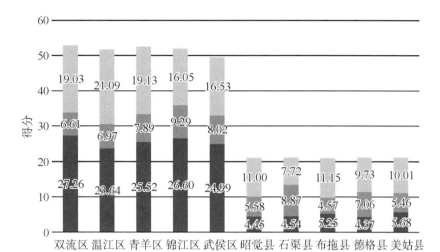

（a）

发展水平得分
30.00
25.00
20.00
15.00
10.00
5.00
0.00

发展潜力得分   发展活力得分

──── 双流区   ──── 温江区   ──── 青羊区
──── 锦江区   ──── 武侯区   ──── 昭觉县

（b）

图 6.7　四川省县域经济发达型地区与经济落后型地区得分对比

6.5 结论与对策建议

加快县域新型城镇化建设，推进城乡融合发展要求县域经济高质量发展要走新型城镇化道路，这就要推进城镇基础设施向乡村延伸，公共服务和社会事业向乡村覆盖，以县域为基本单元推动城乡融合发展。首先，将乡镇作为特色产业集聚中心，打造镇村联动共富产业链，推动城乡产业融合发展。其次，将县城作为基本公共服务供给中心，强化公共服务向乡镇、村庄辐射延伸，实现基本公共服务在城、镇、村的全覆盖。最后，县域城镇要承担起中心城市向农村扩散经济和技术的桥梁作用，将优质产业、资金、技术和生产要素引入农村，同时发挥好农村向城市集聚的纽带作用，充分发挥以城带乡、以工促农的作用，推进城乡融合发展。

6.5.1 大力支持县域特色产业发展，加快产业结构转型升级

四川省应在县域经济发展中大力培育特色产业集群，产业是核心支柱所在。若想使农村地区的工业更好地发展，就应该按照"以农为农、以工为工、以商为商"的方针来发展。首先，强化本土特色产业集群，根据区域经济发展的实际情况，充分发挥区域资源特色、地理位置和传统文化管理等方面的优点来培养特色产业集群，以此促进区域内产业的发展，夯实区域经济的根基。其次，对当地各类产业中的领军企业进行培养，建立领军企业培养数据库，通过领军企业来引导下属公司，进一步优化已有的工业空间分布，提出以"专精特新"为导向的创新创业模式，促进其持续提升自己的核心能力。再次，对现有的开发区体制改革进行深化，充分发挥管委会的作用，打造"管委会+公司"的联合管理模式，让开发运营向市场化方向发展。最后，还应积极实现产业集聚区提质增效，打出"亩产论英雄"的口号，不断提高土地产能，清除落后产能和低效产能。

第一，由于四川省各县域资源禀赋存在差异，为提升整体经济实力，各县域可以以现存优势资源为依托，通过高标准发展特色产业，打造特色县域，提高区域竞争力。为此，各县域要清楚地认识自身区域优势，因地制宜，最大限度地有效利用当地资源，制定契合县域经济高质量发展的方案，切实提高当地居民可支配收入。对于凉山州等矿产资源储量较大的县

域，可以提升工业产业集群质量，推动创新发展，提高效率。对于阿坝县等旅游资源丰富的县域，可以大力发展特色小镇、美丽乡村等，推动县域文旅产业的繁荣发展。对于绵阳市等交通便利的区域，可以发挥交通优势，走交通促发展的路子。鉴于四川省各县域所处地理环境、自然资源禀赋的不同，所表现出来的优势既有交叉也有重合，因此各县域在发展特色产业时应站在经济全球化和区域经济一体化的高度，打造独具地方特色的产业和产品。

第二，四川省县域经济发展应本着因地制宜的原则，调整和优化县域经济结构，发展既符合县情，又适应市场需求的产业，以扩大各县域经济总量规模，增强自身整体实力和竞争力。新时代发展县域经济，推动县域经济高质量发展实现乡村振兴具有十分重要的意义。在这个过程中，我们要充分发挥三次产业内部联动和协同作用。首先，推动农村三产融合实现农业现代化。对于产业结构中第一产业占比较大的县域，要积极改变传统农业种植结构和生产方式，大力发展现代农业，推动农村三产融合，提升农民收入水平，缩小城乡收入差距。其次，推动县域工业高质量发展。对于产业结构中第二产业占比较大的县域，应立足发展现代产业体系，持续推动经济体系优化升级，找准定位，在"产业集聚区""双创基地"等政策的支持下，加快推进数字赋能，推动信息化和产业化的深度融合，提升县域工业化发展的水平和质量，以提高县域综合经济实力。最后，全方位、多层次地推进县域第三产业发展。根据当地文化特色，利用现代手段，推动文旅产业发展；加快互联网、大数据、人工智能和实体经济深度融合，推动新兴产业加速崛起，促进新兴产业集聚发展；鼓励创建服务型制造示范企业，以影响更多新兴产业。总的来说，在引导县域经济发展时，要积极引导三次产业结构调整，营造互相协调和积极互动的发展格局。

第三，积极推进高质量城镇化建设县是城镇化建设的重要载体，也是城乡融合发展的重要主体。在县域经济高质量发展中，必须要积极推行以县为载体的新型城镇化，要对城乡和区域的协调发展进行统筹，从而实现县域公共服务均衡化，促进城镇和农村的共享化发展。一方面，四川省要加强基础设施建设，如交通、供电供水、垃圾处理、医疗服务等，同时与中心城区的基础设施实现互联互通，以进一步提高县域基础设施的承载力和可靠性。另一方面，四川省要持续加强医疗、教育、图书馆、停车场等生活性基础设施建设，打造完善的便民服务体系。除此之外，还要实现对县域发展的规划、建设、管理三个环节的统筹管理，秉持经营城市的理念，将便民作为核心导向，打造高品质的宜居城市。

6.5.2 打造县域优质营商环境，激发民间资本投入

在四川省县域发展中，优质的营商环境更有利于提升县域经济高质量发展。在发展过程中，要高度重视县域经济发展的软环境，不断优化营商环境，提升县域竞争力和吸引外资的能力。首先是营造开放透明的政策环境、依法依规的法治环境、公平公正的经营环境、周密周到的服务环境，营造良好的氛围，提升县域竞争力，优化营商环境是实现经济高质量发展的必然要求，是县域推进高质量发展的"先手棋"，是提升县域能级和核心竞争力的制胜之道。四川省各个县域的营商环境质量参差不齐，对营商环境较差的县（市、区）可以对标先进，补齐短板，逐步实现营商环境的深入优化与全面改善。其次是要积极打造优质的商务环境。大力推行"放管服"，减少行政流程，提高办事效率；推进财政资金直达机制，继续落实减税降费政策，改善中小微企业贷款环境；健全监督机制，整治行业内的歧视现象；加强对民营企业的保护和支持等，打造公平公正的营商环境。最后是激发民间资本投入县乡建设。加快推进县域特色产业特色经济发展，精准实施"一县一策"。加快构建区域产业协同体系，推动经济强市、大企业与薄弱县区"一对一""多对一"结对合作。统筹县域经济向都市区经济转型，围绕都市区构建区域性产业组织网络、促进区域分工、获取协同效应和规模效应，在更大的地域尺度上实现要素资源优化配置，为区域协调发展释放更大空间。抓住数字经济发展契机，在基础设施建设、人才培养、公共服务等方面适度超前谋篇布局。

6.5.3 提高县域公共服务能力，实施人才引进战略

首先，基于公共服务均等化理论框架，县域公共服务能力提升需要实施多维度系统改革。第一，构建教育优质均衡发展机制。通过建立县域教师专业发展支持体系，完善教育人才引进专项计划和差异化薪酬制度，重点解决义务教育阶段师资结构性短缺问题。例如，实施"银龄讲学计划"与"特岗教师流动制度"，借助信息化平台构建城乡教师协同发展共同体，

实现教育资源配置的帕累托改进。第二，创新医疗卫生服务供给模式。根据新公共管理理论，建议实施县域医疗能力提升"双轮驱动"战略。一方面，通过财政转移支付系数调整与 DRG 支付方式改革，建立以服务绩效为导向的补偿机制；另一方面，依托区域医疗中心构建"1+N"医联体网络，通过远程诊疗系统与医疗设备共享平台，实现三甲医院优质资源下沉。据此形成的分级诊疗体系可有效缩小医疗服务的可及性差异。第三，完善适老化服务制度设计。构建"居家-社区-机构"协同的多层次养老服务体系来应对人口结构转型挑战。具体举措包括：推行长期护理保险试点改革，建立养老服务机构星级评定制度；发展"时间银行"互助养老模式；通过适老化改造专项基金提升公共服务设施适老性水平。这些制度创新可显著改善老年群体的生活质量。

其次，基于人力资本理论和新增长理论，构建"引-育-留-用"全链条人才治理体系具有重要意义。政府建立"人才安居指数"评价体系，将青年公寓供给量和人才流入率纳入政府绩效考核，通过土地出让金返还、容积率奖励等政策工具，激励市场主体参与人才社区建设。例如，郑州航空港区实施的"拎包入住"计划，已带动青年人才落户率提升 23%。第二，完善高端人才保留制度。针对省内人才流失困境，构建"三维激励"保障机制：在经济维度，实行协议工资制和项目收益分成制；在社会维度，建立高层次人才子女教育"直通车"制度；在发展维度，实施"中原学者"专项培养计划。这种综合施策可有效降低人才流失的风险。第三，创新柔性引才策略。根据人才流动推拉理论，应重点建设"候鸟型"人才工作站，建立弹性工作制和成果转化利益分配机制。我们可借鉴许昌经济技术开发区的"周末工程师"制度，通过建立虚拟研究院、设置流动科研岗位等方式，实现智力资源的跨区域优化配置。这种非对称竞争策略能显著提升人才使用效能。

6.6 本章小结

本章以四川省县域经济发展为中心，首先基于县域经济理论，构建了一套科学合理的四川省县域经济高质量发展指标体系，从经济发展水平、发展活力、发展潜力 3 个方面共 23 个指标来反映四川省 183 个县（市、区）的经济发展状况。其次，结合熵权法和 TOPSIS 评价方法，本章利用四川省 183 个县（市、区）2013—2019 年数据，对四川省各县域经济高质量发展进行测算和评估，并根据测度结果，在综合层面分析四川省县域经济发展。最后，为促进四川省县域经济的进一步发展提出了一些可行性建议。

7 工业大数据驱动四川省制造业高质量发展的机制研究

随着社会老龄化趋势日益明显，劳动力不足及劳动成本提高等问题愈发严重，全世界制造业大国在工业制造领域纷纷提出转型升级战略，有效地促进了各国工业升级，有力地推动了工业向智能化、数字化转型。随着物联网、云计算、人工智能等新兴技术不断向工业领域渗透，工业大数据对制造业转型升级的引领作用不断加强，一大批新产品、新服务、新业态落地，并保持了良好的发展势头。通过应用大数据技术，工业企业内部实现了工业资源的中心化、统一化管理，企业的运营效率持续提升。与此同时，工业企业的数据计算能力和数据资源总量也得到了大幅提升，场景化应用得到了快速发展。

工业大数据作为引领新一轮科技革命和产业变革的战略性资源，具有溢出效应强或强溢出效应的"头雁"效应。习近平总书记指出，我国经济已经由高速增长阶段转向高质量发展阶段，正处在转变发展方式、优化经济结构、转换增长动力的攻关期，迫切需要新一代数字经济等重大创新添薪续力。四川省要打造区域性智能经济系统，必须抢占工业大数据的高地，撬动整个数字产业链，驱动制造业发展，为制造业高质量发展提供新动能。然而，如何正确把握工业大数据的特征及发展趋势，科学揭示工业大数据对制造业驱动机制，明晰其对制造业转型升级的影响程度，厘清、化解潜在的制约因素，并据此探究四川省工业大数据与制造业的深度融合，为推动四川省制造业高质量发展提供有效对策，成为亟须研究的课题。

首先，本章构建工业大数据与制造业融合发展的理论分析框架，归纳整理工业大数据的特征及发展规律，分析工业大数据与制造业发展的潜在机制和影响因素；其次，本章运用规范性分析和计量经济分析法，定量测算四川省制造业企业的全要素生产率，客观有效评估工业大数据对制造业高质量发展的影响效应；最后，本章探讨工业大数据驱动制造业结构升级、高质量发展的演化路径。

　　现有对工业大数据与制造业高质量发展的研究大多停留在定性分析和概括总结阶段，并未系统性梳理和验证工业大数据驱动制造业发展及其内在关联机制和相互影响机制。首先，本章以探索并检验工业大数据与制造业高质量发展的潜在机制，明确工业大数据驱动制造业转型升级方案，推动四川省制造业高质量发展，扩展研究视角。其次，本章利用统计数据和调研数据，并根据不同的模型特征有针对性地选择诸如时序、面板、工具变量、倾向得分匹配法和分位数回归等计量方法。再次，本章通过马尔可夫链动态模拟仿真和深度学习模型，预测在各制约因素影响下数字经济更高效地推动产业结构升级和产业高质量发展路径，以期全面、完整地把握四川数字经济与产业高质量发展的宏微观作用机制与效应。最后，本章聚焦四川省工业大数据与制造业高质量发展的研究，系统性探索工业大数据驱动制造业转型升级，以工业大数据资源作为撬动数字产业的杠杆，形成健全的智能制造产业体系，推动四川省制造业结构优化升级、提升智能制造产业体系的竞争优势，为四川省智能产业体系提供理论支撑和路径的政策建议。

　　具体地，本章以工业大数据特征及应用现状作为切入点，搜集整理四川省的制造企业特征数据，形成制造业企业数据库，对四川省工业及制造企业的生产效率和智能程度进行统计性分析和效率测算，从区域、行业及企业层面把握工业大数据的应用特征及面临的突出问题。在理论层面上，本章探究工业大数据如何驱动制造业转型升级，分别从关联机制和驱动机制入手，对制造业间的关联特征、联动机制、效率提升和结构优化等方面进行分析，为工业大数据融入制造业，推动制造业高质量发展提供经济理论机制。在实证研究上，本章结合四川省工业大数据与制造业融合的实际情况，提出驱动制造业高质量发展的经济理论假说，并用宏微观数据，采用计量实证方法对其进行实证检验并结合实证研究结果对四川省智能制造中存在的问题在激励机制和融合渠道上进行设计与改进。最后，本章通过实际调研对具体的企业案例进行分析，对工业大数据驱动制造业高质量发展的制约因素归纳整理并研究其不同因素的影响程度。本章通过四川省制造业转型中存在的问题及工业大数据在应用中的助力预判四川智能制造转型升级的趋势，对可能存在的问题提出破解办法。

7.1　文献综述与理论分析

"智能制造"这一概念最早由美国学者 P. K. Wright 和 D. A. Bourne 在其著作 *Manufacturing Intelligence*（1988）中提出。随着人工智能和大数据技术快速发展，智能制造已经成为许多国家的国家战略。时任国务院总理李克强提出"中国制造 2025"，而智能制造是其核心内容。目前，学术界对智能制造也有丰富的理解和探究。

7.1.1　关于工业大数据的发展

20 世纪 90 年代由数据仓库之父拉尔夫·金博尔和比尔·恩门提出了数据库的概念。金博尔出版了 *The Data Warehouse Toolkit*，同时恩门出版了 *Building the Data Warehouse*，将数据库定义为在企业管理和决策中面向主题的、集成的、与时间相关的、不可修改的数据集合。随后，数据运用飞速发展，大数据的概念也应运而生。1998 年，美国科学家 John Mashey 在国际会议报告中使用"Big Data"这一术语来描述数据量爆发式增长的挑战，引发了计算机领域的广泛关注[1]。2000 年，行业分析师 Doug Laney 提出用"3V"概念模型来表现数据体量、速度和变化的三维增长模式，大数据概念获得初步发展[2]。2003 年，谷歌、雅虎和其他一些高科技公司开始使用大数据进行商业数据分析，大数据分析由此兴起[3]。2011 年，全球著名咨询公司麦肯锡在其报告《大数据：创新、竞争和生产力的下一个前沿》（*Big Data：The Next Frontier for Innovation，Competition，and Productivity*）中将大数据定义为"规模大到在获取、存储、管理、分析方面大大超出了传统数据库软件工具能力范围的数据集合"，标志着大数据时代的正式到

①　GUPTA D，RANI R. A study of big data evolution and research challenges［J］. Journal of information science，2019，45（3）：322-340.

②　MAURO D A，GRECO M，Grimaldi M. What is big data? A consensual definition and a review of key research topics［J］. AIP Conference Proceedings，2015，1644（1）：97.

③　MAHRT M，SCHARKOW M. The value of big data in digital media research［J］. Journal of broadcasting and electronic media，2013，57（1），20-33.

来①。IT 研究咨询公司高德纳（Gartner）指出，大数据作为一系列技术而存在，但并不是孤零零的一项专门的技术，它是一个富有生命循环周期的、系统性的技术。2015 年，国务院印发了《促进大数据发展行动纲要》，其对大数据定义为：大数据是以容量大、类型多、存取速度快、应用价值高为主要特征的数据集合，正快速发展为对数量巨大、来源分散、格式多样的数据进行采集、存储和关联分析，从中发现新知识、创造新价值、提升新能力的新一代信息技术和服务业态。

2008 年，*Nature* 和 *Science* 两本期刊均发布了 *Big Data* 特辑，从互联网、数据管理和生物医学信息等多个视角讨论了大数据带来的机遇和挑战，引发了大数据研究在世界各地的兴起。截至 2019 年年底，世界各国的研究者围绕大数据的理论、技术、方法及其应用已经发表了上万篇学术论文。其对大数据的研究主要集中在三大方面：一是在理论层面的研究，主要包括大数据的概念、特点、应用价值和发展趋势等；二是在技术层面的研究，包括数据采集与感知、数据存储、数据处理等基础技术，这是推进大数据不断发展的现实基础；三是在实践应用层面的探索，主要表现在大数据对政治、经济、社会生活等领域的应用及其产生的影响②。我国为推动工业大数据的发展，深化工业云、大数据等技术在工业领域的集成应用，探索建立工业大数据实验中心，建设工业大数据应用示范工程。同时，出台多项政策引领工业 App 发展，但由于我国数据储存量不足、企业环境不够开放，大数据的应用开发方面处于落后位置。

工业大数据是指在工业领域中，围绕智能制造模式，从客户需求到销售、订单、计划、研发、设计、工艺、制造、采购、供应、库存、发货和交付、售后服务、运维、报废或回收再制造等整个产品全生命周期各个环节所产生的各类数据及相关技术和应用的总称。工业大数据以产品数据为核心，极大扩大了传统工业数据范围，同时还包括工业大数据相关技术和应用。工业大数据主要有监控、优化和预测三大功能和设备安检、生产、售前、供应链和售后五大场景，功能与场景的相互交叉，共同构成工业大数据的不同应用场景。工业大数据作为"制造业+互联网"融合与创新的

---

① DANIEL B K. Big Data and data science: a critical review of issues for educational research [J]. British journal of educational technology, 2019, 50 (1), 101-113.

② MCAFEE A, BRYNJOLFSSON E, DAVENPORT T H, et al. Big data: the management revolution [J]. Harvard business review, 2012, 90 (10): 60-68.

核心资产，是制造业信息化发展阶段的必然结果。工业大数据价值不仅是信息化基础设施建设，更是采用数据思维来管理和创新业务、优化全业务流程和提供业务管理的工具。如何利用工业大数据打通企业内外部数据采集、集成、管理、分析的产业链条，是制造业和互联网融合创新的重要研究领域。

7.1.2 关于制造业高质量发展

2015年5月，国务院印发的《中国制造2025》指出，我国制造业未来发展方向为深度融合信息技术与制造业，且将在生产方式、产业形态、商业模式三个方面创造增长点。如今，全球各个国家都在大力推进3D打印、移动互联网、云计算、大数据、生物工程、新能源、新材料等领域的发展，并已取得新突破。我国将推进信息化与工业化深度融合作为战略重点，加快推进工业机器人、增材制造等技术在生产过程中的应用，重点建设智能工厂，加快增材制造装备、数控机床和智能机器人等智能制造装备及产品的研发进程。

关于制造业高质量发展的衡量，其主要包括智能化、服务化、绿色化、高端化四个方面。在宏观方面，以装备制造业为例研究产业高质量发展，从技术创新、资产配置、人才供给、产出结构、绿色发展、两化融合构建了装备制造业高质量发展评价体系[①]。当前我国产业结构的服务化趋势还不突出，产业结构的服务化变革对我国全要素生产率的提升具有促进作用，这一点在我国东部地区表现得更为明显；服务业技术性质并非一成不变的，而是随着现代科技的进步和生产性服务业的发展，经济服务化过程中的制造业与服务业的生产差距将逐渐缩小，要实现经济结构优化和就业稳定，服务业与制造业的融合至关重要[②]。在微观方面，高质量发展归根结底需要通过企业高质量发展予以实现，黄速建从目标状态和发展范式两个角度对企业高质量发展进行了界定，从社会价值驱动、资源能力突出、产品服务一流、透明开放运营、管理机制有效、综合绩效卓越和社会

---

① 任保平. 新时代中国经济从高速增长转向高质量发展：理论阐释与实践取向 [J]. 学术月刊, 2018, 50 (3)：66-74, 86.

② 张月友，董启昌，倪敏. 服务业发展与"结构性减速"辨析：兼论建设高质量发展的现代化经济体系 [J]. 经济学动态, 2018 (2)：23-35.

声誉良好视角识别出企业高质量发展的七个核心特质①。而崔根良认为企业必须以科技创新突破发展的瓶颈，并且打造过硬的质量品牌，同时必须"走出去"，融入全球市场发展，才能实现企业高质量发展②。

7.1.3 大数据技术驱动制造业高质量发展的作用机制

大数据技术驱动制造业高质量发展的机制主要体现在生产、研发和管理三个方面③。对于生产端，大数据的应用有助于加速生产透明化；在研发方面，大数据的应用可以促进设计协同化，提高研发效率；在管理层面，大数据的应用主要分为财务和供应链管理。

具体地，在生产方面，工业大数据将每个生产过程中可能的因素，包括零部件偶发失效、机器性能磨损等诸多不确定因素用客观实在的数据以量化信息的形式呈现，从而方便决策者对企业的生产能力、效率和质量等的整体评估，精准掌握；在车间管理方面，通过生产线传感器采集机器设备的温度、压力、热能、振动和噪声等数据，准确地预判机器设备性能、发生损耗和失效的时间、位置和类型等，从而实现能源消耗情况实时、精准追踪，并采取恰当的事先控制行为以避免产能和效率降低；在生产流程上，通过将设备、工艺、产线等环节的数据进行汇聚整合，对产品制造全过程进行建模仿真，实现物理生产在数字空间的全面映射，反向指导生产流程的柔性化组建和自我优化，从而有助于实现生产流程优化和生产方式的变革④。

在技术与产品的研发进程中，企业积极整合并应用工业大数据资源，与消费者、供应商以及合作伙伴构建了一套基于数据驱动的信息主动反馈机制。此机制依托资源共享与数据集成技术，显著加速了研发端、制造端与消费端之间的协同创新。在研发端，企业采用工业互联网数据中台架构，研发数据实现了自诞生到应用的全生命周期高效管理。首先，企业构建多源异构数据采集系统，该系统凭借物联网传感器、供应链协同平台以及用户交互界面，能够实时捕捉并整合产品全价值链中的数据流。其次，企业运用知识图谱技术，精心打造跨领域的研发知识库，成功将隐性知识

---

① 黄速建，肖红军，王欣. 论国有企业高质量发展 [J]. 中国工业经济，2018（10）：19-41.
② 崔根良. 落实"三个转变"促进企业高质量发展 [J]. 企业管理，2018（7）：17.
③ 童群. 大数据在工业制造业的应用与研究 [J]. 网络安全技术与应用，2018（10）：107-108.
④ 张燕聪. 工业制造业中大数据的应用 [J]. 通讯世界，2018（3）：338-339.

转化为可重复利用的标准化设计模块，极大地提升了知识利用效率与研发创新能力。在消费端，用户深度融入产品需求分析和产品设计等创新流程，其个性化产品需求数据、产品交互体验数据以及交易数据均被深度挖掘，这一举措有力地推动了定制化设计，满足了市场多元化、个性化的消费需求。在制造端，企业通过构建研发知识库，推动了数字化图纸、标准零部件库等关键设计数据在内部和产业链上下游的高效共享。这一策略不仅实现了跨平台研发资源的统一管理与优化配置，还显著提升了产业链整体的协同设计能力，为制造业的智能化、高效化奠定了坚实基础（陈荣，2017）。

在财务管理上，大数据的运用可以降低账务处理难度，提高工作效率，实现财务信息化。云计算以及计算机技术可以将复杂性、重复性的账务处理简单化、程序化，从而提高企业财务信息的高效性与准确性，并将简单的数字加以整理，使其成为有价值的财务信息，以为管理者提供决策依据。此外，大数据的"预测能力"可避免企业蒙受损失，大数据预测能力可以判断市场的消费趋势、物价变动、金融发展方向。基于该特点，企业在投融资方面可以加以运用，降低投资风险，比如通过对资产负债率、应收账款周转率、资本金利润率等财务指标的监控，达到事前预测、事中控制、事后评价的目的①②。在供应链方面，企业通过将仓储、配送、销售等环节的数据与市场需求、销售价格等数据整合，运用数据分析得到更好的决策来优化供应链。比如，华为以订单数据为中心，整合全球客户数据、企业内部数据、供应商数据等资源，对供应链进行持续性的改进和调整，保障了企业对客户的敏捷响应，实现了产品服务化，创造新型商业模式工业大数据能帮助企业不断创新产品和服务，发展新的商业模式。

综上所述，如何将工业大数据应用于制造业以提高制造业的效率，推动产业的转型升级多是在理论层面的分析，缺失定量的探讨③。工业是产生大数据的重要源头，工业大数据分析有助于提高两化融合水平，智能制造具有广阔的应用前景，但同时也面临着诸多挑战。

---

① 彭超然. 大数据时代下会计信息化的风险因素及防范措施[J]. 财政研究，2014(4)：73-76.
② 欧阳征，陈博宇，邓单月. 大数据时代下企业财务管理的创新研究 [J]. 企业技术开发，2015, 34（10）：83-85.
③ 卢阳光，闵庆飞，刘锋. 中国智能制造研究现状的可视化分类综述：基于 CNKI（2005—2018）的科学计量分析 [J]. 工业工程与管理，2019, 24（4）：14-22, 39.

7.2　四川省制造业发展的典型事实及演变特征

7.2.1　四川省制造业发展现状

（1）工业、服务业主导经济增长

四川省经济整体维持健康稳定的发展，主要经济指标在合理区间运行，经济活力和韧性不断增强，呈现稳中有进、稳中向好的发展态势。2015—2019 年四川省生产总值（GDP）持续增长，年增长率均超过了 7%，年增长速度均至少高于全国平均水平 1 个百分点。由图 7.1 可知，2016 年四川省第三产业增加值首次超过第二产业；2019 年，四川省第三产业增加值占 GDP 比重达 52.4%，第二产业增加值占 GDP 比重达 37.3%，经济结构进一步优化；2019 年三产业占比由上年的 10.3∶37.4∶52.3 调整为 10.3∶37.3∶52.4，表明四川省经济增长格局逐步转向工业、服务业共同主导的模式。

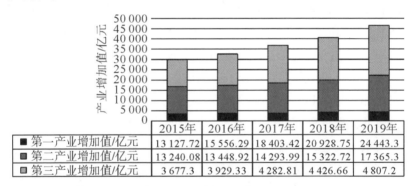

	2015年	2016年	2017年	2018年	2019年
■ 第一产业增加值/亿元	13 127.72	15 556.29	18 403.42	20 928.75	24 443.3
■ 第二产业增加值/亿元	13 240.08	13 448.92	14 293.99	15 322.72	17 365.3
□ 第三产业增加值/亿元	3 677.3	3 929.33	4 282.81	4 426.66	4 807.2

图 7.1　2015—2019 年四川省产业增加值/亿元

数据来源：作者根据国家统计局公布数据整理。

（2）规模以上工业产值效益增强

2019 年四川省工业增加值为 13 365.7 亿元，比上年增长 7.9%，对经济增长的贡献率为 37.4%。在规模以上工业中，轻工业增加值比上年增长 7.0%，重工业增加值比上年增长 8.5%，轻重工业增加值之比为 1∶2.1；国有企业增长 10.4%，集体企业增长 7.6%，股份制企业增长 8.5%，外商及港澳台商投资企业增长 5.2%。规模以上工业 41 个行业大类中有 37 个行业增加值增长。其中，石油和天然气开采业增加值比上年增长 14.8%，计算机、通信和其他电子设备制造业增长 12.1%，铁路、船舶、航空航天和其他运输设备制造业增长 11.9%，金属制品业增长 10.5%，化学原料和化学制品制造业增长 10.3%，医药制造业增长 9.8%，黑色金属冶炼和压延加工业增长 8.8%，酒、饮料和精制茶制造业增长 7.8%，非金属矿物制品业增长 7.7%，电力、热力生产和供应业增长 5.6%，汽车制造业下降5.5%。高技术制造业增加值增长 11.7%，六大高耗能行业增加值增长8.8%，占规模以上工业增加值比重的 29.3%。在主要产品产量方面，原煤产量下降 6.1%，汽油增长 44.8%，发电量增长 5.1%，天然气增长19.3%，铁矿石原矿量下降 2.8%，电力电缆下降 13.2%，啤酒增长17.0%，成品钢材增长 11.9%，电子计算机整机增长 6.3%，白酒和水泥分别增长 3.6%、2.9%。

2020 年 9 月 28 日，中国企业联合会、中国企业家协会发布 "2020 中国企业 500 强榜单"。新希望、长虹、四川铁投、五粮液等 15 家四川企业上榜，上榜总数比去年多出 1 家，与重庆并列全国第 9 位。

（3）五大支柱产业支柱作用增强

2018 年，四川省明确了推动制造业高质量发展的顶层设计，中共四川省委、四川省人民政府印发的《关于加快构建 "5+1" 现代产业体系推动工业高质量发展的意见》，推出一系列政策措施，着力培育电子信息、装备制造、食品饮料、先进材料、能源化工五个万亿级支柱产业和加快推动数字经济发展。"5+1" 现代产业体系如图 7.2 所示。

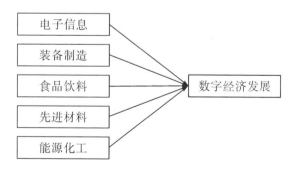

图 7.2　"5+1" 现代产业体系

2019 年上半年，四川省 "5+1" 现代产业保持总体平稳、稳中有进发展态势，五大支柱产业实现营业收入 1.97 万亿元，同比增长 11.8%，有力支撑四川省规模以上工业增加值增长 8.2%。其中，电子信息和食品饮料产业总量领先，突破四千亿级，电子信息产业上半年实现营业收入 4 705.8 亿元，同比增长 15.8%。在软件与信息服务业方面，四川省 1 831 家软件与信息服务业相关的规模以上企业实现主营业务收入 2 232 亿元，同比增长 14.9%，产业规模继续保持全国第七、中西部第一。食品饮料产业上半年实现营业收入 4 409.5 亿元，同比增长 13.2%，总量排名第二。能源化工产业增速最快，运行最为平稳。四川省能源化工产业实现营业收入 3 657.5 亿元，同比增长 15.7%。其中，清洁能源和绿色化工表现亮眼，营业收入在 16 个重点领域产业中分别排名第一、第三。先进材料产业保持增长，实现营业收入 3 125.7 亿元，同比增长 12.6%。新能源与智能汽车产业上半年增势迅猛，实现营业收入 119.5 亿元，同比增长 67.4%，增速领跑 16 个重点领域产业。

7.2.2 四川省制造业区域发展的典型事实

（1）分区域支持制造业发展

《四川省"十三五"工业发展规划》提出塑造产业发展新格局，分类支持三大区域工业发展。其中，先进制造业引领区重点依托天府新区、成都国家创新型城市试点、绵阳科技城军民融合创新改革发展示范基地、德阳高端装备产业创新发展示范基地等载体建设，推动成都、德阳、绵阳发展以新一代信息技术等为代表的先进制造业；转型升级重点区重点支持内江、自贡、宜宾、攀枝花、泸州、乐山等老工业城市优化市域工业空间布局，加快推进产业向中高端水平迈进；新兴增长培育区重点支持遂宁、眉山、资阳、南充、达州、广元、巴中、广安、凉山等城市，形成四川省工业新的增长极，积极支持雅安芦山地震灾区产业振兴和升级，培育壮大特色优势产业。

（2）传统优势制造业产业集群初具规模

随着市场化、工业化步伐的加快，四川省以龙头企业带动、市场驱动、产业链整合、同业集聚等为显著特点的产业集群也进入了发展的快车道。无论是汽车制造、装备制造和钒钛钢铁等传统优势产业，还是航空航天等高端制造业产业集群都初具规模。在汽车制造产业方面，四川省已构建起了"一带、一区、六园"的发展格局。"一带"即以成都为中心，绵阳、南充、资阳相连的环形汽车制造产业带；"一区"即成都经济技术开发区，汇聚了一汽大众、沃尔沃、吉利、川汽集团等整车企业及大批配套汽车零部件生产企业；"六园"即青白江王牌汽车产业集团、南充汽车产业园、资阳南骏汽车产业园、绵阳汽车产业园、内江中国汽车零部件产业园、广安汽车配套产业园。在装备制造产业方面，经过近年来的发展，四川省装备制造形成产业规模较大、技术装备较先进、研制水平领先、配套体系较完善的装备工业体系。装备制造产业集群主要分布在成都、自贡、资阳、绵阳、宜宾、泸州、眉山、内江 8 个重点市，呈现出"一基地六园区"的分布格局，即成都经开区、德阳经开区、广汉经开区、资阳机车工业园、泸州长江机械工业园、自贡板仓工业园，形成了成都—德阳—资阳—自贡—宜宾制造业产业带、成都—绵阳航空航天和空管设备产业带、德阳重大技术装备制造业基地、自贡高新孵化园板仓工业集中区、广汉石油钻采产业园等重装产业园。

聚焦工业"5+1"壮大实体经济。加快制造强省建设，重点抓产业强链延链补链，推动"一芯一屏"重点突破和整体提升，发展软件产业，抢占区块链、大数据、人工智能、工业互联网、5G 网络应用和超高清视频等产业高地，加快建设数字四川和智慧社会。加快推进中国电科成都产业基地、惠科 8.6 代线、宁德时代动力电池、恒力新材料产业园、中兴能源、天府国际生物城、资阳口腔产业园、万华化学西南基地、药明康德产业基地、京东西南智能运营结算中心等重大项目建设。用好精准电价政策，建设水电消纳产业示范区，壮大绿色载能等特色优势产业，加快传统制造业设备更新。进一步提升川酒品牌形象，让川酒香飘天下、享誉海外。

7.2.3　四川省制造业企业的微观特征

中共四川省委、四川省人民政府出台了《关于推动制造业高质量发展的意见》中明确指出：到 2025 年，制造业增加值占全省地区生产总值比重稳中有升，高技术制造业营业收入占规模以上工业营业收入比重提高 5 个百分点左右，制造业企业研发经费年均增长 10%左右，亩均营业收入年均增长7%左右，创新型经济形态加快形成，集群化、高端化、智能化、绿色化、融合化发展成为主要特征，制造业竞争实力迈入全国先进行列。到 2035 年，基本实现制造业现代化，参与全球资源配置能力和全要素生产率显著提高，深度融入全球产业分工体系，建成全国有重要影响力的先进制造强省。

当前，四川省制造业正着眼产业分工协作和产业重构，主要建设全球重要的以集成电路、新型显示、网络安全、超高清视频等为支撑的电子信息产业集群，以航空航天、核能及核技术应用、新一代轨道交通、清洁能源装备、节能环保装备等为引领的高端装备产业集群，以优质白酒、生物医药及大健康、绿色食品以及农产品精深加工等为代表的食品饮料产业集群，以钒钛、稀土、光伏、特种电子材料、石墨烯等为主导的先进材料产业集群，以精细化工、生物化工、高分子化工等为重点的绿色化工产业集群。

（1）规模逐渐扩大、总量在中西部地区优势凸显

四川省人民政府于 2015 年推出了《中国制造 2025 四川行动计划》，提出加快建成西部制造强省及"中国制造"西部高地，意在推动四川省由"制造大省"向"智造强省"转变。借助共建"一带一路"倡议规划，截至 2017 年年底，在纳入共建"一带一路"倡议规划范围的中西部 16 个省份中，四川省制造业企业数量居第五位，注册资本居第四位，在西部各省市区中居首位，制造业总量竞争优势较为突出。纳入共建"一带一路"倡议规划中的西部省份制造业企业数量（万户）排名情况和制造业企业注册资本（万亿元）排名情况如图 7.3、图 7.4、图 7.5 所示。

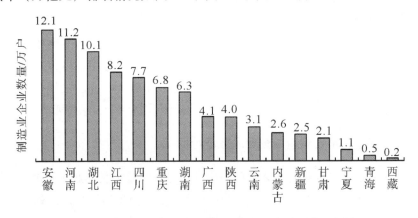

图 7.3　共建"一带一路"倡议西部省份制造业企业数量

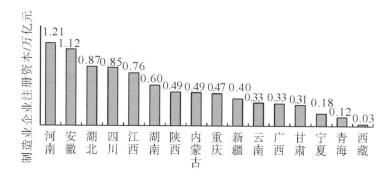

图 7.4　共建"一带一路"倡议西部省份制造业企业注册资本

商事制度改革以来，四川省月均新登记制造业企业 521 户，在纳入共建"一带一路"倡议规划范围的中西部 16 个省份中居第七位；新设制造业企业户均注册资本为 724.25 万元，在 16 个省份中居第十一位。从增速来看，商事制度改革以来，四川省月均新设制造业企业数量较 2011—2013 年增长 11.5%，增速在中西部 16 个省份中居第十五位；商事制度改革以来，新设制造业企业户均注册资本较 2011—2013 年增长 5.8%，增速居 16 个省份第十一位。

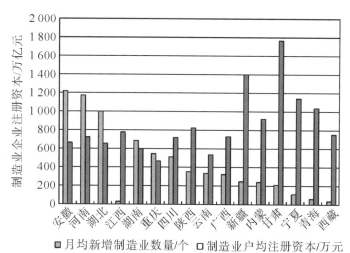

图 7.5　西部省份月均增加制造业企业数及其户均注册资本

（2）制造业产业内部发展态势分化——以 PMI 为例

表 7.1 展示了 2011 年以来四川省制造业主要行业发展情况分类。由表 7.1 可知，低能耗、高科技、新兴行业等健康成长型行业扩张势头强劲，

如新能源汽车产业，以计算机通信和其他电子设备制造业为代表的新兴行业发展势头迅猛。而重污染、工艺落后、附加值低行业等压抑发展型行业曲折前行，如四川石油加工、炼焦及核燃料加工业 PMI 高于荣枯线的月份仅占四分之一。高能耗和重污染行业尽管产值实现了较快增长，但经营业绩欠好，企业普遍感到压抑，显示出该行业的发展受到了一定的束缚和牵绊。

表 7.1 2011 年以来四川省制造业主要行业发展情况分类

行业	PMI 位于荣枯线以上的月份所占比重/%	规模工业产值年均增速/%	分类
医药制造业	97.20	9.00	健康成长型行业
计算机、通信和其他电子设备制造业	80.60	19.30	
食品制造业	73.60	15.10	
汽车制造业	63.20	21.30	
铁路、船舶、航空航天和其他运输设备制造	51.40	12.40	
农副食品加工业	58.30	3.30	
金属制品业	61.10	9.20	
石油加工、炼焦及核燃料加工业	25.00	13.10	压抑发展型行业
化学纤维制造业、橡胶制品业、塑料制品业	44.40	8.20	
电气机械及器材制造业	44.40	8.70	
通用设备制造业	40.30	6.50	
化学原料及化学制品制造业	34.70	5.50	
非金属矿物制品业	23.6	6.60	
木材加工及木竹藤棕草制品业、家具制造业、造纸及纸制品业	50.0	3.60	
纺织业	38.90	3.30	
专用设备制造业	18.10	4.90	
有色金属冶炼和压延加工业	48.60	-4.80	收缩调整型行业
黑色金属冶炼和压延加工业	9.70	-2.00	

（3）制造业产业集聚测算

①产业专业化集聚测算（EG 指数）

$$\mathrm{EG} = r = \frac{G - (1 - X_j^2) H_i}{(1 - X_j^2)(1 - H_i)} = \frac{\sum_{i=1}^{M}(s_i - x_i)^2 - \left(1 - \sum_{i=1}^{M} x_i^2\right)\sum_{j=1}^{N} Z_j^2}{\left(1 - \sum_{i=1}^{M} x_i^2\right)\left(1 - \sum_{j=1}^{N} Z_j^2\right)}$$

$$(7-1)$$

EG 表示产业专业化集聚指数，如表 7.2 所示。其中，H_i 为赫芬达尔指数；X_j 为空间基尼系数；r 表示某地区被划分为 r 个区域；S_{ij} 为产业 i 在区域 j 的总产值与该产业的全国总产值的比值；n_{ij} 为区域 j 拥有的产业 i 的企业数量；X_j 为 j 区域所有行业总产值与全国行业总产值的比值；EG 越大，表明该行业越高度集聚。

表 7.2　2007—2016 年四川省四类制造业的 EG 指数

年份	资源密集型	劳动密集型	资本密集型	技术密集型	总体
2007 年	0.004 8	0.005 0	0.004 8	0.001 6	0.016 3
2008 年	0.007 7	0.003 3	0.003 6	0.001 4	0.016 0
2009 年	0.009 6	0.002 8	0.003 9	0.001 1	0.017 5
2010 年	0.011 3	0.002 6	0.004 4	0.001 5	0.019 8
2011 年	0.013 6	0.003 6	0.003 1	0.001 5	0.021 8
2012 年	0.010 9	0.004 3	0.005 1	0.001 3	0.021 6
2013 年	0.012 4	0.003 9	0.004 9	0.001 3	0.022 6
2014 年	0.010 7	0.003 7	0.004 4	0.001 3	0.020 2
2015 年	0.011 0	0.003 8	0.004 1	0.001 2	0.020 1
2016 年	0.011 9	0.003 9	0.004 3	0.001 3	0.020 3
均值	0.010 4	0.003 7	0.004 3	0.001 4	0.019 6

②产业多样化集聚测算（赫芬达尔-赫希曼指数）

$$\mathrm{HH}_j = \sum_{i=1}^{m} E_{ij} \qquad (7-2)$$

其中，I 表示制造业大类；i 表示细分制造业；E_{ij} 是地区 j 的行业 i 的从业人员数与该地区所有除 i 行业外的其他行业就业人数之比；m 表示 I 由 m 个 i 组成。HH 越大，表明该行业产业多样性集聚程度越低。

从总体上看，在 2007—2016 年，四川省制造业多样化集聚水平下降趋势明显。一方面，从四类异质性行业多样化集聚来看，四类异质性行业多样化集聚水平由高到低依次为资本密集型、劳动密集型、技术密集型和资源密集型。另一方面，从异质性行业指数变化趋势上看，资本密集型行业多样化集聚水平变化幅度最大，在 2007—2011 年大幅度下降，在 2012—2015 年保持小幅度波动，在 2015—2016 年小幅度提升；相反，资源密集型、劳动密集型和技术密集型三类行业均呈现稳步缓慢上升态势。

7.3 工业大数据驱动制造业升级的机制探讨

7.3.1 四川省大数据及工业大数据技术发展特征

2020 年 8 月，中国电子信息产业发展研究院发布了《中国大数据区域发展水平评估白皮书（2020 年）》（以下简称《白皮书》），《白皮书》聚焦基础环境、产业发展、行业应用三个大数据发展关键领域，形成了由 3 个一级指标、13 个二级指标、30 余个三级指标组成的中国大数据区域大数据发展水平评估指标体系。

（1）全国大数据发展逐步形成阶梯特征

从指数分布来看，全国各省份大致可以分为三个梯队。

第一梯队由广东、北京、江苏、山东、浙江、上海、福建、四川 8 个省份组成，这些省份的总指数均高于 30 分，发展水平处于全国领先地位；第二梯队由湖北、安徽、河南等 11 个省份组成，总指数介于 20～30 分，省份间的差距相对较小；第三梯队由广西、黑龙江等 12 个省份组成，总指数均小于 20 分，这些地区大数据发展相对滞后。四川省大数据的发展处于第一梯队，从全国范围来看处于发展领先地位，但与同是第一梯队的其他省份相比，差距仍然较为明显，如图 7.6 所示。

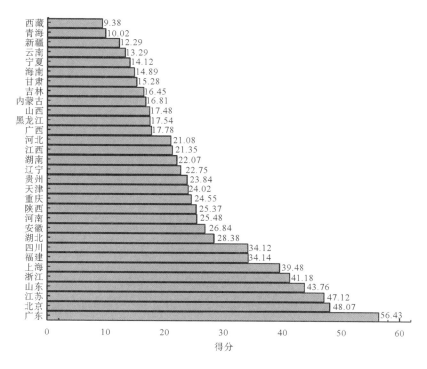

图 7.6 2019 年全国各省份大数据发展指数

数据来源：中国电子信息产业发展研究院前瞻产业研究院整理。

（2）各省份大数据基础环境级差显著

大数据基础环境指数是由组织建设、政策环境、信息基础设施就绪度、集聚示范和智力保障五个变量决定的，各省份大数据基础环境差异显著。广东以 51.34 分的基础环境指数得分居全国第一位，并且超过排名第二位的江苏 11.2 分，位于第一梯队。第二梯队得分介于 30~40 分，包括北京、福建、山东、上海、浙江、贵州、四川，具有迅猛的追赶势头。处于 20~30 分数段的陕西、河南、河北等 13 个省份属于第三梯队，与第一梯队差距较大，处于大数据基础环境发展的成长期，基础环境建设仍需继续提高。第四梯队由甘肃、黑龙江、吉林等 9 个省份构成，得分低于 20 分，基础环境发展相对落后，如图 7.7 所示。

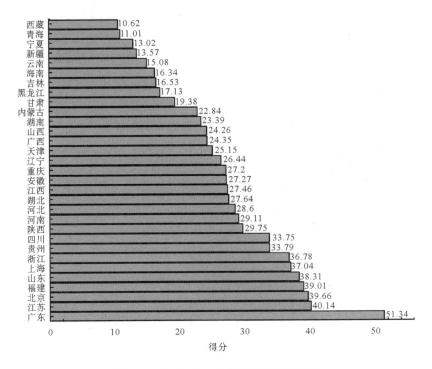

图 7.7　2019 年全国大数据基础环境指数

数据来源：中国电子信息产业发展研究院前瞻产业研究院整理。

党中央、国务院高度重视大数据在推进经济社会发展中的地位和作用。2014 年 3 月，大数据首次写入《政府工作报告》；党的十九大报告提出，"推动互联网、大数据、人工智能和实体经济深度融合"。此外，我国继出台《促进大数据发展行动纲要》《大数据产业发展规划（2016—2020年）》等政策后，工业和信息化部等部门又接连出台了《关于工业大数据发展的指导意见》等一系列指导政策，着力完善顶层设计，推动我国大数据产业发展。各地方政府也积极响应号召，据统计，截至 2020 年 6 月底，全国 23 个地方已设置省级大数据管理机构，出台的省级、市级及以下大数据相关政策文件总计已达 500 份。

四川省也积极响应号召，早在 2018 年就提出要构建 "5+1" 产业体系，首次把数字经济摆在了突出位置，提出要加快发展大数据、云计算、物联网、人工智能产业，抓好智慧城市和智能工厂示范建设，大力发展网络购物、移动支付、共享经济等数字经济新业态新模式，积极创建国家数字经济创新发展试验区。2019 年 7 月，四川省政府特别成立了大数据中心。该中心职能包括承担四川省政府数据、公共数据、社会数据汇聚整合、共享开放、应用融合等多个数据管理工作；对政务基础设施的建设进行统筹，为数字经济的发展提供支撑。此后，基于该平台，四川省进行了一系列的大数据发展布局。

（3）大数据行业应用水平呈阶梯分布

大数据行业应用指数由政务应用、工业应用、重点行业应用和民生应用四个部分组成。近年来，大数据的价值和潜力得到了广泛认可，国家部委先后印发了《关于工业大数据发展的指导意见》等深化大数据应用的政策文件，各省份加快探索利用大数据提升工业、金融、电信、商贸、政务等行业发展的新模式。

根据 2019 年全国大数据行业应用指数分布数据（见图 7.8），省际发展水平呈显著梯度差异。其具体表现为：浙江（46.05）、广东（44.80）、江苏（41.97）构成第一发展梯队，三个省份指数均突破 40 分阈值，形成明显领先优势，其中浙江以 46.05 分位居全国首位；山东（38.80）、北京（38.55）、上海（37.12）、河南（35.14），指数分布在 35~38 分，较第一梯队存在落后，形成次级发展集团；四川（34.68）、安徽（34.66）、福建（33.80）、湖北（33.19）、湖南（31.95）、重庆（31.81），指数分布在 31~35 分，其中四川、安徽分别以 34.68 分、34.66 分逼近第二梯队下限；江西（30.69）、河北（30.53）、陕西（29.08）等 15 省份，指数分布在 25~31 分，呈现区域数字化转型初期特征。青海（20.15）、海南（22.71）等 5 省份，指数均低于 25 分，远低于全国平均水平。值得注意的是，西藏以 19.50 分成为全国唯一低于 20 分的省份，并且西藏与青海形成明显断层。

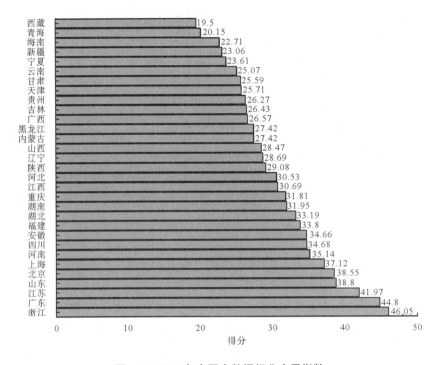

图 7.8　2019 年全国大数据行业应用指数

数据来源：中国电子信息产业发展研究院前瞻产业研究院整理。

（4）工业应用各省齐头并进、东南沿海省份稍具优势

工业大数据是指在工业领域中，围绕典型智能制造模式，从客户需求到销售、订单、计划、研发、设计、工艺、制造、采购、供应、库存、发货和交付、售后服务、运维、报废或回收再制造等整个产品全生命周期各个环节所产生的各类数据及相关技术和应用的总称。工业大数据应用是推动工业转型升级的重要抓手，工业大数据作为新的生产要素，支撑供给侧结构性改革、驱动制造业转型升级的作用日益显现，正成为推动质量变革、效率变革、动力变革的新引擎。

我国工业大数据应用水平整体相差不大，江苏、山东、浙江、上海、北京、广东等省份位列第一梯队。其中，江苏省工业应用指数为 37.64 分，居全国第一位，重点打造了 90 家工业互联网标杆工厂和 2 940 家星级上云企业。在工业和信息化部公布的 2020 年大数据产业发展试点示范项目名单中，全国有 200 个项目榜上有名。其中，四川省有 7 个项目入选，该名单围绕工业大数据融合应用、民生大数据创新应用、大数据关键技术先导应

用、大数据管理能力提升四大类 7 个细分方向推进大数据产业健康有序发展。四川省入选的 7 个项目包括 1 个工业现场方向——白鹤滩大坝混凝土智能通水技术升级研究，包括航空、水电、钢铁和发电设备 4 个重点行业方向，分别为"支撑航空复杂装备制造数字化转型的大数据融合应用""基于大数据的水电流域智慧化运行研究""积微物联大数据应用分析平台""高可靠复杂发电装备焊接缺陷大数据智能分析中心建设项目"，还包括"电力大数据的社会透视与商业洞见""四川省交通运行监测与应急指挥系统"2 个民生大数据创新应用。

此外，作为中国航天科工集团下属的航天云网科技发展有限责任公司与成都产业投资集团有限公司，于 2016 年 7 月合资共建的高科技互联网企业，工业云制造（四川）创新中心有限公司（以下简称"云创中心"）依托航天科工雄厚工业基础与产业资源优势，探索工业互联网和智能制造发展新路径，推进四川省制造业高质量发展。2020 年年底，已成功打造四川工业互联网赋能智能制造省产业园区云平台、工业互联网标识解析服务平台、重装云平台、成都市工业互联网公共服务平台、天府工业设计云平台、西南区域技术转移交易平台、四川智造人才网等十余个工业互联网平台；成功实施秦川物联网智能工厂、宏明双新数字化工厂等多个设备智能化改造、企业信息化系统建设、自动化产线规划、虚拟工厂建设项目，并建设了工商职院智能智造实训基地等产教融合标杆项目。同时，四川传统制造业，如德阳东方电机公司、东方汽轮机公司、中铁装备思远重工盾构机西南总装基地、绵阳惠科光电科技公司和京东方光电科技公司等也积极投身工业大数据的发展，推进数字化车间建设、技术研发创新、市场销路拓展，学习借鉴推动传统产业转型升级、战略性新兴产业聚集发展等方面的做法和经验。

7.3.2　工业大数据驱动制造业升级的作用机制

（1）重构制造业产业聚集模式、推动企业分工协作

在工业大数据背景下，随着数字信息技术的升级应用，企业个体生产制造活动的技术可达性和经济可行性制约逐渐被打破。产业集群内的上下游企业根据各自的技术优势和交易成本进行分工，各环节之间逐渐形成良性的协作关系。与其他行业相比，制造业更注重企业之间的技术合作和信息交流，上下游主体间通过交易关系实现资金流、信息流等要素的流通。

在传统环境下，由于信息交换壁垒的存在，产业链整体空间分布会较大程度地受到地理空间约束，生产要素来源有限，上下游企业相对比较固定。工业大数据的出现打破了传统产业集聚的边界，重构了制造业的产业聚集模式，推动企业进一步明确分工。工业大数据通过高效率的信息计算和信息传递打破了制造业企业之间交流的信息壁垒，突破了生产要素流动的时空局限，从而通过信息共享、资源共享进一步提高了集群内部各主体之间的紧密性和上下游产业的关联性。制造业间协作方式以及交易空间的拓展使得企业之间的分工变得更加明确，沟通协作更加高效，提高了企业在生产过程中的专业化程度，企业能够更加快速地以更低的成本获得生产要素，提高生产效率，巩固企业在各自领域的竞争优势，从而形成更为明确的分工，进而逐步形成良性循环，推动制造业转型升级。

（2）生产效率由要素驱动转为数据驱动

在传统的制造业生产过程中，生产效率主要是由资本、劳动等生产要素投入决定的，而数字化作为影响原材料采购和产品销售的因素之一，并未深度参与制造业产品的制造过程和制造环节，不足以成为制约制造业发展的重要因素。随着数字化的进一步发展，工业大数据逐渐渗透到制造业生产、销售等各个环节中，成为影响制造业变革的关键要素之一，推动制造业企业的生产投入从要素驱动向数据驱动转变。随着数字经济时代的到来，在制造业企业提高生产效率的过程中，数据资源已逐渐拥有了同资本、劳动、能源等生产要素相等的地位，成为企业生产中必需的要素。在复杂的产业链组织网络中，有效应用数据资源可以促进资源的合理配置，促进企业及时调整各类生产要素的持有比例，加强资源共享，大幅降低组织成本和执行成本。因此，充分挖掘海量数据中的有效信息获得有效数据资源，实现数据资源与其他生产要素协同发展，有利于实现从要素驱动向数据驱动的转化，降低企业生产成本，提高生产效率，促进制造业升级。

（3）需求变化倒逼制造业升级

在工业大数据的背景下，产品市场在产品销售阶段的信息不对称被打破，包括各类电商平台在内的互联网平台增强了市场价格的公开性和透明性，使得高性价比的产品脱颖而出，从而促使企业提高产品质量。此外，企业能够通过大数据分析技术对消费者行为数据进行多维信息统计与挖掘，并将消费者需求信息经过产业链下游层层反馈到上游，形成需求侧对供给侧的牵引作用，使得制造业企业能够以消费者为中心，即准确捕捉消费者需求变化，迅速响应市场需求，进行个性化、定制化生产，提高生产效率，更好地满足消费者的一致性需求。在消费需求变化的驱动下，制造业的生产组织方式以及产业链结构也须做出改变，从而加速了制造业转型升级，以尽快适应工业大数据背景下产品种类的快速更迭和市场结构的不断更新。工业大数据战略作用机制如图 7.9 所示。

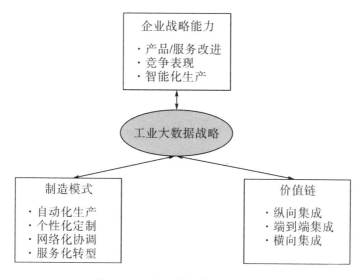

图 7.9　工业大数据战略作用机制

7.3.3　四川省制造业发展的制约条件及结构性问题

（1）传统制造业转型升级成本过高

传统制造业根基深厚，前期投入较大，固定资产较多，转型高端智能制造业固定成本较高。智能制造业要求尖端技术作为前端支撑，而尖端技术又需要大量的资本投入基础研究与开发应用，对资本投入要求过高。此外，传统的制造业企业严重依赖人口红利，近些年来的人口红利逐渐消失，劳动力人口日益减少，人口老龄化问题突出，相关企业劳动力机会成本大幅上升，人力成本成为当下诸多传统制造业企业的生存难题。

（2）行业内知识交互程度低

在制造业领域内，技术联盟的存在感相对薄弱，其内部及外部的激励机制体系尚不完善，既缺乏自我驱动（即自组织）的激励力量，也未能够充分构建外部引导（即他组织）的激励机制。知识交流的频繁程度与行业及其内部企业的收益呈现显著的正相关关系：知识交互程度越高，行业整体及其构成企业的收益便越为丰厚；反之，知识交互程度若降低，则行业整体及其构成企业的收益亦随之缩减。此外，制造业行业内各企业之间的知识距离相对较大，这反映出沟通机制的不足，即缺乏高效、多向度的双向乃至多向沟通桥梁。因此，知识交互的频次与质量均处于较低水平，知识流动性较弱，而且知识体系中同质性特征较为明显。

（3）技术壁垒问题严峻、缺乏自主创新能力

智能制造业内，不同国家地区、企业间存在较大的技术壁垒。各企业组织为了防止他组织获取自组织的关键技术，会自发树立一个技术壁垒以保护自身利益，这在一定程度上防止了知识溢出大于知识获取，形成自身竞争优势。

（4）高端人才缺乏、人才储备不够

智能制造业高端人才缺乏。制造业企业应吸纳更多的优秀人才作为战略储备。一方面出于自身业务的需要，需要高精尖人才对技术研究开发与管控；另一方面，出于对于行业发展态势的把握，只有顺应时代潮流发展，才能不被时代淘汰。

7.4　工业大数据驱动制造业高质量发展的实证研究

上一节系统性分析了四川省制造业发展的典型事实，本节对四川省大数据及工业大数据发展特征、工业大数据驱动制造业升级的作用机制和存在的结构性问题进行论述。本节将从实证研究上揭示工业大数据对制造业高质量发展的影响及作用机制，并以四川省 21 个地级市和具体制造行业作为研究样进行实证分析。

7.4.1　指标选择和模型构建

（1）指标选取及模型构建

①模型构建

本章以 2000—2019 年四川省 21 个地级市为研究对象，建立面板数据回归模型。本章将制造业高质量发展划分为五个发展路径，并将此作为被解释变量。以大数据发展水平为解释变量，同时将经济发展水平、对外开放水平、市场化水平和人力资本作为控制变量纳入分析框架。基本回归模型如下：

$$LnY = C + \beta \times LnBDI + \delta \times LnX + \varepsilon \qquad (7-3)$$

其中，Y 表示制造业高质量发展的指标体系（SGD），C 是常数项，X 是控制变量，ε 是随机变量，LnBDI 是取对数的大数据发展指数，β 和 δ 为带估参数。

②被解释变量和解释变量

本章采用主成分分析法（PCA）构建四川省地级市制造业经济高质量发展指数（SGD），具体由规模、结构、创新、效率和能源五个角度构建。工业大数据主要通过区域性数字经济规模来反映，基于此，本章参考张雪玲等[①]、沈运红[②]等发表的《2018 全球数字经济发展指数报告》的方法，从数字基础设施、通讯产业、信息制造业和信息服务业的四个方面测算四川省数字经济发展指数（BDI）。数据主要来源于《中国城市统计年鉴》《四川省统计年鉴》及各个地级市的统计年鉴。

③控制变量

为了全面考察制造业高质量发展的影响因素，基于以往相关文献的研究成果，本章选用的主要控制变量包括外商直接投资（FDI）、要素禀赋（MIS 和 FIS）、技术投入（TIV）、行业规模（IGM）、金融发展水平相关指标（LOP），对制造业升级影响因素进行全面分析。外商投资不仅可以给中国带来资金、技术、设备、人才等，完善企业基础设施建设，优化企业资源配置，带来制造业水平提升，而且外商直接投资有选择性地参与我国经济活动，推动我国制造业的高质量发展，其对制造业高质量发展具有重要的正向影响；要素禀赋选择制造业就业人数和制造业固定资产投入额作为衡量劳动力要素和资本要素的指标；技术投入带来的科技进步往往意味着国家生产的产品附加值更高，因此，本章选取科技支出即国家用于发展和促进各种科学研究事业的经费支出；制造业行业规模产生的规模递增效应有助于制造业的高质量发展，本章选择工业增加值占 GDP 的比重进行衡量；金融业发展水平对制造业发展具有正向影响，本章选择金融机构贷款占 GDP 的比重进行衡量。

（2）数据来源及统计性描述

本章数据来源各地级市历年统计年鉴、《中国工业统计年鉴》《中国城

---

① 张雪玲，焦月霞. 中国数字经济发展指数及其应用初探 [J]. 浙江社会科学，2017（4）：32-40，157.

② 沈运红，黄桁. 数字经济水平对制造业产业结构优化升级的影响研究：基于浙江省 2008—2017 年面板数据 [J]. 科技管理研究，2020，40（3）：147-154.

市统计年鉴》《四川统计年鉴》和国家知识产权总局，部分缺失数据用移动平均法进行插补。各变量的描述性统计结果见表7.3。

表7.3 变量的描述性统计

变量名称	变量表示	均值	标准差	最小值	最大值	样本量
LnSGD	制造业经济高质量发展指数	1.659	0.076	1.357	1.755	360
LnBDI	数字经济指数	0.821	0.152	0.234	1.254	360
LnFDI	外商直接投资额	2.593	0.174	1.934	2.435	360
LnMLS	制造业就业人数	1.875	0.345	0.847	2.456	360
LnFIS	制造业固定资产投资额	2.536	0.452	1.756	2.856	360
LnTIV	科技投入额	5.843	0.536	3.956	6.325	360
LnIGM	工业增加值占GDP比重	1.973	0.053	1.746	1.784	360
LnLOP	金融机构贷款占GDP的比重	0.045	0.072	0.0214	0.135	360

7.4.2 实证分析过程

（1）单位根检验

为避免面板模型在回归过程中出现"伪回归"的现象，本节选择LLC和Fisher ADF平稳性检验方法对变量平稳性进行检验。表7.4给出各统计量的检验数值以及显著性水平。表7.4数据的平稳性检验结果都拒绝原假设，各变量每个检验统计量均至少在1%的水平下拒绝了存在单位根的原假设，说明所选变量都是平稳的。

表7.4 面板数据单位根检验

变量名称	统计量	
	LLC	Fisher ADF
LnSGD	−5.256 (0.000)	3.443 (0.000)
LnBDI	−4.345 (0.001)	3.956 (0.000)
LnFDI	−2.974 (0.007)	3.338 (0.000)

表7.4(续)

变量名称	统计量	
	LLC	Fisher ADF
LnMLS	−1.848 (0.018)	2.945 (0.012)
LnFIS	12.455 (0.000)	5.113 (0.000)
LnTIV	−2.834 (0.002)	3.963 (0.000)
LnIGM	−2.988 (0.002)	5.234 (0.000)
LnLOP	−3.732 (0.003)	5.322 (0.000)

注：*、** 和 *** 分别表示对应统计量在 10%、5% 以及 1% 的显著性水平下大于对应的临界值，即拒绝存在单位根的原假设；各个检验统计量的滞后阶数根据最小 AIC 准则选取。

由表7.4可知，所有变量均落在5%的置信区间内，因此本节的各解释变量、被解释变量以及控制变量为平稳序列，符合建模标准。

（2）面板模型的选择与回归

在进行实证检验之前，本节首先用 F 检验、LM 统计量检验和 Hausman 检验选择面板数据模型，确定应使用混合模型、固定效应模型还是随机效应模型，F 检验用来判断是选择混合模型还是固定效应模型，LM 统计量检验是用混合模型或随机效应模型。Haunsman 检验的是面板模型应该是选择随机效应还是固定效应模型，若 Hausman 检验 P 值小于 0.1，则使用固定效应模型；反之，面板数据采用随机效应模型。

根据表7.5的检验结果，F 检验的 P 值为 0.000 和 LM 统计量检验中的 P 值为 0.000，拒绝采用混合模型；Hausman 检验结果的 P 值同样为 0.000，因此，拒绝原假设"H0：与解释变量不相关"，所以本节选择固定效应模型进行面板回归分析，其实证结果见表7.6。

表 7.5 面板数据模型选择的检验结果

检验方法	F-Statistics	Prob>F	chi2（）	Prob>chi2（）	chi2（）	Prob>chi2（）
F 检验	29.34	0.000				
LM 统计量检验			78.95	0.000		
Hausman 检验					66.15	0.000

表7.6 数字经济指数对制造业高质量发展的估计结果

变量	模型1	模型2
LnBDI	0.164*** (4.620)	0.187*** (3.860)
LnFDI	0.004 (0.309)	0.014 (0.314)
LnMLS	0.043* (1.670)	0.038* (1.850)
LnFIS	0.051** (2.680)	0.073** (2.140)
LnTIV	0.117** (2.950)	0.097** (2.890)
LnIGM	0.501*** (3.670)	0.238*** (4.210)
LnLOP	0.158*** (3.430)	0.167*** (3.630)
_cons	−0.368 (0.452)	0.421 (0.342)
R^2	0.566	0.543
N	360	360

注:*、** 和 *** 分别代表对应统计量在10%、5%以及1%的显著性水平;括号里的为 t 值。

由表7.6可知,数字经济对制造业高质量发展具有正向影响,其通过了1%显著性水平检验,数字经济指数每提高1%能够对四川省制造业高质量发展提升0.164%个单位,这也证明了在大数据、人工智能和通讯产业与传统制造业深度融合的过程中,通过数字技术与制造业深度融合所产生的技术进步和生产率进步为四川省制造业的高质量发展带来了极大的提升。外商直接投资(FDI)作为改革开放时期对经济发展具有重要作用的因素,其对四川省制造业高质量发展和转型升级虽然具有正向影响,但是在统计意义上并不显著。要素禀赋是产业发展的重要影响因素,无论是制造业就业人数还是固定资产投资总额,其对四川省制造业高质量发展都具有重要促进作用,这也证明了大量人力资本的投入是产业结构升级和潜力增长的必要动力,而通过不断投资来改进技术设备、建立新的部门,淘汰落后生产力以促进公司结构和资源配置的优化,可以带动制造业生产力的提高。

其他控制变量，如科技投入、行业规模和金融发展水平对制造业高质量发展的具有正向促进作用，实证结果也符合经济预期。首先，科技支出的投入领域是关乎制造业升级的重点领域，科技投入有助于高校和研究机构的发展，对制造业高质量发展提供创新支持。其次，行业规模越高其集聚效应越强，从而导致规模效应递增和效率提高。金融机构贷款占比通过金融机构运行从而使当前贷款资金流向附加值更高的制造业产业。通过资本效率的提高推动制造业高质量发展。

7.5　大数据背景下四川省制造业高质量发展的提升路径

结合调研、统计性分析和实证研究的结果，本章认为，在大数据发展的背景下，以工业大数据为契机，快速推动四川省制造业高质量发展的具体发展路径包含以下几个方面。

7.5.1　构建四川省制造业大数据收集共享平台

以工业互联网为智能制造赋能。四川省要充分发挥省级创新中心的集聚作用，推动企业由制造型向制造服务型转变，实现产业价值链的延展和提升，助推四川省制造业转型升级，打造四川省"云"制造产业生态集群。

大力推进大数据的应用。制造业可以运用大数据分析预测市场走向，从基于产品设计研发的传统模式向提供成套解决方案的现代服务模式转变，物流环节由线下转至线上，建立基于大数据的决策管理机制，以更好地预测经营管理中存在的问题，提高应对市场变化的能力。

7.5.2　提升四川省制造业大数据的应用能力

适当引进大数据技术，同时注意转变信息获取、分析的传统观念，使大数据应用在传统技术与现代技术之间达到平衡。高技术制造业应重新思考原有的发展模式，对内外部环境进行态势 SWOT 分析，结合自身发展需求，加快投入大数据技术应用，转变发展模式，加快创新进程，及时更新互联网资源，从而不断提升高技术制造业的综合竞争力，以求高效发展。

7.5.3 打造制造业大数据的"4+2+3"创新发展模式

制造业应根据价值主张设计关键流程，明确自身的智能制造能力，以及目前所拥有的能力是否足以支撑开展模式创新。比如，应加大构建高技术制造业"4+2+3"创新发展模式。其想要在生产领域实现生产现场、过程、质量、装备的调度和控制集成，就应大力推动流程型智能制造、离散型智能制造、网络协同制造、大规模个性化定制模式的应用；通过建立数据中心、生产过程数据采集和分析系统、工业互联网个性化定制服务平台、安全生产全方位监控体系，以及在线应急指挥联动系统、技术防护体系和信息安全管理制度等实现数字化、信息化和智能化升级；通过建立数据驱动的产品研发设计、市场预测和精准营销、生产计划调度、产品追溯、车间性能动态优化、故障检测和诊断提升企业的生产经营效能，为实施智能制造转型的高技术制造企业带来创新力和竞争力的提升，同时，不断改善企业的环保效能。

7.5.4 加强四川省工业大数据多层次的人才保障

制造业的创新原动力是人才智力支撑，各级政府要以提升区域人才竞争力和创新创业竞争力为核心，以优化创新创业人才生态为主线，紧密衔接人才链、产业链、创新链，着力提升区域人才发展环境，激发人才创新创业活力，推动人才、技术和市场之间的有效对接，促进科技、教育和人才协同发展，形成人才引领创新、创新推动产业、产业集聚人才的有机循环。建立和完善紧缺人才预警发布体系，形成常态化高技术制造业发展紧缺人才信息采集和发布机制，加快建设对接国际、贯通区域的人才市场体系。积极与国内外大学、科研机构和国际人才服务公司合作，结合高技术制造业发展导向，组建人才资源库。建立人才供需预测机制，深入开展"校企联谊""百校行""优才中国行"等校企合作，搭建面向区内高校、科研机构、科技企业、服务机构的人才信息服务平台，完善人才流动调控手段，使人才与产业高效配置。强化市场化引才激励，面向中介机构、行业组织、人才社团购买引才服务，并根据入选的各类人才计划情况，对引才绩效突出的机构和个人给予适当奖励。

7.6 本章小结

本章聚焦工业大数据的特征及其应用现状，整合了四川省制造企业的相关数据，构建了全面的企业数据库。本章通过对生产效率与智能化水平的深入分析，揭示了区域、行业以及企业层面工业大数据的应用特征与存在的问题。在理论层面，本章深入探讨了工业大数据驱动制造业转型的关联机制与驱动机制，从关联特征、联动效应、效率提升以及结构优化等方面，为工业大数据与制造业的融合提供了坚实的经济理论支撑。结合四川省的实际情况，本章提出了高质量发展假说，并运用宏微观数据进行了实证检验，针对发现的问题设计了相应的激励机制与融合路径。此外，通过企业案例分析，本章归纳了制约因素，评估了各因素的影响程度，并基于大数据背景，为四川省制造业的高质量发展路径提供了有益的参考。

基于上述研究结论，本章提出如下建议：

（1）强化顶层设计，构建"智造强省"新格局。①立足成渝地区双城经济圈建设战略，以《四川省"十四五"数字经济发展规划》为纲领性文件，聚焦电子信息、装备制造、食品轻纺等"5+1"现代工业体系，实施"智改数转"专项行动。②发挥成都极核引领作用，联动绵阳、德阳、宜宾等制造业重镇，打造"一核多极"数字化转型示范带。③深化与重庆的协同合作，共建西部工业互联网一体化发展示范区，推动产业链跨区域数字化协作。

（2）聚焦痛难点攻坚，夯实转型发展基础。①网络筑基。加快推进成都国家级互联网骨干直联点扩容，依托四川水电优势建设"东数西算"绿色数据中心集群，2025 年前实现四川省规上工业企业 5G 专网全覆盖。②技术破壁。依托电子科技大学、四川大学等高校，联合长虹、东方电气等龙头企业，攻关工业仿真软件、智能传感等"卡脖子"技术，共同建设天府工业软件云平台。③平台赋能。支持航天云网、华为（成都）鲲鹏生态基地等国家级平台深耕垂直领域，开发白酒酿造、晶硅光伏等行业解决方案，推动 5 000 家中小企业"上云用数赋智"。

（3）释放数据价值，培育新型要素市场。①建设西部数据交易中心（成都），探索装备制造、生物医药等领域数据确权、流通机制，打造"数据要素+产业创新"融合试验区。②在成都经开区、宜宾三江新区开展工业大数据应用试点，推广设备预测性维护、供应链协同等应用场景，力争到2025年关键工序数控化率达到65%。③依托国家超算成都中心，构建"算力+算法+数据"一体化服务体系，赋能中小微企业低成本获取AI算力。

（4）深化开放创新，打造数字经济高地。①技术攻关。瞄准6G、量子信息等前沿领域，发挥绵阳科技城的优势，实施"天府之光"重大科技专项，建设国家数字经济创新发展试验区。②场景牵引。在成都天府国际生物城、德阳重装基地建设"5G+工业互联网"融合应用先导区，打造智慧工厂、远程运维等20个标杆场景。③开放合作。用好西博会、科博会等平台，深化与德国工业4.0、新加坡智慧国的对接，建设中德智能网联汽车四川试验基地等跨境创新载体。

（5）完善生态体系，激发转型内生动力。政策协同。①优化"数字四川"建设专项资金的使用效能，建立"转型诊断-方案定制-金融支持"全流程服务机制，推广"数字贷""技改贴息"等金融工具。②人才引育。实施"天府数字工匠"培育计划，支持职业院校增设智能制造专业，三年内培养10万名复合型数字技能人才。③安全护航。建设四川省工业互联网安全监测与态势感知平台，制定《工业数据分类分级指南》，建立覆盖全产业链的数据安全防护体系。

8 科技金融推进经济
高质量发展的路径优化研究

　　2022年中央经济工作会议要求着力加快建设实体经济、科技创新、现代金融，增强金融服务实体经济能力。中央在"十四五"规划中也多次强调要完善科技创新机制，完善金融支持创新体系，促进新技术产业化规模化应用。科技金融是科技创新与金融创新的有机结合，是经济创新驱动发展的重要保障，是区域经济高质量发展的必要条件。党的二十大提出中国式现代化的宏伟愿景，科技金融是推动经济高质量发展，实现中国式现代化的重要手段。

　　科技与金融是现代经济体系中最为活跃的两大要素，科技与金融的创新融合是引领经济社会发展的新动能。在2021年政府工作报告上，成都市市长王凤朝指出成都要加快建设科技创新中心，培养经济增长新动力，完善科技创新服务体系，优化科技金融发展路径。2022年发布的"双创"金融指数中成都市位列全国第六，在"双创"金融资源供给、服务绩效、政策支持以及环境承载四个领域均进入了全国前十，稳居中西部第一，更是少数"双创"金融综合发展水平可以比肩东部沿海发达城市的西部城市，但与北上广深等一线城市的科技金融发展水平相比仍有一定差距，成都市在科技金融发展政策、人才服务、信用体系和收益风险机制等方面还有不足。

　　近年来，为打造国家西部金融中心，成都金融业综合实力不断跃升，在金融机构集聚、要素市场建设、金融配套服务体系、金融创新和开放等方面取得了显著成绩。成都正由国家中心城市向现代化国际城市稳步迈进，要打造现代化国际城市，必须聚焦科技创新发展战略，同时需要科学、高效的科技金融系统予以匹配。优化科技金融发展路径是推进成都经济高质量发展的内在驱动力。本章借助实地调研和问卷访谈对成都科技金融体系进行梳理，找到成都科技金融发展中存在的不足，探索优化成都科技金融发展的路径，并为成都搭建完整的科技金融体系提出一种方案。同时，把成都在金融产业发展和金融资源集聚的优势充分转化为金融服务实体经济和产业发展的能力，从而更快更高效地实现经济的高质量发展。

8.1 成都市科技金融发展的现状及特征

科技金融是促进科技开发、成果转化和高新技术产业发展的一系列金融工具、金融制度、金融政策与金融服务的系统性、创新性安排，是由向科学与技术创新活动提供融资资源的政府、企业、市场、社会中介机构等各种主体及其在科技创新融资过程中的行为活动共同组成的一个体系，是国家科技创新体系和金融体系的重要组成部分①。

8.1.1 成都市科技金融发展现状

2022年发布的双创金融指数中成都市位列全国第六，在"双创"金融资源供给、服务绩效、政策支持以及环境承载四个领域均进入了全国前十，稳居中西部第一，更是少数"双创"金融综合发展水平可以比肩东部沿海发达城市的西部城市。截至2021年年底，注册在成都的私募基金机构共计399家，管理规模达到1 668.42亿元，突出的"双创"金融环境，让成都越来越多的科技创新企业备受私募基金青睐，为其发展奠定了坚实的基础。近几年，成都市的科技金融投入和产出都呈上升势态，创造了一个良性的科技金融环境，开发了大量的科技金融产品。科技金融的发展从四个方面体现，即科技创新投入、科技创新产出、科技金融环境和科技金融产品。科技创新投入包括R&D经费投入和地方财政科技拨款，科技创新产出包括高新技术企业、专利授权和技术市场成交额，科技金融环境包括科技金融政策和科技金融服务平台。

（1）科技创新投入

R&D经费投入即全社会研究与试验发展经费。通常情况下，R&D经费投入强度（R&D经费与地区生产总值之比）是作为衡量一个国家或地

---

① 李后强，赵昌文，韩毅. 钱从哪里来？科技金融：财智聚变的成都张力 [J]. 西部广播电视，2009，(7)：54-55.

区自主创新投入规模和水平的重要指标。随着四川省创新驱动发展战略的深入实施，R&D 经费及其投入强度已经成为检测科技创新能力的核心指标，在宏观决策管理中发挥越来越重要的作用。2016—2021 年，成都市 R&D 经费投入和 R&D 经费投入强度呈现上升趋势（见表 8.1）。2021 年全市共投入 R&D 经费 631.92 亿元，比 2020 年增加了 80.52 亿元，增长率为 14.6%；同时，R&D 经费投入强度是 3.17%，比 2020 年提高了 0.06 个百分点。成都市政府越来越重视科技金融在支持科技型企业创新，助推产业转型发展中的重要作用，对该领域的支持力度在逐步加大。

表 8.1　成都市 2016—2021 年 R&D 投入经费和投入强度

年份	R&D 经费投入/亿元	R&D 经费投入强度/%
2016 年	289.07	2.38
2017 年	331.30	2.39
2018 年	392.30	2.56
2019 年	452.54	2.66
2020 年	551.40	3.11
2021 年	631.92	3.17

　　地方财政科技拨款是指政府及相关部门为支持科技活动而进行的经费支出，一般来说是国家财政预算内安排的科研支出。地方财政科技拨款能够带动更大规模的社会资金支持科技创新，同时，较为积极的财政科技投入也会对经济增长和财政收入形成正反馈。"十三五"时期以来，各地的财政科技支出基本都呈现不断上升的态势。成都市财政科技拨款大体呈上升趋势（见图 8.1），在 2020 年和 2022 年稍有下降，但财政科技拨款占财政一般性总支出的比例在 2022 年并未下降，反有上升趋势。财政科拨款从 2017 年的 532 565 万元增加到 2022 年的 1 518 415 万元，扩大了将近 3 倍；财政科技拨款占财政总支出的比例从 2017 年的 3.03% 上升到 2022 年的 8.82%。这充分显示了成都市重视科学技术研发，为科技金融的发展提供了资金支持和保障。

图 8.1　成都市 2017—2022 年财政科技支出

（2）科技创新产出

高新技术企业是知识密集、技术密集的经济实体，其技术含量、劳动生产率和附加值都明显高于传统行业，它可以通过持续研发来推动产业结构优化升级，对经济高质量发展起显著促进作用。从 2017—2021 年，成都市高新技术企业数量不断增加，从最初的 2 050 家发展到 7 827 家，在五年的时间内总体扩大了 2.8 倍，保持了较高速度的增长（见图 8.2）。高新技术企业数量增加的同时，高新技术企业产品销售收入也在不断增加，由2017 年的 2 366 亿元上涨到 2021 年的 8 089.57 亿元，可以看出成都市的高新技术企业的数量和质量都在迅速扩张。

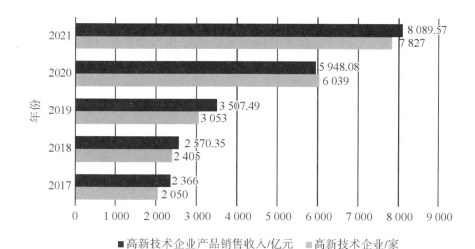

图 8.2 成都市 2017—2021 年高新技术企业数量及产品销售收入

　　专利授权数反映了科技金融的产出情况，是衡量产出水平和效率的重要指标。近年来，成都市专利授权数量不断攀升（见图 8.3），从 2017—2021 年成都市专利授权数呈上升趋势，在 2021 年专利授权数量为 88 517 件，比上一年增加了 22 947 件，增长率为 35%，反映出成都市本地创新专利成果丰硕，创新质量逐渐提升，为成都市促进科技金融发展营造了良好的创新氛围。

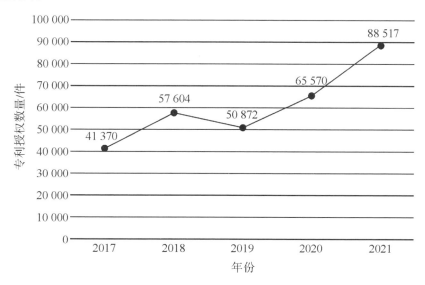

图 8.3 成都市 2017—2021 年专利授权数量

技术市场是技术商品的营销场所和领域，是科技成果转移转化中不可缺少的主要环节，其中，技术合同成交额是科技成果转移转化的重要指标，也是反映区域科技创新活跃态势的重要风向。技术市场包括技术开发、技术转让、技术咨询和技术服务，2021 年技术市场输出技术成交金额1 189.42 亿元，其中技术开发 211.94 亿元，技术转让 16.42 亿元，技术咨询4.21 亿元，技术服务 956.85 亿元。2017—2021 年，成都市技术市场成交金额逐步上升，但技术市场交易合同数在 2021 年有下降趋势（见图 8.4）。

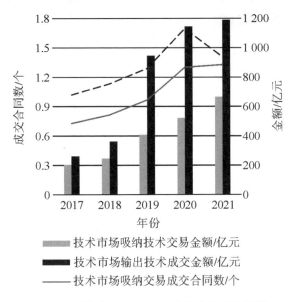

图 8.4 成都市 2017—2021 年技术市场交易额

（3）科技金融环境

成都市在实施创新驱动发展战略，加快创新型城市建设顶层设计思路的引领下，出台了一系列促进科技和金融紧密结合、提升创新型企业投融资能力、推动科技成果产业化的政策和平台。

①科技金融政策

成都市科技局制定了一系列的政策来解决科技企业融资难融资贵的问题，通过设立专项扶持基金，采用后补助方式，建立了财政科技经费与社会资本协同支持科技企业技术创新、产品升级的机制，在企业债权融资、创业投资、上市融资等融资环节，通过贷款贴息、担保费补助、信用评级补助、天使投资补助、全国中小企业股份转让系统挂牌补贴等方式实现财政金融联动，降低科技企业投融资成本。此外，成都市在 2018 年召开了科技金融工作推进会，重点研究了成都市科技金融工作的开展，并提出要充分发挥政府部门、科技型中小企业和金融机构的资源优势，重点完善科技金融工作顶层设计，推进成都市科技金融行动计划出台，在全市范围内更好地聚集科技金融要素，激发各要素的活力和创造力；同时，优化政策性科技金融产品体系，引导更多金融活水流向中小型科技企业；探索成都市解决科技企业融资的特色之路，创新开展科技企业"知识价值信用贷款"试点，深化科技与金融融合发展。成都市促进科技金融相关政策如表8.2所示。

表8.2 成都市促进科技金融相关政策

政策文件	具体内容
《成都市科技金融资助管理办法》	设立专项扶持基金，帮助企业债权融资、创业投资、上市融资，降低科技企业投融资成本
《成都市促进创业投资发展若干政策措施》	面向国内外聚集创投机构、资本、人才等要素
《成都市科技型企业科技金融资助管理办法》	加大资助力度，简化资金拨付流程

②科技金融服务平台

自1992年成都生产力促进中心成立以来，成都市积极开展科技金融服务平台建设，正逐步建成以科创通、盈创动力、农贷通、天府融通、创富天府、成都地方金融监管平台、成都信用信息共享平台和县级科技金融服务工作站（郫都区工作站）为载体的成都交子金融"5+2"平台与市、区（县）联动的科技金融平台服务体系。截至2022年年底，"科创通"平台已汇聚科技型企业（团队）32 460家、高新技术企业7 911家、全国科技型中小企业8 645家、孵化载体272家、服务机构967家、科技服务产品2 702款，累计申报项目59 426项，组建了18支天使投资基金和7支知识产权运营基金。依托"科创通"平台，实现"知本"和"资本"有效对接，有效拓宽科技企业投融资渠道，推动科技企业快速成长壮大。截至2022年4月7日，盈创动力科技金融服务平台为科技型中小微企业累计提供债权融资超过578亿元，股权融资2 098亿元。截至2022年年底，盈创动力科技金融服务平台已助力482家企业融资25.09亿元，另有120家企业获得股权融资逾50亿元，举办股权融资路演活动12场，对接融资需求项目 60 余家。

（4）科技金融产品

在科技金融产品方面，成都市通过开发一系列的科技金融产品来培育科技型企业。针对科技型企业开发了"科创贷""科创投""科创保""科创券""科创贴"等科创系列金融产品，以满足不同类型、不同阶段科技型企业融资需求，同时不断深化科技金融的发展融合，在"科创贷"项下创设了"人才贷""成果贷""研发贷""人才保"等科技金融子产品，聚焦科技成果孵化和人才培育，推动人才链、产业链、创新链、金融链的深度融合、交互增值。2021 年，成都市"科创贷"放款笔数 1 903 笔，合计金额 615 500 万元，截至 2022 年 8 月 15 日，2 681 家企业利用其股权、知识产权、信用等获得信用贷款，累计投放贷款金额突破 200 亿元。成都市科技金融产品现状如表 8.3 所示。

表 8.3　成都市科技金融产品现状

科技金融产品	现状
科创贷	2021 年放款笔数 1 903 笔，合计金额 615 500 万元
科创投	截至 2023 年 2 月，已完成投资项目 146 个，投资总额 11.79 亿元。其中投资于成都的项目 97 个，投资金额 8.27 亿元
科创保	开展科技保险服务的保险公司从 2013 年的 6 家增加到 2022 年的 39 家，险种从 49 个增加到 287 个
科创券	截至 2023 年 4 月底，累计已有 9 190 家企业申领 129 210 万元科创券

8.1.2　成都市科技金融发展的特征

（1）地理位置极佳。成都市处于中国西部的中心位置，既是西部高原的门口，又是连接西南、西北和华中三大区的天然纽带，具有优越的区位优势和交通条件，可以聚集大量的人流、物流、商流、资金流、信息流，从而使其影响辐射整个西部地区。作为四川省的省会，西部地区经济增长极，成都市在科技、金融领域的发展均处于西部各地前列，为科技和金融的创新、结合提供了良好的土壤和充分的养料。借助成都各高校的科研资源，成都市建立了产学研协同创新机制、校院定期协商制度、重大事项通报制度等，培育了一大批高新技术企业，科技能力不断增强。同时，大力发展融资担保公司、小额贷款公司、各类股权投资基金等新兴金融机构，吸引了一批具有较强竞争力和知名度的金融机构，为满足科技型中小企业发展的融资需求和科技成果转化提供了更多便利条件，为科技和金融深度融合奠定良好的基础。

（2）资金支持到位。成都市通过设立科技金融资助专项资金来引导社会支持创新创业。由市级应用技术研究与开发资金建立的科技金融资助专项资金，专门用于支持具有高成长性的科技型企业以及为科技型企业提供资金服务的天使投资人、创业投资基金管理人等，以降低科技型中小企业融资成本、拓宽融资渠道、分散研发风险。成都市对财政科技资金的使用方式进行了创新，通过三种创新，充分发挥财政科技资金放大作用。一是推广科技企业创新券（简称"科创币"）。科创币是以政府购买服务的方式支持科技企业创新，推动科技服务需求方和供给方有效对接，从而提高财政资金使用效率，有效对接科技服务需求方和供给方。二是利用科技企业债权融资风险资金池引导投资机构、担保机构、银行等金融机构合作，扩大融资产品的规模，同时科技企业债权融资风险资金池也用于补偿银行等金融机构向科技企业提供贷款后发生的贷款损失。三是科技创业天使投资，设立规模为 3.5 亿元的天使投资引导资金，建立了"政府引导+让利"的市场化运作机制，引导社会创投资本投资成都的种子期、初创期科技型企业，解决了科技型企业"最先一公里"的资金来源问题，以弥补资源配置市场失灵环节。

（3）服务平台支撑。通过搭建"科创通"等科技金融服务平台，创新财经互动新机制，引导金融机构、创业等各类资本参与，开发了科创"投、贷、保、券、贴"等"一揽子"科技金融产品，帮助轻资产、初创期的科技型企业解决融资"堵点""痛点"，延长了科技型企业全生命周期服务链，培育了一批发展势头良好的科技型企业。借助平台建立了线上与线下金融机构与科技型企业沟通的桥梁，缓解了双方由于信息不对称而多以抵押物作为授信标准的问题，有效降低了科技型企业获得贷款的门槛。成都市科技金融服务平台、成都股权投资服务中心、高新区"盈创动力"等市、区两级平台积极联动，为全市数千家科技型中小企业提供担保融资、天使投资、创业投资、私募股权投资等科技金融服务。"盈创动力"牵头承建科技部的科技金融综合服务平台及应用示范项目，吸引了数十家国内外知名金融服务机构入驻，与百余家投融资机构建立了战略合作伙伴关系。

（4）服务形式多样化。成都科技金融工作立足全市产业功能区，致力于探索以金融创新促进科技创新、以科技创新带动金融创新的共赢发展路径，在科技金融产品和服务、科技金融政策创新方面进行了富有成效的探索①②。成都市科技局根据市委建设高能级产业生态圈、高水平产业功能区的有关要求，持续做大科技金融产品和服务，引导银行、创投、保险等多元资本要素加大对产业功能区科技型企业的融资支持，有力支撑成都市经济高质量发展。在破解科技型中小企业融资难融资贵的难题上，成都市积极创新财政科技投入方式，不断深化科技金融工作，充分发挥财政资金杠杆作用，大力鼓励和引导银行资金、创投资本、保险资金等多元化的社会资本支持我市科技企业的发展，打造了科技金融服务平台"科创通"，创新推出了一系列科技金融产品，引导组建了天使投资基金和知识产权运营基金、科技企业债权融资风险补偿资金池，孵化了一批高质量的科技型新经济企业，有力支撑了成都市经济高质量发展。

8.2 成都市科技金融发展主要路径及其存在的问题和不足

8.2.1 科技金融发展主要路径

科技金融作为创新驱动发展的助推器，也是实现经济高质量发展的主要驱动力。当前，为更好把握成都市科技金融发展主要路径及其存在的问题，本节对全国各个科技金融发达地区的主要发展路径进行归纳和整理，主要表现为以下六个方面：

（1）加强科技金融法律制度建设，推动科技金融健康发展

建立健全科技金融法律体系，有利于为科技企业的创新发展创造良好的法律环境。健全的科技金融法律体系，可以协调产业规划部门、科技管理部门、金融管理部门、科技企业、金融机构等之间的关系，形成科技金融融合"合力"，实现科技金融的有效融合与优化配置。一方面，要通过广泛的调查研究，适时制定《科技金融基本法》。当前，我国在科技金融

---

① 曾蓉. 成都科技金融工作经验：搭建"科创通"服务平台构建科技金融服务场景 [J]. 民主与科学, 2019（3）：28-30.

② 周代数，张俊芳，马宁. 科技金融助力中小企业创新发展的机理分析与实践启示：基于成都模式的研究 [J]. 全球科技经济瞭望, 2020, 35（4）：27-32, 38.

方面的立法主要由国务院部门规章和地方性法规政策等组成，缺少由全国人民代表大会制定的科技金融基本法，这对科技金融健康持久发展不利，应适时制定科技金融基本法，为科技金融的发展提供保障。另一方面，要健全科技金融支持的法律法规。要对现有的科技金融法规制度进行更深层次的整合，使各法规制度能够有效地融合在一起，发挥出合力，从而更好地规范和推动科技金融发展相关主体的行为。例如，日本为推动科技金融发展，曾颁发《日本金融公库法》《科技型中小企业金融公库法》《日本开发银行法》等法律文件，为科技与金融的融合提供了有效的法律保障，有效满足了中小企业的融资需求，使得科技型企业发展具有良好的政策环境。

（2）构建科技金融共享服务平台，提高科技金融发展效率

好的科技金融服务平台，可以让科技企业、金融机构等科技金融主体利用平台数据发布投融资信息，并通过信息进行优质项目的匹配，从而有效提升科技创新的对接效率，提高科技金融发展效率。第一，搭建政府科技融资服务平台。通过这一平台，政府可以发布科技金融的政策法规和科技企业的融资需求等内容，从而促进社会资本与科技型企业有效对接，拓宽科技企业的融资渠道。第二，利用金融科技，为金融机构搭建数字科技金融服务平台。在这个平台上，金融机构可以通过资源整合、交易撮合和产业对接等方式，为科技金融主体之间的跨境交流搭建便捷的桥梁。第三，通过互联网，建立一个科技金融信息服务平台。在这个平台上，既可以提供专家在线咨询服务，又可以发布交易信息，提供交易管理服务，从而让投资者能够了解创业者和创业融资项目的基本情况。例如，山西省政府结合省内科技创新工作的现状以及企业发展需求，建立了山西省科技金融服务平台，通过集聚银行、保险、证券、投资基金、融资担保等各类金融机构，对接山西省科技创新企业的金融需求，实现省内各大科技创新主体与各类金融机构的信息共享，实现资源合理配置，拓宽科技型企业的融资渠道，提高科技金融发展效率。

（3）形成多层次金融供给体系，稳定科技金融网络

在我国现阶段，以政府为主导的科技金融供给体系，为企业提供信贷担保，并充当风险投资基金的角色，发挥着引导资金流向、缓解风险的重要作用。但是，传统的科技金融过于注重科技金融产品和服务的数量供给，而忽略了对其质量的要求，这就给科技金融发展造成了障碍。要解决

科技金融供需之间的矛盾，就必须加大科技金融供给侧结构性改革的力度，坚持政府引导和市场调节相结合的原则，引进竞争激励机制，促进科技创新，拓宽融资渠道，持续优化科技金融的供给结构，从而稳定科技金融网络。美国是全球金融体系最发达的国家之一，有多层次的金融供给体系，最显著的体现便是资本市场。美国股票市场是一种层次分明、风险分散的金字塔机构，可分为三个层级：第一层是主板市场，定位于满足成熟期产业化阶段的科技型企业所需的巨大上市融资需求；第二层是二板市场，是美国资本市场服务高科技企业的主要渠道和风险投资市场的有效退出渠道；第三层是场外交易市场，一方面解决中小企业初创期的融资、产权评估、风险投资等问题，另一方面也为非主板上市的股份提供转让渠道。多层次的金融供给体系，有利于促进科技创新，拓宽融资渠道，从而稳定科技金融网络。

（4）强化科技金融风险管理，保障科技金融健康发展

科技金融在推动科技创新的同时，也伴随着科技金融的风险。在互联网金融的背景下，科技金融风险的传播变得更加复杂和隐蔽，这给风险管理者带来了更大的挑战，也给科技金融的健康发展带来了更大的隐患。在风险管理中，我们要通过风险回避、风险预防和风险转移等方法，来减少风险事故造成的损失。从政府的角度来看，在管理科技金融风险方面，主要集中在完善风险投资制度、完善科技金融风险担保和分担机制、构建科技金融风险投资补偿制度等方面。从金融机构的角度来看，首先应完善其内部控制机制，制定并完善应对外部突发事件的预案，以防范操作风险；其次要积极利用大数据，对风险进行识别、评估和控制，从而降低科技金融风险。成都市建立科技企业债权融资风险资金池，帮助科技型中小企业增信，用于引导扩大向轻资产的科技企业提供信用贷款、股权质押贷款、知识产权质押贷款等"科创贷"融资产品的规模和补偿银行等金融机构向科技企业提供贷款后发生的贷款损失，通过风险预防、风险转移等方法来降低风险损失，强化科技金融风险管理，保障科技金融发展。

（5）拓宽科技金融服务渠道，实现科技金融平稳发展

科技创新和发展离不开雄厚的财力支持。长期以来，高新技术企业在研发阶段和成果转化阶段一直受到资金约束，难以得到金融机构的信贷支持，这已成为制约高科技企业发展的重要因素。建设普惠金融服务体系是实现金融资源和科技创新有效配置的必然要求。数字普惠金融通过技术手

段，能够降低金融服务的门槛，有效提高金融运营效率。数字普惠金融要求传统金融机构紧密合作，加快数字化信息化进程，降低经营成本，降低利率、手续费等。通过大数据、云计算等技术，数字普惠金融在某种程度上缓解了信息不对称程度，能够更有效地将科技创新转化为实际生产力并产生技术反馈效应；科技创新成果反过来又会进一步推动数字金融技术创新，实现科技金融平稳发展。如广东省在全国率先开展了普惠性科技金融的创新探索，先后出台了《关于发展普惠性科技金融的若干意见》和《关于开展普惠性科技金融试点工作实施方案》，积极构建风险补偿机制、强化科技信贷受益面、开发普惠性科技金融产品、建设专业化政策性金融服务平台与服务生态等，有力提升了科技金融的普惠面、渗透率和效率，进一步促进科技金融产业深度融合，拓宽科技金融服务渠道，促进科技金融发展。科技金融发展路径如图 8.5 所示。

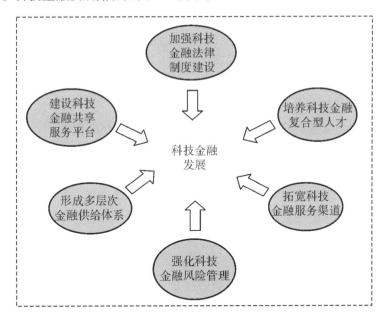

图 8.5 科技金融发展路径

（6）培养科技金融复合型人才，推进科技金融持续发展

科技金融推动科技创新需要既懂得金融创新，又能掌握科技发展规律的复合型人才。因此，我们必须加强科技金融复合型人才的培养。一是建设创新人才培训中心。通过对各类优秀人才资源的整合，优秀人才的有效供给增加了。二是建立人才培养信息共享平台，能够促进不同领域的优秀

人才的交流与合作，有效地实现人才和企业的有效匹配。三是建立科学的激励机制。将物质激励与精神激励结合起来，吸引高端人才，从而提升金融领域与科技企业创新的效率。四是增加教育投资，优化教育结构。大胆地调整和创新人才培养模式，让人才培养能够与社会需求结构相匹配，从而推进科技金融持续发展；鼓励省内高校加大科技金融研究的力度，增加科技金融知识的供给，鼓励金融机构围绕科技金融创新设立博士后流动站，在开发科技金融产品的同时，增加全社会科技金融知识的供给，弥补高校在科技金融教育方面的不足。通过培养科技金融复合型人才，人才培养能够与社会需求结构相匹配，从而推进科技金融持续发展。

8.2.2 成都市科技金融发展主要路径

科技金融是实现科技进步和金融创新相结合的重要载体，对于实现经济转型和发展动能转化有着重要的意义。成都市更是以建设成为全国重要的科技中心和西部金融中心为己任，扎实推进科技金融融合创新，加快解决科技企业融资难、融资贵的问题。成都市科技金融发展主要在以下七个方面发力：

（1）创造科技与金融深度结合的政策环境

为使科技金融更好地推动经济高质量发展，成都市积极打造科技与金融深度融合的政策环境，为科技金融发展保驾护航。作为第一批开展科技金融试点的区域，成都市不断优化科技与金融结合的政策环境。在顶层架构设计方面，成都市建立了由科技局、财政局、金融局、"一行两会"分支机构、高新区管委会等多部门协同的科技金融工作联席会制度，避免了各部门之间因缺乏协调出现的矛盾，从而产生了一套连贯的整体规划，有利于科技金融的平稳发展。为了解决科技型中小企业融资难、融资贵问题，成都市先后出台了《成都市科技型企业科技金融资助管理办法》《成都市科技创业天使投资引导资金管理办法》《成都市科技企业债权融资风险补偿资金管理办法》等制度和办法（如表8.4所示），不断优化科技与金融结合的政策环境。

表 8.4　成都市科技金融典型政策

《成都市科技型企业科技金融资助管理办法》	成科字〔2020〕16 号
《成都市科技创业天使投资引导资金管理办法》	成科字〔2018〕201 号
《成都市科技企业债权融资风险补偿资金管理办法》	成科字〔2022〕43 号
《关于进一步支持中小微企业发展的实施意见》	成府发〔2013〕18 号
《成都市中小企业发展专项资金管理办法》	成财企〔2015〕39 号
《成都市金融业发展专项资金管理办法》	成财规〔2020〕1 号

（2）大力推广科技企业创新券，有效对接科技服务供需双方

首先，成都市科技局通过"成都科技创新创业服务平台"向科技型中小微企业发放科技企业创新券，企业通过平台购买创新服务时，使用创新券可以扣除一定比例的服务费。科技企业创新券的推广，促进了科技服务供需双方的有效对接，提高了财政资金的使用效率，拓宽了科技型企业融资渠道，助力科技企业创新发展。其次，风险基金对科技企业进行债权融资可以提高企业的信用。成都市建立科技企业债权融资风险补偿资金池，用于引导政府部门和金融机构的合作，扩大对轻资产科技企业的信用贷款、股权质押、知识产权质押等"科创贷"产品的规模，以及补偿金融机构在对科技企业放贷后所产生的损失，帮助科技型企业更易获得发展所需的资金，促进科技金融发展。最后，成立天使投资基金，通过引导入股、后续投资等方式，与社会风险投资机构共同成立天使投资基金，并与社会天使投资机构共同投资，引导社会资本助力科技型企业发展。

（3）推出独具特色的科技金融产品

为促进成都市科技金融发展，成都市生产力促进中心面向科技型中小企业推出"科创贷""科创投""科创保""壮大贷""成长贷"等科技金融服务产品，调动了银行、科技保险公司、担保公司、知识产权服务机构的积极性，扩大了科技型中小企业的融资服务覆盖面，提升了财政资金的使用效率，取得了良好成效，同时又拓宽了科技型企业融资渠道，提高了科技金融的发展效率。在债权融资方面，成都市开发了"科创贷"产品，引导银行针对不同阶段科技企业的差异化融资需求进行融资，开发贷款额度从 5 万元到 1 000 万元不等、平均贷款利率不超过 6% 的科技金融特色产品，形成了广覆盖、梯度化、低利率的信用贷款产品集，满足了科技型企业多元化的融资需求，提供了多层次的科技金融产品和服务，推动了科技

金融的创新发展。在股权融资方面，成都市开发了"科创投"产品，为早期的科技项目提供股权投资服务。

（4）搭建科技金融数据信息服务平台

为满足科技型中小企业全方位、多层次的科技金融需求，降低中小企业的融资成本，实现科技金融发展，成都市建立并不断完善成都市科技金融服务平台、成都股权投资服务中心，搭建市级综合金融服务平台，从而提高金融服务的规范化水平和信息化水平，提升科技金融发展水平。成立于2009年的成都市科技金融服务平台是全国首家聚集科技、银行、证券、保险、担保、创业投资等多主体、多功能、全方位的科技金融合作平台，提供知识产权质押融资、科技保险补贴等间接融资服务（见表8.5），并引导创业投资机构投资种子期和初创期的科技型中小企业，提供大学生创业孵化投资资金等直接投资服务；同时提供咨询、融资诊断、协助政府资金申报等融资辅导服务。

成都市股权投资服务中心也在全国率先采取"金融机构-政府+平台-企业"的柔性金融服务模式，聚集政府、金融机构、投资机构以及其他社会资本，实现资本结构的多元化，拓宽科技型企业的融资渠道。具体服务：一是提供涵盖银行、券商、投资机构、中介服务机构的综合金融服务大数据库；二是积极培育重点后备上市企业，多次承办银政企座谈会，举办上市培训会、融资路演等；三是联合商业银行、融资性担保机构、小额贷款公司、融资性租赁公司等，为中小企业提供债权融资服务；四是开展私募股权投资基金服务。成都市在搭建市级综合金融服务平台的同时，也努力实现市级综合金融服务平台与高新区"盈创动力"等区级平台的积极联动，形成互为补充的综合金融服务体系，从而构建形成市、区两级联动、互为补充的综合金融服务体系，为全市数千家科技型中小企业提供担保融资、天使投资、创业投资、私募股权投资等科技金融服务，形成多层次、全方位的科技金融数据信息服务平台，保障科技金融的平稳发展。

表8.5　成都市科技金融服务平台提供的间接融资服务

类型	具体内容
知识产权质押融资	为符合条件的科技型企业在向银行进行流动资金借款时提供担保，并承担90%的风险，企业以知识产权提供反担保
科技保险补贴	对参加科技保险的高新技术企业给予补贴

类型	具体内容
应收账款融资	平台提供担保，企业以应收账款提供反担保，由银行直接为企业提供贷款等
信用互保	企业与创业平台运营机构、孵化器、科技产业园区、行业协会等平台共同出资，组建企业信用互保联盟，为联盟内有上下游关系的企业之间相互信任、对资金的利用存在时间差的科技企业贷款提供担保
联合担保	针对资金量需求较大，单个担保机构担保风险较大的融资需求，平台与其它政府担保公司、社会担保机构共同为融资企业的借款提供担保，共享客户信息
类可转债	针对高速成长、短期内偿还贷款对自身发展有较大影响的企业，平台以将金融机构的债权转化为创投机构投资的方式，保证金融机构的债权按期收回，同时金融机构拥有分享企业高速成长带来的投资收益的权利

（5）探索基于母子基金架构的知识产权运营基金

科技型中小企业在进行融资时，往往难以提供符合传统金融机构要求的足值抵押物。为了有效解决这一问题，成都市在鼓励金融机构开展知识产权质押融资的同时，还制定了《知识产权运营基金暂行管理办法》，设立知识产权运营母基金助力中小企业知识产权服务体系建设，拓宽科技型企业融资渠道，提高科技金融的发展效率。母基金的运作遵循"政府引导、市场运作、利益共享、风险共担"的原则，联合投资机构、知识产权服务机构、高校院所等，合作设立多支知识产权运营子基金，聚焦重点产业领域的知识产权运营，探索知识产权运营新模式。

（6）安排科技金融专项经费

为支持科技金融发展，成都市每年在科技研发资金中安排专项经费，专门用于支持具有高成长性的科技型企业以及为科技型企业提供资金服务的天使投资人、创业投资基金管理人等，以降低科技型中小企业融资成本、拓宽融资渠道、分散研发风险。结合科技金融资助实施实际，为进一步解决科技金融资助存在的部分项目分散问题，提高科技金融资助项目资金拨付效率，成都市科技局在原《成都市科技金融资助管理办法》的基础上，重新起草了《成都市科技型企业科技金融资助管理办法》，对天使投资、债券融资、全国中小企业股份转让系统挂牌、科技与专利保险等方面进行补贴，降低科技型企业融资成本，促进科技金融发展。

（7）建立多层次、全方位的金融服务

成都市为支持科技金融发展，解决中小微企业融资难、融资贵问题，实现灵活、差异化、复合式金融服务，成立了银行科技金融专营机构，从而达到差异化政策与集中复合式融资模式双管齐下，降低科技型中小企业融资成本，支持科技型企业高质量发展，促进科技金融发展。

作为一家科技金融专营机构，成都银行科技支行依托地方银行决策链条短、市场反应快、机制灵活的特有优势，贴近科技型中小企业融资需求实际。一方面，优化审批流程。根据风险水平、筹资成本、管理成本、贷款目标收益、资本回报等要求，对不同条件的借款人实行差别利率，并给予其高于其他同等规模支行的审批权限。另一方面，创新金融产品。其包括知识产权质押贷款、与成都高新创新投资有限公司共建的"统贷统还"、按产业链或园区成立的联保、互保贷款、科技专项经费搭桥贷款、应收账款质押贷款、与孵化器及政府平台合作建立中小企业服务平台等。此外，成都市还建立了科技小额贷款公司。锦泓科技小额贷款公司专门服务于不能提供充分的抵质押物、发展前景未知而常被传统金融机构拒之门外的科技型中小企业，以纯信用或准信用（股东担保、知识产权及股权质押）为主线，根据产业及细分领域、发展阶段、创业人才类型、创业动机、创业策略以及核心技能等因素进行量化分析。公司已推出了针对创业型科技中小微企业的"创 e 贷"系列产品，针对已获风投（创投、天使投资）的"科技增信贷"产品，针对资金周转的"惠贷通""银贷通""投贷通""单贷通"等系列产品，形成了以纯信用债权为基础的"投贷结合"融资服务创新模式。

8.2.3 成都市科技金融路径存在的问题和障碍

一是科技金融政策存在局限。成都市曾先后出台了大量的政策文件，用以支持科技金融发展。大多数都是通过设立专项基金，采用引导或补贴的方式，但都局限于财政资金的投入金额，忽略了资金的使用效率。经过调研发现，政府在制定相关科技金融政策时，未能充分理解科技型中小企业的融资诉求，导致财政资金下拨到企业或科研机构后缺乏监管造成资金浪费，不利于科技型企业的发展。

二是科技金融人才服务体系缺乏。因为科技创新和为科技创新服务的融资都是较为高深的经济管理活动，所以就需要有具备这些知识和有一定管理经验的复合人才。对于地处内陆的成都市来说，许多科技领域的经营管理者不懂金融语言，而金融领域的经营管理者又不懂科技创新，没有很好地把二者有机结合起来，各自在自我的系统中运行。目前成都市不仅十分缺乏科技金融服务人才，更没有形成科技金融人才服务体系。

三是金融信用体系不够完善。对一个企业来讲，获得的融资多少往往取决于其信用评级好坏。成都市的科技型企业呈现小而多的特点，银行在发放贷款的过程中，需要耗费大量精力才能获取科技型企业真实的经营财务状态，此时便需要第三方评级机构，公正权威地对科技型企业的经营财务状况进行评估。成都市范围内的信用评级机构缺乏，信用评级机制尚未有效确立。银行出于谨慎，往往会出现惜贷或者提高贷款利率的现象，经营状况和资信较好的企业面对高成本贷款时会谨慎选择。同时，对风险较高的科技型创新企业，担保机构也趋向回避风险，不愿给予该类企业足够的担保支持。这不利于科技型企业的创新发展。

四是科技金融收益风险机制低效。科技创新既有机遇也有风险，特别是企业的科技创新具有很大的不确定性。迄今为止，成都市还没有找到金融资本分散企业创新的风险和分享创新成果所需的相匹配的收益风险机制。正是如此，由于各种金融资本难以参与企业的科技创新活动，大量科技创新企业没有金融服务体系的支撑而缺少创新的积极性。如果有了这方面的激励约束机制特别是收益风险机制，成都市的科技创新将获得更大发展。

8.3 优化成都市科技金融发展路径的具体措施

针对成都市科技金融发展路径存在的问题和不足，结合成都科技金融环境的实际情况，本节总结了成都市为进一步加快科技金融创新发展的几条路径。

8.3.1 设立科技金融工作领导小组

首先，在成都市科技委等相关部门的领导下，成立科技金融工作领导小组，加强科技局、工业和信息化局、统计局等部门沟通，制定统一的科技金融工作方案，并负责实施推进。其次，整合全市专家机构和专家资源，组建包括各个领域、行业的专家（主要是来自同行业具有实际操作能力的专家）及主管部门领导组成的专家委员会，共同应对科技金融工作中出现的问题。政府有关部门可以综合运用财税、金融、人才等政策支持科技成果转化，积极探索和推进融资担保、贷款风险补偿等金融手段，加大对科技成果转化的投入，同时建立多部门的协作机制和专业化的服务机构，为落实科技成果转化政策提供保障，为相关需求者"提供一站式服务"。最后，由专家委员会组成专家评议会作为第三方评价机构，对进入科技型中小微企业信息数据库的科技型中小微企业进行"信息解析"，按照企业未来评估价值、企业自身科技含量、市场发展潜力以及企业信誉等标准遴选优质企业入库，建立企业信用库，并提交给金融机构参考，降低信贷风险，从而解决银行企业（供需双方）之间的信息不对称问题，降低金融服务链的交易成本。

8.3.2 "互联网+"打造科技金融联动服务云平台

搭建科技金融联动综合服务平台，实现供求双方信息共享、价值链增值，坚持独立性、公正性、公益性、辐射带动性的原则，持续加大财政科技金融投入力度，鼓励"投早、投小"，撬动更多金融资源投入科技创新，为"交子之星"上市企业培育库输送更多高质量的科技创新型企业。

首先，通过完善已有的"5+2"线上科技金融对接服务平台，以会员制的方式汇聚全市科技金融服务链的供需方，扩大联盟单位成员规模，加强资源整合、业务拓展，利用"互联网+"的基本理念打造科技金融联动服务云平台，构建多功能、多领域、全覆盖的综合性投融资服务平台。在现有的互联网信息技术和资源基础上，由成都市科技委带头，成都市级科技金融服务中心具体实施，依托科技金融服务联盟建设，利用市场化机制，汇集政府、科技企业、金融机构、中介服务机构等各类主体，实现政策发布推广、融资需求挖掘、融资能力评价、企业分类分级管理、政策精准匹配、融资对接服务、融资辅导服务、队伍认定管理、金融产品发布、数据信息统计等公益性的科技金融服务功能，缓解科技型中小企业融资难的问题。在界定成都市科技型中小微企业标准的基础上，共同组建并维护涵盖全市的科技型中小微企业信息数据库；不断拓宽数据来源，完善更新数据库信息，开发服务科技金融市场各主体的数据库信息化系统平台功能模块或手机 App 应用软件平台，跟踪和监测科技信贷服务质量、检验科技金融信贷政策实效以及掌握全市科技型中小微企业发展现状，推动科技信贷、创业投资、创投担保、科技保险、科技项目管理、人才引进等方面的联动合作。综合服务平台除了提供投融资服务以外，还要针对科技型中小微企业的需求，促进各个服务机构规则统一、流程标准化，开展科技金融干部培训、科技型中小微企业联合辅导及企业发展研究等，为科技型中小微企业提供项目对接、人才培训、行业交流、政策咨询、产品和市场开发、绩效评估等增值服务。

其次，加强科技金融产品和服务联动模式创新与监管。支持有条件的银行机构、小贷公司与创投基金、股权投资机构及保险机构合作，开展"投贷保联动""投贷联动""保贷联动"等创新服务方式，为企业提供股权和债权相结合的联动融资服务。在产品创新方面，整合政府、银行、担保、保险、创投等科技金融服务资源，强化政策引导与市场运作联动，建立伞形风险担保补偿机制，创立"多对一"形式的服务产品，为科技型中小微企业提供融资和担保服务。借鉴苏州建设金融超市的经验，解决资金与项目匹配信息不对称问题。通过数据库建设、会员管理、办公地点集中等方法，汇聚众多金融需求和供给，降低交易成本。鼓励科技型中小微企业根据业务联系的紧密程度组建发债共同体，集体成员之间相互监督，开展集合债券试点；政府部门要为创新型企业集合发债融资提供便利，鼓励科技金融联动服务平台为集合发债融资提供相关服务；健全和完善创新型企业的信用评级体系和违约风险控制体系，防范集合债券可能引发的各类风险。同时，要与时俱进地完善监管体系，将监管与整个科技金融的创新需求、创新活动相结合，不断创新监管规则，既鼓励试错，也要避免出现大规模金融风险。

8.3.3 积极引导社会资本参与促进基金发展

通过引导社会资本参与促进基金发展，进一步支持成都市的科技创新发展。首先，建议扩大天使投资和创业风险投资引导基金规模，并引导社会资本参与其中。县（市、区）两级财政可以扩大引导基金规模，从而撬动更多资金投资种子期或初创期的科技型企业。同时，建议定制专业化的引导基金，并采用有针对性的考核标准来评估基金运营绩效。其次，打造有利于天使投资、风险投资、私募股权投资发展的政策生态环境，并制定针对不同区域经济发展属性的政策举措，以吸引更多国内外知名风险投资基金和风险投资管理公司落户成都。此外，可以挖掘现有科技创业基金的天使投资效应，吸引各行业企业家、私人财富富余者或天使投资者组建天使投资联盟，并加强与县（市、区）共建天使投资基金的政策支持。最后，要继续扩大风险资金池，实现金融化、杠杆化、市场化目标。具体而言，可以在县（市、区）共建的基础上，与银行机构、担保机构、投资机构、保险机构、县（市、区）政府等联动组建开放式风险补偿资金池，扩大资金规模，利用资金池的组建实现金融化、杠杆化、市场化，进而撬动社会资本参与支持科技创新发展。风险补偿资金池形成的风险补偿机制，众创空间等实体合作可以充分体现支持科技型中小微企业投融资的"政府引导、市场化运作"的发展理念。

8.3.4 构建科技型企业信用信息数据库与信用担保体系

为建立成都市科技型企业信用评价机制，需要从两个方面入手：

第一，科技金融服务平台应该加强与政府部门（如工商、税务、质监）的联动和信息共享，同时与征信机构合作，构建科技型企业信用信息数据库，并建立信用评价体系。为了应对科技型企业不断变化的情况，需要确保信用信息能够得到及时更新。此外，科技金融服务平台还应加强与外部评级机构、金融机构、担保机构以及中国人民银行等机构的合作，以大数据算法、人工智能等金融科技手段构建科技型企业融资评估构架，并对数据库中的数据深度挖掘和分析，构建科技金融融资指标体系，确保金融机构在为科技型企业融资提供服务时可以应用评价结果。

第二，成立以政府为引导和支撑、社会各企业共同参与的中小企业信用担保体系。这个体系可以包括以下四个方面。首先，大力发展以政府为主导的国有担保机构，通过设立风险补偿机制以国有带动社会担保机构共同发力。其次，引导银行创新金融产品，逐步过渡至接纳知识产权质押贷款，从而更好地适应科技型企业的实际情况。再次，可以组建专业的科技金融担保服务机构，可采纳传统担保机构设立科技服务事业部的模式，运用专业模块提升科技服务质量。这方面的重点开发可以是知识产权质押、供应链金融应收账款质押等符合科技型企业现状的金融产品。最后，发动创投机构的力量，鼓励创业投资公司入股或战略合作科技担保机构，提升权益性投资担保效率，进行风险分担的同时助力科技企业发展。

8.3.5 大力培育科技金融复合型人才

要大力培育和引进既懂产业又懂金融的融资租赁行业人才或机构，具有掌握科技创新与保险知识的科技保险复合型人才，具有敏锐战略投资眼光的金融人才，以及将技术创新能力、国内外市场拓展能力和金融知识结合使用的综合性人才。从硬件和软件两个方面出台集聚科技金融人才发展的政策措施。在硬件方面，要选择优越的地理位置，着重打造交通便捷、环境宜人的舒适空间载体，强化政府吸引和服务金融人才的决心和意志；在软件方面，主要打"感情牌"，为引进人才和本地创新人才在就医、落户、子女就学、置业等方面提供便利，贴心考虑高级人才落户存在的困境，让引进人才真正感受到乐居、乐业、乐活。设立人才奖励专项基金，加强对贡献人才、特殊人才的物质激励，从经济待遇上突出在蓉从业优势。同时，还要引入银行、会计师事务所、律师事务所等专业服务机构，为入驻企业提供"一条龙"的高效服务。

8.4 本章小结

科技金融是科技创新与金融创新的有机结合，是经济创新驱动发展的重要保障。首先，本章从科技创新投入与科技创新产出两个方面梳理了成都市科技金融发展的现状和特征，成都市创新资源优势突出，是全国重要的国防科技工业承载地，然而由于其科技金融发展起步晚，与北上广深一线城市仍有差距。其次，本章总结了国内外以及成都市科技金融发展的路径并剖析了成都市科技金融发展的主要问题。例如，成都市在科技金融发展政策、人才服务、信用体系和收益风险机制上仍存在一定问题。在此基础上，从平台搭建、人才引进、资金引导等方面提出成都市科技金融发展路径优化的思路方法及对策建议，进一步促进成都市高质量经济发展。

9　数字经济、乡村振兴和县域经济高质量发展

　　2022 年，党的二十大擘画了以中国式现代化全面推进中华民族伟大复兴的宏伟蓝图。全面建设社会主义现代化国家，最艰巨最繁重的任务仍然在农村。为此，坚持乡村振兴战略，全面推进乡村振兴仍具有重要的指导意义和现实价值。对此，2023 年中央一号文件以农业强国为抓手，明确了2023 年全面推进乡村振兴的重点工作。在坚持底线思维的同时，更加注重县域富民产业和乡村发展新业态的重要作用。这为以县域发展为突破口，推进乡村振兴提供全新的思路。

　　县域，城市之末，乡村之首。县域是我国社会治理和经济发展的基本单元，根据《2023 年中国县域经济百强研究》的数据，2022 年，百强县人均 GDP 达到 13.8 万元；百强县居民人均可支配收入均值为 4.6 万元，城镇居民人均可支配收入均值达到 5.5 万元，农村居民人均可支配收入均值达到 3.1 万元，分别高出全国水平 24.7%、11.6%、54.4%，充分体现了百强县"强县"与"富民"并重。其中，54 个县迈入"GDP 千亿俱乐部"（以下简称"千亿县"），共创造了 8.6 万亿元的 GDP，占全国经济总量的 7.1%，一般公共预算收入均值达到 108 亿元。产业兴，则县域兴。这些"千亿县"的发展路径虽然多样，但产业是这些县域经济发展的底色。当前数字经济迅速发展，不仅有助于县域产业的发展，也为乡村振兴提供重要支撑。

　　农业作为国民经济发展的基础，也是县域经济发展的基石，更是乡村振兴的根基。如何推进乡村产业尤其是农业产业的发展对于促进乡村产业兴旺，实现富民增收和乡村可持续发展具有积极作用。为此，本章在厘清乡村振兴和产业发展现状的基础上，顺应数字经济的发展趋势，以"县域经济+区块链技术"乡村振兴系统与"12952"先进模式为基础，以期构建

可复制、可推广的发展经验与实践模式，为实现乡村产业高质量发展进行有益探索。

9.1 乡村振兴与产业发展环境分析

9.1.1 国家政策背景

2017 年，习近平总书记在党的十九大报告中明确提出乡村振兴战略。此后，中共中央、国务院陆续出台一系列政策文件，不断推进乡村振兴战略，为全面推进乡村振兴提供政策指引与理论指导（见表 9.1）。

表 9.1 2017—2023 年中共中央、国务院关于推进乡村振兴战略的政策文件

时间	文件	主要内容	关联
2017 年	党的十九大报告	提出实施乡村振兴战略，明确总体要求	总要求
2018 年	中央一号文件	实施乡村振兴战略	总思路、时间表、路线图
2018 年	两会期间	提出"五大振兴"的着力点、具体做法	产业、人才、文化、生态、组织
2018 年	乡村振兴战略规划（2018—2022 年）	实施乡村振兴战略的"实践手册"	实践手册
2019 年	中国共产党农村基层组织工作条例	加强党对农村工作的领导	党的领导
2019 年	中央一号文件	农业农村优先发展	夯实基础
2020 年	中央一号文件	抓好"三农"工作确保实现全面小康	夯实基础
2020 年	中共中央关于制定国民经济和社会发展第十四个五年规划和二〇三五年远景目标的建议	优先发展农业农村，全面推进乡村振兴	新起点
2021 年	中央一号文件	全面推进乡村振兴加快农业农村现代化	新阶段

表9.1(续)

时间	文件	主要内容	关联
2022 年	中央一号文件	做好 2022 年全面推进乡村振兴重点工作	具体任务
2022 年	党的二十大报告	全面推进乡村振兴。全面建设社会主义现代化国家,最艰巨最繁重的任务仍然在农村	明确乡村振兴的现实性与紧迫性
2023 年	中央一号文件	做好 2023 年全面推进乡村振兴重点工作	具体任务

梳理已有政策文件可知,随着我国乡村振兴战略的实施,党中央、国务院对于如何系统推进乡村振兴战略的路线图日益明晰。与此同时,乡村振兴的相关改革也在逐步推进,从而为乡村的发展创造有利的政策与制度环境。

此外,乡村产业在乡村振兴中的作用日益凸显。随着全面建成小康社会、全面打赢脱贫攻坚战的如期实现,乡村振兴的重点也由摆脱贫困转移到振兴乡村。在此过程中,乡村产业在推进乡村可持续发展和共同富裕中的作用日益凸显,乡村产业既是农民富民增收的重要途径,也是推进乡村发展的重要手段。为此,要大力培育和积极推进乡村产业的发展。与此同时,数字经济的迅猛发展和数字技术的广泛运用,也为县域范围内城乡之间要素的双向流动创造了条件,为乡村发展提供新的发展空间。

9.1.2 乡村振兴与产业发展的现状分析

县域不仅仅局限在县城,也包括广大的农村地区;乡村也不仅仅局限于乡村,也需要与县城之间的互动交流。只有城乡之间良性互动,乡村振兴与县域发展共生发展,才能够真正实现乡村振兴与县域经济的可持续发展。

改革开放以来,我国社会经济取得跨越式发展,农业发展也取得显著进步(见表9.2)。

表 9.2 1978—2022 年我国乡村振兴主要进展情况

乡村振兴指标	1978 年	2018 年	2022 年
国内生产总值/亿元	3 678.7	919 281.1	1 210 207.2
人均国内生产总值/元	385	65 534	85 698
第一产业增加值/亿元	1 018.5	64 745.2	88 345.1
第一产业就业人员/万人	28 318	19 515	17 663
农业总产值/亿元	1 117.5	61 452.6	84 438.58
粮食产量/万吨	30 476.5	65 789.22	68 652.77
人均粮食产量/公斤	318.74	469	483.48
农村居民人均可支配收入/元	134	14 617	20 133
农村贫困人口/万人①	77 039	1 660	全部脱贫②
农村贫困发生率/%	97.5	1.7	全部脱贫

在回顾我国社会经济发展尤其是农业领域取得巨大进步的同时，也应该看到当前我国乡村发展面临的挑战，尤其是在当前人口老龄化日益严峻、农村空心化现象日益明显的背景下，如何找准乡村振兴的切入点，顺应乡村发展的历史趋势，推进农业高质高效、乡村宜居宜业、农民富裕富足。具体挑战如下：

第一，单向要素流动与资源配置不当。在改革开放的进程中，尤其是城市化、城镇化的快速推进过程中，城市对乡村表现出巨大的虹吸效应，使得大量的劳动力、资本、土地等要素资源由农村流向城市，但与此同时，由于城乡之间要素流动的单向影响，城市对乡村的要素反馈与辐射带动作用却相对较弱，从而在这种单项要素流动的体制下，造成城乡之间的二元结构日益明显，城乡差距日益凸显。虽然近年来国家积极倡导推进城乡融合发展和大力推进乡村振兴，但城乡之间的不平衡仍然存在。

第二，生态环境约束日益明显，乡村发展日益受到资源环境的硬约束。在乡村发展的同时，我国耕地质量下降、草原退化等生态环境问题日益凸显。加之我国生态环境脆弱区占我国国土面积的 60% 以上，水土流失

---

① 2010 年标准即现行农村贫困标准。现行农村贫困标准为每人每年生活水平 2 300 元（2010 年不变价）。

② 2020 年，我国现行农村贫困标准下的农村贫困人口全部脱贫。

面积占国土面积的 1/3，生态环境的破坏造成自然灾害多发，影响人们的生产生活。

第三，农业经营效益有待提高，小农户农业现代化发展面临短板。农民种地收益很低，一个农户外出打工一个月的收入，相当于全年种粮收入。随着经济的发展，工资性收入成为农民收入的主要组成部分，根据统计，2022 年我国农村居民人均可支配收入为 20 133 元，其中工资性收入 8 449 元，占比 42%；经营性收入为 6 972 元，占比 35%，自 2015 年农村居民人均可支配收入中工资性收入首次超过经营性收入以来，经营性收入呈现逐年下降趋势，工资性收入呈现逐年上升趋势。如何增加农民的经营性收入，拓展农民的收入来源，是促进共同富裕的重要问题。

第四，城乡发展不平衡、农村发展不充分的矛盾问题仍然很突出。2022 年城乡居民人均可支配收入之比为 2.45∶1，城乡居民人均消费支出之比为 1.83∶1，与城乡之间可支配收入与消费的相对差距相比，两者之间的绝对差距更需要我们思考。

鉴于当前我国乡村振兴战略实施过程中所面临的诸多现实挑战，为了高效推动该战略的深入落实，产业振兴被确立为乡村振兴工作的核心要点。它构成了解决农村地区广泛问题的先决条件与基础。因此，将产业振兴置于乡村振兴各项任务的首要位置，显得尤为关键与迫切。为此，2020年，农业农村部的《全国乡村产业发展规划（2020—2025 年）》为推进乡村产业发展提供政策指导。其中，明确提出乡村振兴中产业发展的目标要求。

第一，农产品加工业持续壮大。农产品加工业营业收入达到 32 万亿元，农产品加工业与农业总产值比达到 2.8∶1，主要农产品加工转化率达到 80%。

第二，乡村特色产业深度拓展。培育一批产值超百亿元、千亿元优势特色产业集群，建设一批产值超十亿元农业产业镇（乡），创响一批"乡字号""土字号"乡土品牌。

第三，乡村休闲旅游业优化升级。农业多种功能和乡村多重价值深度发掘，业态类型不断丰富，服务水平不断提升，年接待游客人数超过 40 亿人次，年经营收入超过 1.2 万亿元。

第四，乡村新型服务业类型丰富。农林牧渔专业及辅助性活动产值达到 1 万亿元，农产品网络销售额达到 1 万亿元。

第五，农村创新创业更加活跃。返乡入乡创新创业人员超过 1 500 万人。

为此，乡村振兴迫切需要以乡村产业发展为基础，不断拓展乡村发展空间，深入发掘乡村发展产业的发展潜力。本节在总结当前乡村产业发展困境的基础上，通过深入实践分析与研究创新，通过构建"县域经济+区块链"乡村振兴系统与"12952"先进模式的实施路径，尝试打破当前乡村产业发展面临的"投资大、风险大、周期长、利润低"等现实挑战，激发有志青年从事乡村产业发展，助力乡村振兴，使农业成为收益稳定、极具发展空间的行业，农民成为令人羡慕的职业。

9.2　基于"县域经济+区块链技术"的乡村振兴系统

9.2.1　区块链技术

区块链技术源于比特币的公共账本技术，以分布式记账、多方共识机制、加密算法、时间戳为核心技术特征，其生成的数据形成一种不可篡改、不可伪造的分布式存储的链式数据结构，成为目前信息技术领域可以实现数据保真与快速共享交换的最有法治应用价值的技术之一[1][2]。自2016 年国务院在《"十三五"国家信息化规划》中首次将区块链技术列入新兴技术门类，并要求进行基础研发和前沿布局以来，区块链技术的发展越来越受到党和国家部门的关注。2019 年，习近平总书记在中央政治局第十八次集体学习中，强调区块链技术在民生领域的应用，要求推进其与民生产业的融合发展。2019 年，农业农村部、中央网络安全和信息化委员会办公室发布的《数字农业农村发展规划（2019—2025 年）》中强调要加快推进农业区块链大规模组网、链上链下数据协同等核心技术突破，加强农业区块链标准化研究，推动区块链技术在农业资源监测、质量安全溯源、农村金融保险、透明供应链等方面的创新应用。此后，中共中央、国务院出台的相关文件和中央一号文件中强调要加快实现区块链技术在农村

① 刘光星."区块链+金融精准扶贫"：现实挑战及其法治解决进路 [J]. 农业经济问题，2020（9）：16-30.
② 曹兴权，杨士民."区块链+类别股权"嵌入乡村振兴农地流转的思考 [J]. 社会科学家，2021（11）：78-84.

农业各产业中的运用，从而使得区块链技术与农业农村发展的联系日益密切，成为助力乡村振兴的重要技术手段。

9.2.2 区块链技术在县域经济和乡村振兴中的运用

当前，随着数字经济的快速发展与数字基础设施的建设，加之数字技术的广泛应用，我国县域层面的数字经济已经得到了一定程度的发展。特别是近年来电商经济、平台经济的快速发展，加之各地区数据资源的整合与平台的构建，"县域经济+区块链技术"的条件更为成熟。区块链具有去中心化、智能合约、数据存证、可追溯化、共识机制等显著特点，已在社会治理、体育小镇、金融征信、信息评估、数据运用、智慧建设、产品溯源、电子证据等领域具化应用。

在乡村振兴尤其是农业高质量发展中，区块链技术也具有巨大的发展空间。首先，"县域经济+区块链技术"为提升县域治理能力，推进传统产业的数字化改造和平台经济的发展创造条件。其次，"县域经济+区块链技术+地方农业产业"为县域农业产业的发展提供技术支撑，如"质量安全追溯+区块链"通过区块链技术的不对称加密算法，将农产品从生产到消费全链中所有数据记录到区块链账本，消除人为篡改数据的可能，保障数据真实可靠，直至最终用户进行防伪溯源验证。这形成了完整可信的溯源链条，实现了农产品供应链的溯源性，保证了农业生产与流通全程信息及时更新，农产品信息透明、可信度高，同时有效确定责任主体，更有利于在农业纠纷中快速定责，责权问题可信、可追溯。"区块链+农业产业链"借助信息共享、风险管控、利益分配等作用机制，有序推进二者的有机融合，从而加快农业产业发展。最后，"县域经济+区块链技术+地方农业产业+农业大数据"借助各地区农业数据平台形成海量的农业数据信息。以"区块链+农业大数据"为抓手，区块链是一种公开透明、不可篡改、全历史记录的分布式数据库存储技术，利用区块链技术可从源头保障数据真实性，避免农业大数据平台私自篡改数据或系统受外界攻击造成数据失真，从而可解决农业大数据的透明性和安全性问题，进而更好地为管理部门决策提供真实可靠的数据依据。借助农业大数据信息，通过区块链在农业物流、农村金融、农业保险等领域的运用，有助于优化农业物流的全流程，破解农业贷款面临的贷款难、缺乏信用抵押与有效抵押物的问题，化解农业保险中存在的道德风险的问题。这些问题的有效破解，将为农业产业发展提供资金、技术等方面的支持，助力农业产业高质量发展，加快农业现代化进程。

农业高质量发展不仅仅着眼于当前农业发展的趋势，更立足于未来农业发展的方向。而智慧农业和生态农业则是重要的突破口。智慧农业是利用先进的技术和信息化手段来提高农业生产效率、降低资源消耗、改善农业环境的一种农业发展模式。它结合了物联网、大数据分析、人工智能等技术，使农业生产更加智能化、精细化和可持续发展。智慧农业可以应用于各个环节，包括种植、养殖、灌溉、施肥、病虫害防治等，如农业物联网、数据分析与预测、智能设备和机器人、云计算和远程监控、精准农业管理。生态农业是一种注重生态环境保护、生态系统健康和农产品质量安全的农业发展模式。它强调农业与自然生态系统的和谐共生，通过最大限度地利用自然资源和生态服务功能，实现可持续农业生产。生态农业的实践包括有机农业、生态种植、生态养殖等，它们通过减少化学农药和化肥的使用，提高农产品的质量和安全性，同时保护生态环境和生物多样性。在数字经济迅猛发展和生态环境约束日益明显的背景下，以生态农业和智慧农业为代表的农业发展模式，将引领农业未来发展的方向。

在政府+银行+乡村振兴系统+农业企业（含农民合作社）+保险等多方合力下，政府的政策支持、银行的金融信贷支持、以"县域经济+区块链技术"为基础的乡村振兴系统的支撑、农业企业与农民合作社等新型农业经营主体的引入，以及农业保险等保险机构提供的外在保障，不仅有助农业产业发展，而且也将为传统农业向现代农业转型提供路径探索，从而为乡村振兴的发展提供有益的尝试。

随着"县域经济+区块链技术"为基础的乡村振兴生态系统的不断拓展，其将有助于推进农村一二三产业融合发展。在融合发展的过程中，这不仅有助于解决新增就业问题，而且有助于增加农业产值。据估计，在"县域经济+区块链技术"为基础的乡村振兴生态系统的支持下，将带来10 000～20 000人/县的就业机会，每年预计增加农业产值15 亿～20 亿元/县。这些就业岗位在农业生产、分配、交换、消费的各个环节，将有力推进乡村甚至县域经济生态结构的重塑。如果这一发展模式能够在全国范围内推广，将带动大学生、年轻人、返乡创业、退伍军人、残疾人等2 000 万人创业就业，全国农业增收可达10 000 亿元/年，这既有助于缓解当前我国面临的就业压力，而且还能够为县域经济的发展与乡村振兴提供新的发展路径。

9.2.3 "县域经济+区块链技术"乡村振兴系统的现实实践

对于"县域经济+区块链技术"乡村振兴系统在县域层面的具体实践，本节将其概括为"12952"发展模式。具体如下：

（1）"1"指1个核心数字产业园区

数字产业园区是以数字经济为核心，集聚数字产业企业和相关创新资源的园区。它是为了促进数字经济发展而设立的，旨在提供创新创业环境、培育数字产业生态系统，并推动数字化转型和经济增长。其具有以下五个方面的优点：

第一，优越的基础设施。数字产业园区提供先进的信息通信技术基础设施，包括高速网络、云计算、大数据中心等，以满足数字产业企业的需求。

第二，创新创业支持。数字产业园区为创新型企业提供孵化、技术和投资等支持服务，包括技术咨询、人才培训、资金支持等，以帮助企业加速发展。

第三，产业集聚效应。数字产业园区聚集了大量的数字产业企业，形成产业集群效应，从而促进了企业之间的合作与创新，提高了整体竞争力。

第四，人才培养和引进。数字产业园区注重人才培养和引进，与高校、科研机构等合作，培养数字经济领域的专业人才，以满足企业发展的人才需求。

第五，政策支持和服务。数字产业园区享受政府的政策支持，包括税收优惠、创业补贴、知识产权保护等，同时提供一站式服务，简化企业办理手续。

数字产业园区为数字产业企业提供了一个良好的发展环境，加速了数字化转型，提高了企业的竞争力和创新能力。同时，数字产业园区也有助于吸引投资、培养人才、促进就业和地方经济发展。

就服务乡村振兴主题而言，农业数字产业园区发展更符合农业产业化发展和乡村振兴的未来趋势。农业数字产业园区是专门为农业数字化转型和农业科技创新而设立的园区。它旨在推动农业现代化、提升农业产业链的智能化水平，促进农业生产效率和农产品质量的提升。其具有农业科技创新支持、数字农业基础设施、农业数字化服务、农业产业链协同发展、

212

人才培养和交流等特点。它为农业科技创新提供了一个创新创业的平台，促进了农业科技成果的转化和推广。同时，农业数字产业园区也有助于推动农业产业链的协同发展，促进农业产业的升级和转型。例如，农业大数据产业园、荷兰的食品谷等。

（2）"2"指种植和养殖2大产业

种植业和养殖业是农业发展中的两大重要产业。它们相互关联、相互促进，共同构成了农业生产的基础。在农业现代化和数字化转型的过程中，种植业和养殖业都面临着推动农业科技创新、提高生产效率和产品质量的挑战。当前，数字技术和区块链技术在种植和养殖两大产业中得到运用，比如农业物联网、农业大数据分析、农产品溯源、农产品供应链管理、智能养殖管理等领域，借助数字技术和区块链技术，农民和企业实现了精细化管理、提高了生产效率、优化了农产品质量，同时还提升了消费者对农产品的信任度和满意度。它们为农业产业链的数字化转型和可持续发展提供了重要的支持。

（3）"9"指核心园区9大功能

数字产业园区尤其是农业数字产业园区的功能主要有以下9种：

第一，科研创新功能。数字产业园区通过提供科研实验室、技术研发中心等科研创新设施，吸引和孵化创新型企业，推动农业科技的研发和创新。

第二，技术培训功能：数字产业园区通过设立培训中心、技术学院等，提供农业数字化技术的培训和教育，提升农民和从业人员的技术水平。

第三，产业孵化功能。数字产业园区利用创业孵化基地、创业服务平台等，支持创业者和初创企业的发展，推动农业数字产业的创新和成长。

第四，信息服务功能。数字产业园区通过建立农业信息平台、农业大数据中心等，搜集、整合和分析农业数据，为农民和企业提供精准的农业信息和决策支持。

第五，智能生产功能。数字产业园区通过引进智能农机设备、物联网技术等，实现农业生产的智能化和自动化，提高生产效率和产品质量。

第六，供应链管理功能。数字产业园区利用区块链技术建立农产品供应链的透明性和可追溯性，优化供应链管理，提升供应链的效率和可信度。

第七，农产品展示功能。数字产业园区通过设立农产品展示中心、农产品交易市场等，展示和推广优质农产品，促进农产品的流通和销售。

第八，资本支持功能。数字产业园区通过设立风险投资基金、创业投资基金等，为农业数字产业的发展提供资金支持和投资机会。

第九，政策支持功能。数字产业园区通过与政府部门合作，提供政策咨询、政策解读等支持，为农业数字产业的发展提供政策保障和指导。

这些功能共同构成了农业数字产业园区的核心，通过提供科研创新、技术培训、产业孵化、信息服务、智能生产、供应链管理、农产品展示、资本支持和政策支持等综合服务，推动了农业数字化转型和农业产业链的协同发展。

（4）"5"指5套金融解决方案

对于如何破解数字产业园区尤其是农业数字产业园区的资金问题，可以从以下5个方面入手：

第一，寻求政府、政策支持。以政府为依托，政府部门通过设立专门的产业发展基金，为农业数字产业园区发展提供资金支持。这些基金可以通过补贴、贷款、股权投资等方式来实际运作。

第二，银行等金融机构贷款。农业数字产业园区可以向银行申请贷款来解决资金问题。银行可以根据园区的发展规划、项目前景和财务状况，提供贷款支持。此外，政府可以为其提供担保或贷款补贴，降低园区的融资成本。

第三，农产品质押融资或土地流转金融。一方面，园区可以通过将农产品作为质押物，向银行或金融机构申请贷款。这种方式可以利用园区内农产品的价值来获得资金支持，同时降低贷款的风险。另一方面，园区可以通过土地流转的方式，将土地租赁给农业企业或投资者，从中获得租金收入。这种方式可以为园区提供稳定的资金来源，支持园区的发展和运营。

第四，借助众筹平台或通过设立专门的产业基金，筹集发展基金。一方面，利用互联网众筹平台，向广大公众募集资金支持农业数字产业园区的发展。有效的宣传和推广可以吸引社会各界人士对园区项目的关注和支持，实现资金的快速筹集。另一方面，设立专门的产业基金，吸引企业、机构和个人投资农业数字产业园区。这些基金由行业协会、投资公司或金融机构管理，可以通过投资项目获得回报，并将部分回报用于支持园区的发展。

第五，产业链金融。园区可以与上下游企业建立产业链金融合作关系。通过与供应商、销售商或加工企业等合作，实现资金的共享和流动，为园区提供资金支持。与此同时，园区可以与当地的合作社或农民专业合作社建立合作关系，通过合作社的资金、资源和技术支持，为园区提供资金支持。

（5）"2"指乡村振兴学校和返乡创业学校2个学校

乡村振兴学校和返乡创业学校都是为乡村振兴战略提供人才支持与培训的机构。其在具体运行中仍具有一定的差异。乡村振兴学校是指在乡村地区设立的一类学校，旨在推动乡村振兴战略的实施。这些学校主要关注农村地区的教育问题，致力于提供优质的教育资源和教学环境，促进农村学生的综合素质和能力的提升。乡村振兴学校通常会注重农业、农村经济、农村社会发展等方面的教育内容，培养学生的农村发展意识和创新创业能力，为乡村振兴提供人才支持。返乡创业学校是指为那些有意愿回到家乡从事创业活动的人，提供培训和支持服务的学校。这些学校的目标是帮助返乡人员获取创业所需的知识、技能和资源，提供创业指导和咨询，降低返乡创业的风险并提高成功率。返乡创业学校通常会提供创业培训课程、创业导师指导、创业资源对接等服务，帮助返乡人员在家乡实现创业梦想，推动乡村经济的发展。这两种学校都是为了促进乡村地区的发展而设立的，它们在不同层面上都起到了重要的作用。乡村振兴学校注重提供优质的教育资源，培养农村学生的综合素质和创新创业能力；而返乡创业学校则专注于为有意愿回乡创业的人提供创业培训和支持，帮助他们在家乡实现创业梦想，推动乡村经济的发展。

9.3 "县域经济+区块链技术"助力乡村振兴的基本原则

借助"县域经济+区块链技术"助力乡村振兴，其旨在促进县域经济和区块链技术有机结合，为乡村振兴提供新的思路和解决方案。通过整合资源、优化产业链、创新金融模式、建设自治平台和推动治理创新，可以提升乡村经济的发展水平，实现乡村振兴的目标。就其原则而言，主要包括以下五个方面：

9.3.1 乡村发展的根本性

"县域经济+区块链技术"的目标在于促进乡村振兴，因而在实施过程中要注意防止城乡之间要素资源的单向流动，立足服务于乡村振兴的目标需要，防止因技术手段导致政策目标的偏离。

9.3.2 资源整合的高效性

"县域经济+区块链技术"不是简单的相加，而是通过整合县域内的各种资源，包括土地、人才、资金、技术等，形成乡村振兴的综合力量。区块链技术可以作为信息化工具，帮助乡村振兴实现资源的透明、高效管理和共享。

9.3.3 资源配置的有效性

"县域经济+区块链技术"的目标是实现资源的优化配置而非简单的整合。以农业产业链为例，通过区块链技术，建立农产品溯源体系，追踪农产品的生产、加工、流通等环节，提高农产品质量和安全可追溯性。同时，通过区块链技术，优化农业供应链、物流配送等环节，提高农产品的流通效率和降低成本。

9.3.4 创新发展的便捷性

"县域经济+区块链技术"的目标在于打破原有乡村发展的堵点、痛点，打通乡村振兴的"最后一公里"。以农村金融为例，利用区块链技术，建立农村金融服务平台，为乡村振兴提供金融支持。通过智能合约、数字货币等技术手段，农村金融可以具有去中心化、高效、安全的特点，从而为农民提供更便捷、更低成本的金融服务。

9.3.5 乡村发展的普惠性

"县域经济+区块链技术"的目标在于服务乡村发展，便利人民生活，最终实现共同富裕。为此，要注重推动农村智能化发展，实现农村生产、管理和生活的智能化，这既是乡村发展的需要，也是顺应乡村振兴发展趋势的现实选择。为满足农民对美好生活的需要，推进共同富裕是乡村振兴的根本出发点和落脚点。

9.4 基于"县域经济+区块链技术"乡村振兴系统的实施路径

9.4.1 产业振兴，富民增收

乡村振兴，产业兴旺是重点。我们要因地制宜，在县域范围内，抓典型、树重点，以重点产业发展为牵引，形成产业链、生态链。在重点产业选取与培育的过程中要注重以下两个方面：

第一，立足本地，优化升级。要以本地产业尤其是优势产业、特色产业为重点，通过优化管理流程，不断提升管理的科学性、规范化，不断拓展产业的发展空间。

第二，融合发展，价值重构。以本地产业为基础，借助互联网、大数据等现代信息技术手段，不断提升产业影响力。与此同时，以产学研发展为导向，不断拓展产业发展的多元生态，形成一二三产业融合发展。以价值链为基础，不断延长产业发展的生态链，实现价值增值、体系重塑、价值创造。

9.4.2 人才振兴，引才育才

乡村振兴，关键在于人。要注重引人、育人相结合。一方面，以"乡村振兴专家站"为基础，通过引入专家团队和创新模式，快速形成具有现代农业技术、数字农业、物联网技术、溯源系统、大宗销售对接、先进农资、生产监管、组织模式等多方面技术和资源的人力资源库，为乡村发展提供智力支持，并在此基础上不断引导人财物等要素资源向乡村流动，为乡村发展提供助力。另一方面，以"乡村振兴职业学校"为基础，根据农业产业特点，加强现代农业技术培训，不限环节、不限形式，更重实效，切实为县域发展和乡村振兴培育适合当地产业发展的技术人才，成为乡村发展的后续力量。在专家资源与人力资源的双重支持下，打通乡村振兴的人才堵点、痛点。

9.4.3 文化振兴，滋养文脉

我国是具有 5 000 年历史的文明古国，历史悠久，优秀文化源远流长。

几乎每个县域、乡村都有各具特色的文化底蕴和文化元素，新中国成立以来各地区在发展过程中又形成了丰富多样的文旅资源。为此，要大力发掘这些文化资源，无论是基于产业发展视域下的旅游开发还是作为国学教育的文化基地，都具有重要的历史意义和现实价值，是传承乡村文脉，推进文化振兴的重要环节。

9.4.4　生态振兴，和谐共生

"我们既要绿水青山，也要金山银山。宁要绿水青山，不要金山银山，而且绿水青山就是金山银山。"习近平总书记的重要论断，诠释了保护环境就是保护生产力，改善环境就是发展生产力的客观规律。要统筹推进山水林田湖草沙一体化保护和系统治理。生态是最宝贵的资源也是最公平的资源，要切实发掘乡村生态资源的价值与发展潜力，以生态资源为基础，不断延链强链补链，促进乡村生态资源的价值转换。

9.4.5　组织振兴，筑牢根基

乡村振兴的关键在于人，这不仅仅包括个人而且还包括组织。村集体在我国乡村振兴中发挥了重要作用。"村看村、户看户、农民看支部。"要推进乡村振兴必须要发挥基层党组织尤其是党支部的模范带头作用。一是提升基层党组织领导力。二是持续抓好党支部"头雁"工程。三是推进基层党组织标准化规范化建设。四是改进工作作风。

在县域经济尤其是乡村产业的发展中需要发挥基层党组织所具有的统领全局各方的积极作用，从而为乡村产业发展创造良好的内外环境。

9.5　本章小结

乡村振兴战略作为新时代解决"三农"问题的总抓手，是应对我国社会主要矛盾发展变化的主动选择与积极作为。为此，本章在梳理我国乡村振兴战略政策文件的基础上，围绕"县域经济+区块链技术"乡村振兴系统和"12952"发展模式，探索推进乡村振兴的实践路径，并从产业振兴、人才振兴、文化振兴、生态振兴、组织振兴五大振兴方面，探索这一模式的可行性与可持续性，这对助力乡村振兴战略的实施具有重要作用。

参考文献

陈健生,任蕾,2022.从县域竞争走向县域竞合:县域经济高质量发展的战略选择[J].改革(4):88-98.

陈荣,2017.大数据在工业制造业的应用与研究[J].经贸实践(7):152.

崔根良,2018.落实"三个转变"促进企业高质量发展[J].企业管理(7):17.

丁刚,罗暖,2012.省域创新型科技人才队伍建设的投入产出效率评价及其空间关联格局分析:基于DEA模型和LISA方法[J].西北人口,33(4):13-17,22.

丁焕峰,2007.区域创新理论的形成与发展[J].科技管理研究(9):18-21.

杜谦,宋卫国,2004.科技人才定义及相关统计问题[J].中国科技论坛(5):137-141.

杜挺,谢贤健,梁海艳,等,2014.基于熵权TOPSIS和GIS的重庆市县域经济综合评价及空间分析[J].经济地理,34(6):40-47.

段龙龙,2020.四川高质量发展评价体系构建与评估:基于包容性绿色增长框架视角[J].中国西部(3):12-22.

范毅,王茹旭,张晓旭,2020.推动县域经济高质量发展的思路与建议[J].宏观经济管理(9):60-62,88.

方旋,刘春仁,邹珊刚,2000.对区域科技创新理论的探讨[J].华南理工大学学报(自然科学版)(9):1-7

干春晖,郑若谷,余典范,2011.中国产业结构变迁对经济增长和波动的影响[J].经济研究,46(5):4-16,31.

高志刚,克尴,2020.中国沿边省区经济高质量发展水平比较研究[J].经济纵横(2):23-35,2.

辜胜阻，李华，易善策，2008. 依托县城发展农村城镇化与县域经济 [J]. 人口研究（3）：26-30.

何立峰，2018. 深入贯彻新发展理念 推动中国经济迈向高质量发展 [J]. 宏观经济管理（4）：4-5，14.

贺雪峰，2022. 大城市的"脚"还是乡村的"脑"？：中西部县域经济与县域城镇化的逻辑 [J]. 社会科学辑刊（5）：55-62.

洪银兴，2019. 改革开放以来发展理念和相应的经济发展理论的演进：兼论高质量发展的理论渊源 [J]. 经济学动态（8）：10-20.

黄丽娟，马晓冬，2018. 江苏省县域经济与乡村转型发展的空间协同性分析 [J]. 经济地理，38（6）：151-159.

黄敏，任栋，2019. 以人民为中心的高质量发展指标体系构建与测算 [J]. 统计与信息论坛，34（10）：36-42.

黄速建，肖红军，王欣，2018. 论国有企业高质量发展 [J]. 中国工业经济（10）：19-41.

吉正敏，王鑫惠，张雪青，2023. 我国第三产业结构与就业结构协调发展研究 [J]. 经济研究导刊（10）：1-5.

贾大猛，张正河，2020. 乡村振兴战略视角下的县域高质量发展 [J]. 国家治理（16）：13-15.

贾晋，李雪峰，申云，2018. 乡村振兴战略的指标体系构建与实证分析 [J]. 财经科学（11）：70-82.

金碚，2018. 关于"高质量发展"的经济学研究 [J]. 中国工业经济（4）：5-18.

李后强，赵昌文，韩毅，2009. 钱从哪里来？科技金融：财智聚变的成都张力 [J]. 西部广播电视（7）：54-55.

李金昌，余卫，2022. 共同富裕统计监测评价探讨 [J]. 统计研究，39（2）：3-17.

李金昌，史龙梅，徐蔼婷，2019. 高质量发展评价指标体系探讨 [J]. 统计研究，36（1）：4-14.

李梦欣，任保平，2019. 新时代中国高质量发展指数的构建、测度及综合评价 [J]. 中国经济报告（5）：49-57.

李梦宇，张紫薇，熊承雪，2020. 成都实现经济高质量发展研究 [J]. 西部经济管理论坛，31（4）：17-25，78.

李培园，成长春，严翔，2019. 基于超效率 DEA 模型的长江经济带科技人才开发效率时空分异研究 [J]. 南通大学学报（社会科学版），35（1）：34-40.

李伟，2018. 高质量发展的六大内涵 [J]. 中国林业产业（Z1）：50-51.

李梓，2016. 西部科技人才开发效率评价及影响因素 [J]. 学术交流（4）：146-150.

凌利峰，吴婷婷，2017. 高层次人才创新创业金融支持现状、问题及对策：以江苏省南通市为例 [J]. 世界农业（7）：224-229，240.

刘迎秋. 四大对策应对高质量发展四大挑战 [N]. 中华工商时报，2018-01-23（003）.

刘志彪，2018. 理解高质量发展：基本特征、支撑要素与当前重点问题 [J]. 学术月刊，50（7）：39-45，59.

卢阳光，闵庆飞，刘锋，2019. 中国智能制造研究现状的可视化分类综述：基于 CNKI（2005—2018）的科学计量分析 [J]. 工业工程与管理，24（4）：14-22，39.

罗斌元，陈艳霞，桑源，2021. 经济高质量发展量化测度研究综述 [J]. 河南理工大学学报（社会科学版），22（4）：37-43.

罗连发，2015. 居民对我国经济增长质量主观感知的评价 [J]. 华南农业大学学报（社会科学版），14（3）：132-140.

吕薇. 打造高质量发展的制度和政策环境 [N]. 中国经济时报，2018-03-09（009）.

吕薇，2018. 探索体现高质量发展的评价指标体系 [J]. 中国人大（11）：23-24.

马海燕，李强，张丰，2021. 结构型质量：区域教育生态水平的评价创新 [J]. 教育发展研究，41（10）：18-23.

马茹，罗晖，王宏伟，等，2019. 中国区域经济高质量发展评价指标体系及测度研究 [J]. 中国软科学（7）：60-67.

毛锦凰，王林涛，2020. 乡村振兴评价指标体系的构建：基于省域层面的实证 [J]. 统计与决策，36（19）：181-184.

孟祥兰，邢茂源，2019. 供给侧改革背景下湖北高质量发展综合评价研究：基于加权因子分析法的实证研究 [J]. 数理统计与管理，38（4）：675-687.

欧进锋，许抄军，刘雨骐，2020. 基于"五大发展理念"的经济高质量发展水平测度：广东省 21 个地级市的实证分析 [J]. 经济地理，40 (6)：77-86.

欧阳征，陈博宇，邓单月，2015. 大数据时代下企业财务管理的创新研究 [J]. 企业技术开发，34 (10)：83-85.

彭超然，2014. 大数据时代下会计信息化的风险因素及防范措施 [J]. 财政研究 (4)：73-76.

戚湧，魏继鑫，王静，2015. 江苏科技人才开发绩效评价研究 [J]. 科技管理研究，35 (5)：68-73.

任保平，朱晓萌，2020. 新时代中国高质量开放的测度及其路径研究 [J]. 统计与信息论坛，35 (9)：26-33.

任保平，2018. 新时代中国经济从高速增长转向高质量发展：理论阐释与实践取向 [J]. 学术月刊，50 (3)：65-74，86.

任保平，2020. 中国经济高质量发展三维动力体系的系统再造研究 [J]. 社会科学辑刊 (3)：5-10.

芮雪琴，李亚男，牛冲槐，2015. 科技人才聚集的区域演化对区域创新效率的影响 [J]. 中国科技论坛 (12)：126-131.

邵彦敏，2018. 新发展理念：高质量发展的战略引领 [J]. 国家治理 (5)：11-17.

沈运红，黄桁，2020. 数字经济水平对制造业产业结构优化升级的影响研究：基于浙江省 2008—2017 年面板数据 [J]. 科技管理研究，40 (3)：147-154.

师博，任保平，2018. 中国省际经济高质量发展的测度与分析 [J]. 经济问题 (4)：1-6.

宋国恺，2018. 新时代高质量发展的社会学研究 [J]. 中国特色社会主义研究 (5)：60-68.

孙彬，等，2022. 基于改进 CRITIC 法的梅州市韩江区域初始水权分配 [J]. 水电能源科学，40 (9)：61-65.

孙峰华，魏晓，王兴中，等，2005. 中国省会城市人口生活质量评价研究 [J]. 中国人口科学 (1)：69-75，98.

孙健，丁雪萌，2018. 区域科技人才开发效率评价研究：基于 2005—2014 年省际面板数据的经验分析 [J]. 广东社会科学 (2)：20-28，254.

孙艺璇，程钰，刘娜，2021. 中国经济高质量发展时空演变及其科技创新驱动机制［J］. 资源科学，43（1）：82-93.

童群，2018. 大数据在工业制造业的应用与研究［J］. 网络安全技术与应用（10）：107-108.

汪同三，2018. 深入理解我国经济转向高质量发展［J］. 共产党人（13）：12-14.

王贤彬，黄亮雄，2018. 夜间灯光数据及其在经济学研究中的应用［J］. 经济学动态（10）：75-87.

王晓慧，2020. 中国经济高质量发展研究［D］. 吉林大学.

王亚男，2022. 中国经济高质量发展统计测度研究［D］. 对外经济贸易大学.

王一鸣，2018. 大力推动我国经济高质量发展［J］. 人民论坛（9）：32-34.

魏敏，李书昊，2018. 新时代中国经济高质量发展水平的测度研究［J］. 数量经济技术经济研究，35（11）：3-20.

文雁兵，郭瑞，史晋川，2020. 用贤则理：治理能力与经济增长：来自中国百强县和贫困县的经验证据［J］. 经济研究，55（3）：18-34.

吴季钊，2023. 基于CRITIC-熵权法和TOPSIS法的内河港口竞争力研究［D］. 重庆交通大学.

吴忠，关娇，何江，2019. 最低工资标准测算实证研究：基于CRITIC-熵权法客观赋权的动态组合测算［J］. 当代经济科学，41（3）：103-117.

谢成兴，王丰效，2022. "一带一路"背景下新疆高等教育与经济发展动态关系：基于熵权TOPSIS和VAR模型［J］. 边疆经济与文化（4）：10-15.

胥亚男，李二玲，屈艳辉，等，2015. 中原经济区县域经济发展空间格局及演变［J］. 经济地理，35（4）：33-39.

徐康宁，陈丰龙，刘修岩，2015. 中国经济增长的真实性：基于全球夜间灯光数据的检验［J］. 经济研究，50（9）：17-29，57.

徐翔，王超超，2019. 高质量发展研究综述及主要省市实施现状［J］. 全国流通经济（17）：112-114.

许永兵，罗鹏，张月，2019. 高质量发展指标体系构建及测度：以河北省为例［J］. 河北大学学报（哲学社会科学版），44（3）：86-97.

许永兵, 2013. 河北省经济发展质量评价: 基于经济发展质量指标体系的分析 [J]. 河北经贸大学学报, 34 (1): 58-65.

颜双波, 2017. 基于熵值法的区域经济增长质量评价 [J]. 统计与决策 (21): 142-145.

杨华, 2019. 论以县域为基本单元的乡村振兴 [J]. 重庆社会科学 (6): 18-32.

杨琳, 2020. 产业结构优化升级对区域科技人才聚集的空间溢出效应研究 [J]. 中国产经 (8): 19-21.

杨巧, 蒋勇, 2023. 营商环境对经济高质量发展的影响: 来自跨国面板数据的证据 [J]. 国际商务研究, 44 (4): 17-29.

杨耀武, 张平, 2021. 中国经济高质量发展的逻辑、测度与治理 [J]. 经济研究, 56 (1): 26-42.

殷群, 李子文, 2019. 创新溢出如何影响我国省际环境全要素生产率: 基于 DEA-ESDA 方法的实证分析 [J]. 科技进步与对策, 36 (24): 45-54.

殷群, 李子文, 2018. 区域创新产出的空间依赖性: 理论内涵、实证检验与优化路径 [J]. 江海学刊 (4): 212-217.

曾蓉, 2019. 成都科技金融工作经验: 搭建 "科创通" 服务平台构建科技金融服务场景 [J]. 民主与科学 (3): 28-30.

詹新宇, 崔培培, 2016. 中国省际经济增长质量的测度与评价: 基于 "五大发展理念" 的实证分析 [J]. 财政研究 (8): 40-53, 39.

张佰发, 李晶晶, 胡志强, 等, 2021. 自然禀赋与政区类型对中国县域经济发展的影响 [J]. 地理研究, 40 (9): 2508-2525.

张佰发, 苗长虹, 宋雅宁, 等, 2020. 一种 DMSP/OLS 稳定夜间灯光影像中国区域的校正方法 [J]. 地球信息科学学报, 22 (8): 1679-1691.

张军扩, 侯永志, 刘培林, 等, 2019. 高质量发展的目标要求和战略路径 [J]. 管理世界 (7): 1-7.

张军扩, 侯永志, 刘培林, 等, 2019. 高质量发展的目标要求和战略路径 [J]. 管理世界, 35 (7): 1-7.

张俊, 2017. 高铁建设与县域经济发展: 基于卫星灯光数据的研究 [J]. 经济学 (季刊), 16 (4): 1533-1562.

张鹏, 杜云晗, 叶胥, 2021. 川渝两地县域经济创新发展的结构分析

[J]. 中国人口·资源与环境, 31 (11): 134-143.

张平, 2019. 上海率先推动高质量发展: 成效、评估、逻辑和政策 [J]. 科学发展 (4): 26-34.

张晓民, 金卫, 2021. 以新型基础设施建设推动经济社会高质量发展 [J]. 宏观经济管理 (11): 85-90.

张雪玲, 焦月霞, 2017. 中国数字经济发展指数及其应用初探 [J]. 浙江社会科学 (4): 32-40, 157.

张燕聪, 2018. 工业制造业中大数据的应用 [J]. 通讯世界 (3): 338-339.

张毅, 2009. 浅析县域经济科学发展综合评价体系 [J]. 调研世界 (12): 7-9.

张月友, 董启昌, 倪敏, 2018. 服务业发展与"结构性减速"辨析: 兼论建设高质量发展的现代化经济体系 [J]. 经济学动态 (2): 23-35.

张震, 刘雪梦, 2019. 新时代我国 15 个副省级城市经济高质量发展评价体系构建与测度 [J]. 经济问题探索 (6): 20-31, 70.

周代数, 张俊芳, 马宁, 2020. 科技金融助力中小企业创新发展的机理分析与实践启示: 基于成都模式的研究 [J]. 全球科技经济瞭望, 35 (4): 27-32, 38.

周扬, 李宁, 吴文祥, 等, 2014. 1982—2010 年中国县域经济发展时空格局演变 [J]. 地理科学进展, 33 (1): 102-113.

周长城, 刘红霞, 2011. 生活质量指标建构及其前沿述评 [J]. 山东社会科学 (1): 26-29.

周长城, 任娜, 2006. 经济发展与主观生活质量: 以北京、上海、广州为例 [J]. 武汉大学学报 (哲学社会科学版) (2): 259-264.

GREINER A, 2000. Endogenous growth, government debt and budgetary regimes [J]. Journal of macroeconomics, 22 (3): 363-384.

BARRO R J, 2002. Quantity and quality of economic growth [M]. Santiago, Chile: Banco Central de Chile.

BERGER A N, MESTER L J, 1997. Inside the black box: what explains differences in the efficiencies of financial institutions? [J]. Journal of banking and finance, 21 (7).

BOYLE D, SIMMS A, 2009. The new economics: a bigger picture [M].

Earthscan.

CONCEIÇÃO P, HEITOR V M, SIRILLI G, et al., 2004. The "swing of the pendulum" from public to market support for science and technology: is the U. S. leading the way? [J]. Technological forecasting and social change, 71 (6): 553–578.

DANIEL K B, 2019. Big Data and data science: a critical review of issues for educational research [J]. British journal of educational technology, 50 (1): 101–113.

MAURO D A, GRECO M, GRIMALDI M, 2015. What is big data? A consensual definition and a review of key research topics [J]. AIP conference proceedings, 1644 (1): 97.

EASTERLIN R A, ANGELESCU L, 2011. Modern economic growth and quality of life: cross – sectional and time series evidence [M]. Dordrecht: Springer Netherlands.

FARIAS L B D, 2019. Outlook for the "developing country" category: a paradox of demise and continuity [J]. Third world quarterly, 40 (4): 668–687.

GAO J, ZHOU T, 2018. Quantifying China's regional economic complexity [J]. Physica A: atatistical mechanics and its applications, 492: 1591–1603.

GUPTA D, RANI R, 2019. A study of big data evolution and research challenges [J]. Journal of information science, 45 (3): 322–340.

HAUSMANN R, HWANG J, RODRIK D, 2007. What you export matters [J]. Journal of economic growth, 12 (1): 1–25.

HIDALGO C A, HAUSMANN R, 2008. A network view of economic development [J]. Development alternatives, 12 (1): 5–10.

HIDALGO C A, HAUSMANN R, 2009. The building blocks of economic complexity [J]. Proceedings of the national academy of sciences, 106 (26): 10570–10575.

JIAO X, WALELIGN S Z, NIELSEN M R, et al. Protected areas, household environmental incomes and well-being in the Greater Serengeti-Mara Ecosystem [J]. Forest policy and economics, 2019, 106: 101948.

KUSAGO T, 2007. Rethinking of economic growth and life satisfaction in post-WWII Japan-A fresh approach [J]. Social indicators research, 81 (1): 79-102.

MAHRT M, SCHARKOW M, 2013. The value of big data in digital media research [J]. Journal of broadcasting and electronic media, 57 (1): 20-33.

MCAFEE A, BRYNJOLFSSON E, DAVENPORT T H, et al., 2012. Big data: the management revolution [J]. Harvard business review, 90 (10): 60-68.

MEALY P, FARMER D J, TEYTELBOYM A, 2019. Interpreting economic complexity [J]. Science advances, 5 (1): eaau1705.

MLACHILA M, TAPSOBA R, TAPSOBA S J A, 2017. A quality of growth index for developing countries: a proposal [J]. Social indicators research, 134: 675-710.

RAUTE A, 2019. Can financial incentives reduce the baby gap? Evidence from a reform in maternity leave benefits [J]. Journal of public economics, 169: 203-222.

SABAYINI F, 2008. Social capital and the quality of economic development [J]. Kyklos, 61 (3): 466-499.

SOTOMAYOR J O, 2021. Can the minimum wage reduce poverty and inequality in the developing world? Evidence from Brazil [J]. World development, 138: 105182.

STEFAN G, 2012. Considerations on the theory of economic growth and development [J]. Procedia - social and behavioral sciences, 62: 280-284.

STRENZE T, 2013. Allocation of talent in society and its effect on economic development [J]. Intelligence, 41 (3): 193-202.

TACCHELLA A, MAZZILLI D, PIETRONERO L, 2018. A dynamical systems approach to gross domestic product forecasting [J]. Nature physics, 14 (8): 861-865.

YASSER A F, 2005. Relating the knowledge production function to total factor productiivity: an endogenous growth puzzle [M]. International Monetary Fund.

附　录

附录 A　成都市科技金融优化研究的访谈大纲

1. 请您简要介绍一下您的职业背景以及在科技金融领域的经验。

2. 您对成都市的科技金融发展现状有何看法？您认为有哪些不足之处？

3. 您认为科技金融发展的关键因素是什么？在这些因素中，成都市目前做得如何？

4. 在您看来，如何提高成都市科技金融发展的竞争力？是否有任何切实可行的建议？

5. 您认为政府、金融机构和科技企业应该如何协作推进成都市科技金融发展？这些措施实施起来有哪些挑战？

6. 您对未来成都市科技金融发展的发展趋势有何预测？

7. 您是否认为成都市可以成为一个有影响力的科技金融中心？为什么？

8. 最后，您认为在推进成都市科技金融发展中，还有哪些需要关注的问题或是建议？

附录 B　成都市科技金融优化研究的调查问卷

感谢您对成都科技金融发展路径项目的关注！我们正在进行一项调查研究，以了解您对成都科技金融发展的看法和建议。请您在填写问卷前仔细阅读以下说明：

本调查问卷仅用于研究和分析，所有数据将仅用于统计分析，不会泄露任何个人信息。

本调查问卷共分为三个部分，涵盖了您的个人基本情况、成都市科技金融发展现状及问题、未来发展方向的建议。

本调查问卷需要 10~15 分钟的时间，您的回答将有助于我们更好地了解成都科技金融的发展现状和未来发展方向。

尊敬的受访者，您好！为了更好地推动成都科技金融发展，我们诚挚邀请您参与此次调查问卷。本问卷共分为三部分，预计用时 10~15 分钟。您的回答将对我们的研究具有重要意义，我们将对您的个人信息进行保密，感谢您的支持和参与。

第一部分：个人基本情况

1. 您的性别是：

（1）男性

（2）女性

2. 您的年龄是：

（1）18 岁以下

（2）18~25 岁

（3）26~35 岁

（4）36~45 岁

（5）46~55 岁

（6）56 岁及以上

3. 您所在的行业是：

（1）金融

（2）科技

（3）其他（请注明）＿＿＿＿＿＿＿＿＿

4. 您所在的公司规模是：

（1）小型企业（少于 50 人）

（2）中型企业（50-500 人）

（3）大型企业（500 人以上）

第二部分：成都市科技金融发展现状及问题

5. 您对成都市科技金融发展的现状了解程度如何？

（1）完全不了解

（2）了解不多

（3）一般

（4）比较详细

（5）非常详细

6. 您认为目前成都市科技金融发展中存在哪些问题？（多选）

（1）政府政策缺乏针对性

（2）科技企业缺乏融资途径

（3）科技金融服务能力不足

（4）科技金融产品缺乏差异化

（5）风险评估和风险管理手段不够完善

（6）缺乏合适的金融机构支持

（7）其他（请注明）_____

7. 您认为如何提高成都市科技金融发展水平？（多选）

（1）政府加大支持力度

（2）金融机构加大投入

（3）科技企业自身加强技术研发

（4）提高科技金融服务能力

（5）推出更多差异化的科技金融产品

（6）引入更多科技金融专业人才

（7）其他（请注明）_____

第三部分：未来发展方向和建议

8. 您认为成都市科技金融未来发展的重点应该是什么？

（1）政府制定更多针对性政策

（2）建立更多科技金融服务机构

9. 请问您认为成都市当前的科技金融政策是否足够支持科技企业的发展？

（1）非常足够

（2）比较足够

（3）一般

（4）不够支持

（5）完全不够

10. 请您简要说明原因，并提出改进意见：

（1）对于现有的科技金融政策，您认为有哪些改进的空间？

（2）除了现有的政策外，您认为哪些领域或方面应该加强支持？

（3）您认为科技金融政策应该更注重哪些方面？

（4）您认为政府应该采取哪些措施，促进金融机构更好地支持科技企业？

（5）您认为政府应该如何加强与金融机构的合作，共同推动科技金融发展？

（6）您认为政府应该如何引导科技企业更好地利用金融服务？

（7）您对于成都市未来的科技金融发展有哪些期望？

如果您有任何问题或疑虑，请随时联系我们。非常感谢您的参与！